신주 사마천 사기 34

전숙열전

편작창공열전

오왕비열전

위기무안후열전

이 책은 롯데장학재단의 지원을 받아 번역, 출간되었습니다.

신주 사마천 사기 34 / 전숙열전·편작창공열전· 오왕비열전·위기무안후열전

초판 1쇄 인쇄 2023년 10월 15일
초판 1쇄 발행 2023년 11월 10일

지은이   (본문) 사마천
             (삼가주석) 배인·사마정·장수절
번역 및 신주 한가람역사문화연구소 사기연구실

펴낸이   이덕일
펴낸곳   한가람역사문화연구소

등록번호   제2019-000147호
주소   서울특별시 종로구 김상옥로17 대호빌딩 신관 305호
전화   02) 711-1379
팩스   02) 704-1390
이메일   hgr4012@naver.com

ISBN   979-11-90777-47-6 94910

값은 뒤표지에 있습니다.

세계 최초
**삼가주석
완역**

신주
사마천
사기

전숙열전 | 편작창공열전
오왕비열전 | 위기무안후열전

지은이
본문_ 사마천
삼가주석_ 배인·사마정·장수절
번역 및 신주
한가람역사문화연구소 사기연구실

한가람역사문화연구소

新註史記

원 사료는 중화서국中華書局 발행의 《사기》와 영인본 《백납본사기百衲本史記》를 기본으로 삼고, 인터넷 사료로는 대만 중앙연구원 역사어언연구소史語言研究所에서 제공하는 한적전자문헌자료고漢籍電子文獻資料庫의 《사기》를 참조했다.

일러두기

❶ 네모 상자 안의 글은 사기 본문 및 삼가주석 서문의 글이다.
❷ 한글 번역문 바로 아래 한문 원문을 실어 쉽게 대조할 수 있게 했다.
❸ 삼가주석 아래 신주를 실어 우리 연구진의 새로운 해석을 달았다.
❹ 사기 본문뿐만 아니라 삼가주석도 필요할 경우 신주를 달았다.
❺ 직역을 원칙으로 삼고 의역은 최대한 피했다.
❻ 한문 원문에서 ( )는 빠져야 할 글자를, 〔 〕는 추가해야 할 글자를 나타낸다.
　　예) 살펴보니 15개 읍은 이 두 읍에 가까웠다.
　　　案 十五邑近此(三)〔二〕邑

《사기》〈열전〉의 넓고 깊은 세계에 관하여

1. 시대별 〈열전〉의 세계

《사기》는 〈본기本紀〉, 〈표表〉, 〈서書〉, 〈세가世家〉, 〈열전列傳〉의 다섯 부분으로 구성된 기전체紀傳體 역사서이다. 기전체라는 이름은 다섯 부분 중에 제왕의 사적인 〈본기〉와 신하의 사적인 〈열전〉이 중심이라는 사실을 시사하고 있다. 〈본기〉가 북극성이라면 〈세가〉와 〈열전〉은 북극성을 향하는 뭇별이라는 구성이다. 〈열전〉은 모두 70편으로 구성되어 있지만 한 편의 〈열전〉에 여러 명을 수록하는 경우가 여럿이어서 실제 수록된 인물은 300명이 넘는다. 중국의 24사는 대부분 《사기》를 따라 기전체를 택하고 있지만 《사기》만의 독창적 내용이 적지 않다.

먼저 서술 시기를 보면 《사기》는 한 왕조사가 아니라 오제五帝부터 자신이 살던 한무제漢武帝 시기까지 천하사天下史를 기술했기에 그 시기가 광범위한데, 이는 〈열전〉도 마찬가지다. 그래서 이를 시기별로 나누어 정리할 필요가 있다.

첫째 시기는 춘추春秋시대 이전부터 춘추시대까지 활동했던 여러 인물이다. 〈백이열전伯夷列傳〉부터 〈중니제자열전仲尼弟子列傳〉까지 7편이 그런 경우로서 백이伯夷·숙제叔齊, 관중管仲, 안영晏嬰, 노자老子, 손자孫子, 오자서伍子胥, 공자孔子의 제자들 등이 이에 속한다.

둘째 시기는 전국戰國시대와 진秦 조정에서 활동한 인물들에 대해서 서술했다. 〈상군열전商君列傳〉부터 〈몽염열전蒙恬列傳〉까지 21편이 이런 경우로서 상앙商鞅, 소진蘇秦, 장의張儀, 백기白起, 왕전王剪, 전국 4공자, 여불위呂不韋, 이사李斯, 몽염蒙恬 등이 이에 속한다.

셋째 시기는 초楚와 한漢이 중원의 패권을 다투던 시기에 활동했던 인물들이다. 〈장이진여열전張耳陳餘列傳〉부터 〈전담열전田儋列傳〉까지 6편으로 장이, 진여, 한신韓信, 노관盧綰 등이 이에 속한다.

넷째 시기는 한고조 유방부터 경제景帝 때까지의 인물들을 서술하고 있다. 〈번역등관열전樊酈滕灌列傳〉부터 〈오왕비열전吳王濞列傳〉으로 번쾌樊噲, 육가陸賈, 계포季布, 유비劉濞 등이 이에 속한다.

다섯째 시기는 한무제 때의 인물들이다. 〈위기무안후열전魏其武安侯列傳〉 등으로 두영竇嬰, 이광李廣, 위청衛靑, 곽거병霍去病 등과 사마천 자신에 대해서 서술한 〈태사공자서太史公自序〉도 이 범주에 들 수 있다.

사마천은 한 사람의 인생 전부를 서술하는 개념으로 〈열전〉을 서술하지는 않았다. 그가 관심을 가진 것은 특정 인물이 어떤 사상을 가지고 한 시대를 어떻게 헤쳐 나갔는가, 또는 그 시대에 어떤 영향을 미쳤는가 하는 것이지 인생 전반을 세세하게 서술하는 것은 아니었다. 그러다보니 《사기》〈열전〉을 보면 한 인간의 역경을 통해서 그가 산 시대의 생생한 분위기도 엿볼 수 있다.

2. 〈백이열전〉을 첫머리로 삼은 이유

《사기》〈열전〉이 지금껏 인구에 회자되는 것은 사마천이 당위성만 추구한 것이 아니라 당위성과 실제 현실 사이의 괴리를 포착해 한 인물의 부침을 서술했기 때문이기도 할 것이다. 그가 〈열전〉의 첫머리를 〈백이열전〉으로 삼은 것은 〈세가〉의 첫머리를 〈오태백세가吳泰伯世家〉로 삼아 막내 계력季歷에게 왕위를 물려준 사양辭讓의 정신을 크게 높인 것과 마찬가지로 이利보다는 의義를 추구한 백이·숙제를 높인 것이다.

사마천은 제후가 아닌 공자를 〈공자세가〉로 높여 서술하고 〈중니제자열전〉과 〈유림열전儒林列傳〉도 서술해 유가儒家를 높이기도 하였다. 그러나 사마천은 단순히 유학을 높인 것이 아니라 유학에서 천하는 공公의 것이기에 자기 자식이 아니라 현명한 인물에게 자리를 넘겨주는 선양禪讓의 정신을 높게 산 것이다. 그래서 오제의 황제黃帝부터 요순堯舜까지 행해졌던 선양禪讓의 정신을 크게 높였다.

그러나 〈백이열전〉에서 사마천은 "백이·숙제는 남을 원망하지 않았다."는 공자의 말을 수록하면서도 사마천 자신은 공자의 견해에 동의하지 않고 백이·숙제의 뜻을 비통한 것으로 여겼다. 또한 그가 의문을 가진 것은 "하늘의 도道는 친함이 없고 항상 선한 사람과 함께한다."라고 했는데 선한 사람인 백이·숙제 같은 사람이 왜 굶어죽어야 했느냐는 질문이다. 그럼에도 불구하고 이利를 추구하는 삶보다 의義를 추구하는 삶이 중요하다는 생각에서 〈백이열전〉을 첫머리로 삼은 것이다.

〈백이열전〉뿐만 아니라 초나라를 끝까지 부흥시키려고 했던 〈춘신군열전春申君列傳〉이나 〈자객열전刺客列傳〉 등도 이에 속한다. 〈자객열전〉의 형가荊軻가 남긴 "장사 한 번 떠나면 다시 돌아오지 않으리[壯士一去兮不復還]"라는 시가가 대일항전기 의열단원들이 목숨을 걸고 국내에 잠입할 때 동지들과 나누던 시가라는 점은 시대와 장소를 넘어 의義의 실천에 목숨을 건 사람들이 깊은 동질감을 느꼈기 때문일 것이다.

3. 주제별 〈열전〉

〈열전〉 중에는 각 부문의 사람들을 주제별로 묶어서 서술한 〈열전〉이 적지 않다. 좋은 벼슬아치를 뜻하는 〈순리열전循吏列傳〉은 이후 많은 기전체 역사서가 따라서 서술하고 있다. 후세 벼슬아치들에게 역사의 포상이 가장 중요한 상으로 여기고 좋은 벼슬아치가 되려고 노력하라는 권고의 뜻을 담고 있다. 또한 혹독한 벼슬아치를 뜻하는 〈혹리열전酷吏列傳〉은 반대로 역사의 비판이 가장 무거운 형벌임을 깨닫고 백성들을 가혹하게 대하거나 가렴주구를 하지 말라는 권고를 담고 있다.

사마천은 비록 유학을 높였지만 유자儒者는 칭송을 받는데 유협游俠은 비난을 받는 현실에 대해서도 불만이었다. 그래서 유협들도 수백 년이 지난 후에도 제사를 받든다면서 〈유협열전〉을 서술했다. 〈유협열전〉같은 경우 《사기》, 《한서》와 그 전편이 모두 전하지 않는 《위략魏略》 정도가 이어서 유협에 대해 서술하였고 이후의 역사서에서는 외면받았던 인물들이다.

사마천은 또한 '기업가 열전'이라고 할 〈화식열전貨殖列傳〉을 서술했다는

이유로도 비판받았지만 그가 지금껏 역사가의 전범典範으로 대접받는
밑바탕에는 경제를 무시하지 않았던 역사관이 깔려 있었다. 그러나 〈화식
열전〉은 이후 《사기》와 《한서》에서만 서술하고 있을 정도로 여러 사서는
벼슬아치와 학자만 높였지 사업가는 낮춰 보았던 것이 동양 유학 사회의
현실이었다.

《사기》에만 실려 있고, 다른 기전체 사서는 외면한 〈열전〉이 〈골계열전
滑稽列傳〉, 〈일자열전日者列傳〉, 〈귀책열전龜策列傳〉이다. 〈골계열전〉은
보통 세속을 따르지 않고, 세상의 이익을 다투지 않는 것을 귀하게 여기는
사람들의 풍자정신에 대해 서술한 것으로 해석된다. 사마천이 보기에는
천문관측에 관한 〈일자열전〉이나 길흉을 점치는 복서卜筮에 대한 〈귀책
열전〉도 나라를 다스리는데 필수적이라는 생각에서 이를 〈열전〉에 서술
했다.

4. 위만조선만 서술한 〈조선열전〉

사마천이 〈열전〉에서 창안한 형식중 하나가 외국에 대한 〈열전〉이다.
사마천은 〈흉노열전匈奴列傳〉을 필두로 〈남월열전南越列傳〉, 〈동월열전
東越列傳〉, 〈조선열전朝鮮列傳〉, 〈서남이열전西南夷列傳〉 등을 서술했다. 이
것이 공자가 《춘추》에서 높인 존주대의尊周大義와 함께 중국의 전통적인
화이관華夷觀을 만들어 낸 것으로 볼 수 있다.

그러나 사마천은 동이족이 분명한 삼황三皇을 배제하고 오제五帝부터

서술한 데에서 알 수 있는 것처럼 화하족華夏族의 뿌리를 찾기 어렵다는 현실에 부닥칠 수밖에 없었다. 그래서 때로는 이족夷族의 역사를 무리하게 화하족 역사로 편입시키려 노력했다. 한나라를 크게 괴롭혔던 흉노를 하夏나라의 선조 하후夏后의 후예로 서술하고, 남월, 동월 등도 그 뿌리를 모두 화하족과 연결되게 서술한 것은 이 때문일 것이다.

〈조선열전〉에서는 단군과 기자의 사적은 생략하고 연나라 출신 위만衛滿에 대해서만 서술했다. 사마천은 《사기》의 여러 부분에서 기자箕子에 대해 서술했고, 그가 존경하던 공자가 《논어》에서 기자를 미자微子, 비간比干과 함께 삼인三仁으로 꼽았으므로 그의 사적을 몰랐을 리 없다. 그러니 기자가 주무왕周武王에 의해 석방된 후 '조선朝鮮'으로 갔다는 사실을 몰랐을 리 없고 기자가 간 조선이 '단군조선檀君朝鮮'이라는 사실도 몰랐을 리 없다. 그러나 사마천은 단군과 기자는 생략하고 위만조선만 서술했다. 그럼에도 그가 〈조선열전〉이라도 서술했기에 우리는 위만조선과 한나라의 관계나 위만조선의 왕족과 귀족들이 왜 망국 후 한나라의 제후로 봉함을 받았는지 알 수 있게 되었다.

이제 〈열전〉을 내놓으면서 40권에 이르는 《신주 사마천 사기》의 대단원의 막이 내려진다. 《신주 사마천 사기》는 비단 지금까지 전 세계에서 발간된 가장 방대한 《사기》 번역서 및 주석서일 뿐만 아니라 그간 《사기》에서 놓쳤던 여러 관점과 사실에 대해 알 수 있다. 예를 들면 《사기》 본문 및 그 주석에 숱하게 드러나고 있는 이족夷族의 역사를 되도록 되살렸다는 내용면에서도 새로운 시도라고 자평할 수 있다. 《신주 사마천 사기》 완간을 계기로 사마천이 그렸던 천하사가 더욱 풍부해질 뿐만 아니라 《사기》 속에 숨어 있던 우리 선조들의 이야기가 우리 후손들의 가슴 속에 자리 잡게 된다면 망외의 소득이라고 말할 수 있을 것이다.

사기 제104권 史記卷一百四

전숙열전 田叔列傳

사기 제104권 전숙열전 제44

史記卷一百四 田叔列傳第四十四

신주 전숙田叔은 조趙나라 형성陘城 출신으로 제齊나라 전씨田氏의 후손이다. 황로학黃老學을 배웠고 격검擊劍을 좋아했다. 사람됨이 엄격하고 단정하였으며, 조왕趙王 장오張敖를 섬겨 낭중郎中이 되었다. 그러나 고조高祖 때 조왕 장오가 모반했다는 혐의를 받아 체포되어 장안으로 압송되자 조왕의 신하 맹서孟舒 등 10여 명이 가노家奴로 가장하여 조왕을 따라갔다.

사건의 조사 결과 재상 관고貫高 등의 독단적인 황제 암살 계획으로 판명되어 조왕은 관여하지 않았음이 밝혀졌다. 장오가 전숙 등을 추천하자 고조가 이들을 높게 평가하여 각지의 태수나 제후국의 승상으로 임명하였다. 이때 전숙은 한중태수漢中太守로 임명되어 경제景帝 때 양효왕梁孝王이 원앙袁盎 등을 암살한 사건을 조사하게 되었다. 양나라에 다녀와서 양효왕의 일을 지나치게 추궁하지 말 것을 건의하자 경제는 이 말을 현명하게 여기고, 그를 노魯나라의 재상으로 임명했다. 그 때 한 일화에서 그의 현명함을 엿볼 수 있다. 당시 백성들은 노나라 왕(경제의 아들)이 자신들의 재물을 빼앗아 갔다고 전숙에게 제소했다. 그러자 전숙은 오히려 자신들의 군주를 비방하였다고 이들을 꾸짖고 벌하였는데, 노나라

왕은 이를 부끄럽게 여기고 재물을 꺼내 그들에게 모두 돌려주게 했다. 이때 전숙은 "왕께서 재산을 뺏으시고 저에게 그것을 상환하게 하면, 이는 군왕께서는 악행을 저지른 것이 되고 저는 선행을 베푼 것이 됩니다."라고 하여 왕이 백성들에게 직접 상환하게 했다. 이렇듯 재상으로서 임금을 보필하는데, 좋은 선례를 남겼다. 노나라 재상 재임 중에 죽었다. 아들 전인田仁(?~서기전 91)은 아버지 전숙이 죽자 노나라에서 장례비로 황금 100근을 주었으나 선친의 청렴결백한 명성을 손상시킨다며 거절하였다.

전인은 건장하고 힘이 세었던 관계로 위장군衛將軍(위청)의 가신家臣이 되어 흉노와 자주 싸웠으며 위청의 천거로 낭중郞中이 되었다. 후에 한무제漢武帝가 삼하三河(하동군, 하내군, 하남군)의 비리를 조사하도록 하자 법대로 처리하였다. 이후 경보도위京輔都尉에 임명되고 곧 사직司直으로 승진하였다. 이후 여태자戾太子(유거劉據) 모함 사건(태자가 강충江充에게 무고를 당하자 강충을 죽이고 거병한 사건) 때 당시 전인이 성문을 지키고 있었는데 태자를 놓아주는 죄를 범하여 사형이 처해져 죽었다.

대도를 안 전숙

전숙田叔^①은 조趙나라 형성陘城^② 사람으로 그 선조는 제齊나라 전씨田氏의 후손이다. 전숙은 검술을 좋아하고 황로黃老의 학술을 악거공樂巨公^③에게서 배웠다. 전숙은 사람됨이 엄격하고 청렴했으며 스스로를 아꼈고 여러 공公과도 교유하는 것을 즐겼다.^④ 조나라 사람이 전숙을 조나라 재상 조오趙午에게 추천하자 조오가 조나라 왕 장오張敖에게 말해서 조나라 왕이 낭중郎中으로 삼았다.

田叔^①者 趙陘城^②人也 其先 齊田氏苗裔也 叔喜劍 學黃老術於樂巨公^③所 叔爲人刻廉自喜 喜游諸公^④ 趙人擧之趙相趙午 午言之趙王張敖所 趙王以爲郎中

① 田叔전숙

색은 아래의 문장을 살펴보니 자는 소경少卿이다.

案下文 字少卿

② 陘城형성

색은 陘의 발음은 '형刑'이다. 살펴보니 현 이름이다. 중산中山에 속한다.

陘音刑 按 縣名也 屬中山

③ 樂巨公악거공

[색은] 본래 연나라 사람이며 악의樂毅의 후예이다.

本燕人 樂毅之後

[정의] 악樂은 성이고 거공巨公은 이름이다.

樂 姓 巨公 名

④ 喜游諸公희유제공

[정의] 喜의 발음은 '히[許記反]'이다. 제공諸公은 장인丈人의 항렬을 이른
다.

喜音許記反 諸公謂丈人行也

[신주] 제공諸公은 선배들을 뜻한다.

여러 해가 지나도 정성스럽고 바르고 청렴하고 공평하여 조왕이
현명하다고 여겼으나 다른 자리로 옮겨주지는 않았다. 때마침 진희
陳豨가 대代 땅에서 반역했다.[①] 한나라 7년, 고조가 직접 나서서
처단하러 갔다가 조나라를 지나게 되었다.
조나라 왕 장오張敖는 직접 상[案]을 받들어 (고조에게) 식사를 올리
는데 예가 지나쳤다. 고조는 두 다리를 쭉 뻗고 앉아서 꾸짖었다.
이때 조나라 재상 소오趙午 등 수십여 명이 모두 분개하여 상왕에
게 말했다.

"왕께서 주상을 섬기는데 예를 갖추었습니다. 지금 왕을 대우하는 것이 이와 같다면 신 등은 반란을 일으킬 것을 청합니다."

조나라 왕 장오가 손가락을 깨물어 피를 내고 이렇게 말했다.

"선친께서 나라를 잃으셨을 때 폐하가 아니었다면 신들은 죽어도 묻힐 땅이 없어 시체에서 벌레가 나오게 되었을 것이오.② 공公들은 어찌 이와 같은 말을 하는 것이오. 다시는 입 밖에 내지 마시오."

이에 관고貫高 등이 말했다.

"왕께서는 장자長者이니 덕을 배반하지 않는 것이오."

마침내 사사로이 서로 모의하고 주상(고조)을 시해하기로 했다. 때마침 일이 발각되자③ 한나라는 조서를 내려 조왕趙王과 반역에 가담한 신하들을 체포하게 했다.

數歲 切直廉平 趙王賢之 未及遷 會陳豨反代① 漢七年 高祖往誅之 過趙 趙王張敖自持案進食 禮恭甚 高祖箕踞罵之 是時趙相趙午等數十人皆怒 謂張王曰 王事上禮備矣 今遇王如是 臣等請爲亂 趙王齧指出血 曰 先人失國 微陛下 臣等當蟲出② 公等奈何言若是 毋復出口矣 於是貫高等曰 王長者 不倍德 卒私相與謀弑上 會事發覺③ 漢下詔捕趙王及群臣反者

① 陳豨反代진희반대

집해 서광이 말했다. "7년, 한왕신韓王信이 반역하자 고제가 정벌했다. 10년, 대代의 재상 진희가 반역했다."

徐廣曰 七年 韓王信反 高帝征之 十年 代相陳豨反

② 蟲出충출

색은 살펴보니 죽어서 벌레가 나오는 것을 이른다. 《좌전》에는 "제환공이 죽어서 장례를 치르지 못하자 벌레가 시체 밖으로 흘러나왔다."라고 한 것이 이것이다.

案 謂死而蟲出也 左傳 齊桓公死 未葬 蟲流於戶外是也

③ 會事發覺회사발각

집해 서광이 말했다. "고조 9년 12월 관고 등이 체포되었다."

徐廣曰 九年十二月捕貫高等也

이에 조오趙午 등은 모두 자살하고 오직 관고만이 나아가서 체포되었다. 이때 한나라는 조서를 내려, "조나라에서 감히 왕(장오)을 따르는 자가 있다면 3족을 멸할 것이다."라고 하였다.

그러나 오직 맹서孟舒와 전숙田叔 등 10여 명이 붉은 죄수복을 입고 스스로 머리를 깎고서 항쇄를 차고, 왕가의 노예라고 일컬으며 조왕 오敖를 따라 장안에 이르렀다. 그리고 관고와 (무관하다는) 사실을 분명하게 아뢰자, 조왕 장오는 출감出監할 수 있었으나 폐위당해 선평후宣平侯가 되었다. 이에 (장오는) 전숙 등 10여 명을 (고조에게) 추천했다.

주상인 고조가 이들을 모두 불러 함께 대화해보니 한나라 조정의 신하들 중에 이들보다 나은 이가 없었다. 고조는 기쁘게 여기고 모두 제수해서 군수나 제후들의 재상으로 삼았다.

전숙이 한중태수漢中太守가 된 지 10여 년, 때마침 고후가 죽고 여씨들이 난을 일으키자 대신들이 이들을 처단하고 효문제를 세웠다. 효문제는 황제의 자리에 오르자 전숙을 불러 물었다.

"공公은 천하의 장자長者를 아는가?"

전숙이 대답했다.

"신이 어찌 족히 알겠습니까."

문제가 말했다.

"공公은 장자長者이니 마땅히 알 것이오."

전숙이 머리를 조아리며 아뢰었다.

"예전 운중태수雲中太守인 맹서孟舒가 장자입니다."

이때 맹서는 오랑캐들이 대대적으로 국경을 쳐들어와 도둑질하고 약탈해 간 것에 연좌되었는데 운중이 더욱 심했다. 이 때문에 면직되었다. 문제가 말했다.

"선제께서 맹서를 운중태수로 임명한 지가 10여 년인데, 오랑캐가 한번 쳐들어오자① 맹서는 굳게 지킬 수 없었소. 이 때문에 무고하게 사졸 중 전사한 자가 수백여 명이오. 장자는 진실로 사람을 살해하게 해도 되는가. 공은 어찌하여 맹서가 장자라고 하는 것이오?"

於是趙午等皆自殺 唯貫高就繫 是時漢下詔書 趙有敢隨王者罪三族 唯孟舒田叔等十餘人 赭衣自髡鉗 稱王家奴 隨趙王敖至長安 貫高事明白 趙王敖得出 廢爲宣平侯 乃進言田叔等十餘人 上盡召見 與語 漢廷臣毋能出其右者 上說 盡拜爲郡守諸侯相 叔爲漢中守十餘年 會高后崩 諸呂作亂 大臣誅之 立孝文帝 孝文帝旣立 召田叔問之曰 公知天下

長者乎 對曰 臣何足以知之 上曰 公 長者也 宜知之 叔頓首曰 故雲中守
孟舒 長者也 是時孟舒坐虜大入塞盜劫 雲中尤甚 免 上曰 先帝置孟舒
雲中十餘年矣 虜曾一入① 孟舒不能堅守 毋故士卒戰死者數百人 長者
固殺人乎 公何以言孟舒爲長者也

① 虜曾一入노중일입

《사기》 삼가주석에는 '虜曾一人'으로 되어 있으나 이는 전사傳寫
하는 과정에서 잘못 기록한 것 같다.

전숙이 머리를 땅에 찧으면서 말했다.

"이것이 맹서가 장자長者라고 여기는 까닭입니다. 대저 관고 등이
반역을 꾀했을 때, 폐하께서는 조서를 내려, 조나라에서 감히 장
왕을 따르는 자는 삼족을 멸한다고 하셨습니다. 그러나 맹서는
스스로 머리를 깎고 항쇄를 차고 장왕 오敖가 있는 곳을 따라 자
신이 죽고자 했는데, 어찌 스스로 운중태수가 될 줄을 알았겠습
니까. 당시는 한나라와 초나라가 겨루어 사졸들이 피폐해 있었습
니다. 흉노의 묵돌冒頓은 새로 북방을 정복하고 와서 변방을 해
쳤습니다. 이에 맹서는 사졸들이 피폐하고 피곤에 지쳐 있는 것
을 알고 차마 나가 싸우라고 하지 않았는데도 사졸들이 다투어
죽음으로 성을 지키면서 자식들이 아버지를 위하는 것같이 하고
아우가 형을 위하는 것같이 했습니다. 이런 까닭으로 죽은 자가

수백 명이나 된 것입니다. 맹서가 어찌 달려가 싸우라고 했겠습니까. 이것은 맹서가 장자였기 때문입니다."

이에 문제가 말했다.

"어질구나! 맹서여!"

다시 맹서를 불러서 운중태수로 삼았다.

여러 해 뒤에 전숙은 법에 저촉되어 관직을 잃었다. 양梁나라 효왕孝王이 사람을 시켜 옛 오吳나라 재상 원앙袁盎을 살해하게 했다. 이에 경제는 전숙을 불러서 양나라 일을 조사하게 했는데, 구체적인 사실을 자세히 파악해 돌아와서 보고했다. 경제가 말했다.

"양나라에서 그러한 사실이 있었는가?"

전숙이 대답했다.

"죽어 마땅한 죄가 있었습니다."

경제가 말했다.

"그 사건에 대한 기록이 어디에 있느냐?"

전숙이 말했다.

"주상께서는 양나라 사건을 다스리지 마십시오."

경제가 말했다.

"무엇 때문인가?"

"지금 양왕의 죄를 처벌하지 않는다면 이것은 한나라 법이 행해지지 않는 것이고, 만일 법대로 처형하게 되면 태후께서는 식사를 달게 하지 못할 것이고 잠자리도 편안하지 못할 것이니 이는 폐하께 근심거리가 생기는 것입니다."

叔叩頭對曰 是乃孟舒所以爲長者也 夫貫高等謀反 上下明詔 趙有敢
隨張王 罪三族 然孟舒自髡鉗 隨張王敖之所在 欲以身死之 豈自知爲
雲中守哉 漢與楚相距 士卒罷敝 匈奴冒頓新服北夷 來爲邊害 孟舒知
士卒罷敝 不忍出言 士爭臨城死敵 如子爲父 弟爲兄 以故死者數百人
孟舒豈故驅戰之哉 是乃孟舒所以爲長者也 於是上曰 賢哉孟舒 復召
孟舒以爲雲中守 後數歲 叔坐法失官 梁孝王使人殺故吳相袁盎 景帝
召田叔案梁 具得其事 還報 景帝曰 梁有之乎 叔對曰 死罪 有之 上曰
其事安在 田叔曰 上毋以梁事爲也 上曰 何也 曰 今梁王不伏誅 是漢法
不行也 如其伏法 而太后食不甘味 臥不安席 此憂在陛下也

경제가 매우 어질다고 여기고 노나라 재상으로 삼았다. 노나라
재상으로 처음으로 부임했을 때 백성들이 직접 재상에게 와서,
왕이 자신들의 재물을 빼앗아 갔다고 송사를 한 것이 100여 명이
었다. 이에 전숙은 그 주동자급 20명을 잡아 각각 50여 대의 매를
치게 하고 나머지는 각각 20여 대를 치게 하며[①] 노여움을 띠고
그들을 꾸짖었다.

"왕이 너희들의 왕이 아니더냐. 어찌 스스로 감히 너희 군주에 대
해 이와 같은 말을 하는 것이냐?"

노왕이 듣고 크게 부끄러워하며 창고의 돈을 꺼내어[②] 재상에게
보상하게 했다. 그러자 재상이 말했다.

"왕께서 스스로 빼앗았는데 재상에게 보상하게 하는 것, 이것은
왕은 나쁜 짓을 하고 재상은 좋은 일을 하는 것입니다. 재상은

이를 보상하는 데 관여할 수 없습니다."

이에 왕이 다 보상했다.

景帝大賢之 以爲魯相 魯相初到 民自言相 訟王取其財物百餘人 田叔
取其渠率二十人 各笞五十 餘各搏①二十 怒之曰 王非若主邪 何自敢言
若主 魯王聞之大慙 發中府②錢 使相償之 相曰 王自奪之 使相償之 是
王爲惡而相爲善也 相毋與償之 於是王乃盡償之

① 搏박

색은 搏의 발음은 '박博'이다.

搏音博

신주 친다는 뜻이다.

② 中府중부

정의 중부中府는 왕의 재물을 보관하는 곳이다.

王之財物所藏也

노왕①이 사냥을 좋아해서 재상은 항상 왕을 따라서 원유苑囿 안
으로 들어갔다.② 왕은 그때마다 재상에게 관사에서 쉬라고 했으
나 재상은 늘 나가서 햇볕을 쬐고 앉아서③ 왕을 원유 밖에서 기
다렸다. 왕이 수차 사람을 시켜 재상의 휴식을 청했으나 끝까지
쉬지 않고 말했다.

"우리의 왕께서는 원유 안에서 비바람을 맞으시는데 나 홀로 어찌 관사로 나갑니까."

노나라 왕이 이 때문에 나가서 유람하는 일이 크게 적어졌다. 수년이 지나서 전숙이 재상으로 있다가 관직에서 죽었다. 노나라에서 100금의 제사 비용을 주었는데, 막내아들 전인田仁이 받지 않고 말했다.

"100금으로 선인先人의 명성을 손상시키지 않겠습니다."

전인이 자라 장성하게 되어서 위청衛靑 장군[④]의 사인舍人이 되었고 자주 종군해 흉노를 공격했다. 위청 장군이 전인을 무제에게 천거해서 전인을 낭중郞中으로 삼게 했다.

魯王[①]好獵 相常從入苑中[②] 王輒休相就館舍 相出 常暴坐[③]待王苑外 王數使人請相休 終不休 曰 我王暴露苑中 我獨何爲就舍 魯王以故不大出游 數年 叔以官卒 魯以百金祠 少子仁不受也 曰 不以百金傷先人名 仁以壯健爲衛將軍[④]舍人 數從擊匈奴 衛將軍進言仁 仁爲郞中

① 魯王노왕

정의 노공왕魯共王은 경제의 아들이며, 연주 곡부현의 옛 노성魯城 안에 도읍했다.

魯共王 景帝子 都兗州曲阜縣故魯城中

② 入苑中입원중

정의 《괄지지》에서 말한다. "확상포矍相圃는 연주 곡부현 남쪽 30리에 있다. 《예기》에는 공자께서 확상포에서 활쏘기를 하는데 관람하는 자들이 담처럼 에워쌌다고 했다."

括地志云 矍相圃在兗州曲阜縣南三十里 禮記云孔子射於矍相之圃 觀者如堵
墻也

신주 노왕이 사냥한 원苑의 명칭이 '확상포'이다. 산동山東 곡부현曲阜
縣 궐리闕里 서쪽에 있는 지명이다.

③ 暴坐폭좌

색은 앞 글자 暴의 발음은 '폭[步卜反]'이다.

上音步卜反

④ 衛將軍위장군

집해 장안이 말했다. "위청이다."

張晏曰 衞青也

여러 해가 되어 전인은 2,000석의 관리인 승상丞相의 장사長史가
되었다가 관직을 잃었다. 그 뒤 불러서 하남河南, 하동河東, 하내
河內의 3개 군의 비리를 조사하게 했다.① 무제가 동쪽으로 순행할
때 전인이 일을 아뢰는 글이 올라왔는데 무제가 기뻐하고 제수해
서 경보도위京輔都尉②로 삼았다. 한 달 남짓 되어 무제가 옮겨 제
수해 사직司直③으로 삼았다. 여러 해뒤에 여태자戾太子의 사건에
연좌되었다.④ 당시에 좌승상⑤이 스스로 군사를 인솔하고 사직인
전인을 시켜서 성문을 닫고 지키게 했는데 전인이 태자를 놓아준

일에 연좌되어 관리에게 하옥되어 사형에 처해졌다.

그런데 전인이 군사를 일으켰다고 장릉長陵 현령 차천추車千秋가 주상께 전인을 고변해서 전인의 가족들도 몰살당했다. 형성陘城[6]은 지금 중산국中山國에 있었다.

數歲 爲二千石丞相長史 失官 其後使刺擧三河[1] 上東巡 仁奏事有辭 上說 拜爲京輔都尉[2] 月餘 上遷拜爲司直[3] 數歲 坐太子事[4] 時左相[5] 自將兵 令司直田仁主閉守城門 坐縱太子 下吏誅死 仁發兵 長陵令車千秋上變仁 仁族死 陘城[6]今在中山國

① 刺擧三河자거삼하

정의 〈백관표〉에서 말한다. "감어사監御史는 진秦나라 관직이고 군郡감독을 관장했다. 한나라는 성省에 승상이 어사를 나누어서 파견해 주州를 정탐하게 했는데, 항상 두지는 않았다." 살펴보니 삼하는 하남, 하동, 하내이다.

百官表云 監御史 秦官 掌監郡 漢省 丞相遣御史分刺州 不常置也 案 三河 河南 河東河內也

② 京輔都尉경보도위

정의 〈백관표〉에서 말한다. "우부풍, 좌풍익, 경조윤 이것이 삼보三輔이다. 무제 원정 4년에 삼보도위를 설치했다." 복건이 말했다. "모두 장안성 안을 다스린다."

百官表云 右扶風左馮翊京兆尹 是爲三輔 元鼎四年 置三輔都尉 服虔云 皆治長安城中也

③ 司直사직

집해 《한서》〈백관표〉에서 말한다. "무제 원수 5년에 처음으로 사직
司直을 설치했으니 녹봉은 비2,000석으로 승상을 보좌하고 불법을 들추
어내는 일을 관장했다."

漢書百官表曰 武帝元狩五年 初置司直 秩比二千石 掌佐丞相舉不法

정의 〈백관표〉에서 "무제 원수 5년 처음으로 사직司直을 설치했으니
녹봉은 비2,000석으로 승상을 보좌하고 불법을 들추어내는 일을 관장
했다."

百官表云 武帝元狩五年 初置司直 秩比二千石 掌佐丞相舉不法也

④ 坐太子事좌태자사

정의 여태자를 이른다.

謂戾太子

⑤ 左相좌상

집해 서광이 말했다. "유굴리가 당시 승상이 되었다."

徐廣曰 劉屈氂時爲丞相也

⑥ 陘城형성

집해 서광이 말했다. "형성은 현 이름이다."

徐廣曰 陘城 縣名也

정의 지금의 정주定州이다.

今定州也

태사공은 말한다.

공자에 대해 일컫기를 '그 나라에 이르시면 반드시 그 정치에 관한 것을 들으셨다.'라고 하였는데 이것은 전숙을 이른 것인가. 의義로는 어진 것을 잊지 않았고 군주의 아름다운 것을 밝혀서 과오를 구제했다. 전인과 나는 친했다. 나는 이 때문에 아울러 논한 것이다.

太史公曰 孔子稱曰 居是國必聞其政 田叔之謂乎 義不忘賢 明主之美 以救過 仁與余善 余故幷論之

저소손의 보충기록

저 선생이 말했다.

신이 낭郎이 되었을 때 그에 관해 들으니 전인田仁은 본래 임안任安과 친했다고 했다. 임안은 형양滎陽 사람이다. 어려서 고아로 빈곤해서 다른 사람들을 위해 수레를 끌었는데,[1] 장안에 갔다가 그곳에 머물게 되었다. 일을 구하여 말단 관리라도 되려고 했지만, 의거할 만한 곳이 없었다. 이로 인해 상부에 알려 문적에 기록하고 마을에 정착했다.[2] 무공武功은 부풍扶風 서쪽 영역의 작은 읍인데 골짜기 입구는 촉의 잔도로 산과 가까웠다.[3] 임안은 무공을 작은 읍으로 생각하고 호걸이 없으니 쉽게 고명해질 것으로[4] 여겨서 그곳에 머물러 남을 대신해 구도求盜와 정부亭父[5]가 되었다. 뒤에는 정장亭長[6]이 되었다.

褚先生曰 臣爲郎時 聞之曰 田仁故與任安相善 任安 滎陽 人也 少孤貧困 爲人將車[1]之長安 留 求事爲小吏 未有因緣也 因占著名數[2] 武功 扶風西界小邑也 谷口蜀剗道近山[3] 安以爲武功小邑 無豪 易高也[4] 安留代人爲求盜亭父[5] 後爲亭長[6]

① 將車장거

색은 장거將車는 어거御車와 같다.

將車猶御車也

② 占著名數점착명수

색은 살 곳을 정해서 스스로 식구 이름과 수를 상부에 알려 호적을 부여받고 무공에 예속하여 살게 된 것을 말한다. 지금의 호적을 부여받는 것과 같다. 占의 발음은 '겸[之豔反]'이다.

言卜占而自占著家口名數 隸於武功 猶今附籍然也 占音之豔反

신주 점착占著이라는 제도는 상부에 집식구의 이름과 수를 보고해서 호적을 부여받으면 그 마을에 정착할 수 있게 한 것이다.

③ 谷口蜀劄道近山곡구촉잔도근산

정의 《괄지지》에 "한나라 무공현은 위수 남쪽에 있는데 지금 주질현 서쪽 영역이다. 낙곡간은 옹주 주질현 서남쪽 20리에 있는데 낙곡도를 개통해 양주로 통하게 했다."라고 했다. 살펴보니 계곡을 가는데 잔도가 있다.

括地志云 漢武功縣在渭水南 今盩厔縣西界也 駱谷閒在雍州之盩厔縣西南二十里 開駱谷道以通梁州也 按 行谷有棧道也

④ 易高이고

색은 易의 발음은 '이[以豉反]'이다. 읍이 작고 호걸이 없어서 쉽게 이름을 높일 수 있는 것을 말한다.

易音以豉反 言邑小無豪 易得高名也

⑤ 求盜亭父구도정부

[집해] 곽박이 말했다. "정졸亭卒이다."

郭璞曰 亭卒也

[정의] 임안은 무공에 머무르면서 남을 대신해 구도求盜와 정부亭父가 되었다. 응소가 말했다. "옛날에 정亭에는 2명의 졸卒이 있었는데 그 한 사람은 정부亭父가 되어 관문을 닫고 청소하는 것을 관장했다. 한 사람은 구도가 되어서 도적을 쫓아서 체포하는 것을 관장했다."

安留武功 替人爲求盜亭父也 應劭云 舊時亭有兩卒 其一爲亭父 掌關閉掃除 一爲求盜 掌逐捕盜賊也

⑥ 亭長정장

[정의] 〈백관표〉에서 말한다. "10리里에 1정亭이 있고 정亭에는 장長이 있다."

百官表云 十里一亭 亭有長也

고을 사람들이 모두 사냥을 나가면 임안은 항상 그들을 위해 고라니나 사슴이나 꿩이나 토끼를 나누어주고, 노인, 젊은이나 장정 등을 어려운 곳과 쉬운 곳에 알맞게 배치하니 모든 사람이 기뻐하며 말했다.

"걱정할 것 없다. 임소경任少卿[①]은 분별하는 것이 공평하고 지혜와 계책이 있다."

다음 날 다시 모였을 때는 집합한 자가 수백 명이나 되었다. 임소경이 말했다.

"아무개의 아들 아무개는 어찌하여 오지 않았습니까?"

사람들은 모두 그가 살펴보는 것이 신속한 것을 괴이하게 여겼다. 그 뒤 삼로三老[2]에 제수되었고, 백성과 친밀하다고 추천되어 나와 300석을 받는 장長[3]이 되어 백성을 다스렸다. 황제가 행차해서 유람 나왔을 때 장막을 마련하지 않은 일로 파면당했다.

邑中人民俱出獵 任安常爲人分麕鹿雉免 部署老小當壯劇易處 衆人皆喜 曰 無傷也 任少卿[1]分別平 有智略 明日復合會 會者數百人 任少卿 曰 某子甲何爲不來乎 諸人皆怪其見之疾也 其後除爲三老[2] 擧爲親民 出爲三百石長[3] 治民 坐上行出游共帳不辦 斥免

① 任少卿임소경

정의 소경은 임안任安의 자이다.

少卿 安字

② 三老삼로

정의 〈백관표〉에는 "10정亭은 1향鄕이 되고 향에는 삼로三老 1인이 있어서 교화를 관장한다."라고 했다.

百官表云 十亭一鄕 鄕有三老一人 掌敎化也

③ 三百石長삼백석장

정의 〈백관표〉에서 말한다. "1만 호 이상은 현령이 되어 녹봉이 1,000석에서 600석에 이른다. 1만 호보다 적은 장長이 되면 녹봉이 500석에서 300석에 이른다. 모두 승丞과 위尉가 있다."

百官表云 萬戶已上爲令 秩千石至六百石 減萬戶爲長 秩五百石至三百石 皆有
丞尉也

이에 위청 장군의 사인舍人이 되어 전인과 함께 만났고, 전인과 함께 사인舍人이 되어 문하에 살면서 마음을 함께하고 서로 친밀해졌다. 전인과 임안 이 두 사람은 집안이 가난해서 위청 장군의 가감家監에게 선물을 줄 수가 없어 가감이 사납게 물어뜯는 말을 기르게 했다. 전인과 임안은 같은 침상을 쓰면서 생활했다. 전인이 속삭였다.

"사람을 보는 눈이 없구나. 가감이여."

임안이 말했다.

"장군마저 사람을 알아보지 못하는데 가감이야 말해 뭣하겠는가"

위청 장군①이 이 두 사람을 거느리고 평양공주平陽公主②의 집을 지나게 되었는데, 공주의 집에서 전인과 임안과 공주의 말을 기르는 노예와 한자리에서 식사를 하게 했다. 이에 전인과 임안이 칼을 꺼내서 자리를 가르고 별도로 앉아 식사했다. 공주의 집에서는 모두가 괴이쩍게 여기고 싫어했는데 감히 무어라고 말하지는 못했다.

乃爲衛將軍舍人 與田仁會 俱爲舍人 居門下 同心相愛 此二人家貧 無錢用以事將軍家監 家監使養惡齧馬 兩人同牀臥 仁竊言曰 不知人哉 家監也 任安曰 將軍尙不知人 何乃家監也 衛將軍①從此兩人過平陽主② 主家令兩人與騎奴同席而食 此二子拔刀列斷席別坐 主家皆怪而惡之 莫敢呵

① 衛將軍위장군

정의 위청이다.

衞青也

② 平陽主평양주

신주 평양공주는 효경제와 효경황후 왕씨 사이에서 태어난 딸로 한무제 누나가 된다. 조참의 후손인 평양후 조수曹壽와 결혼하면서 그의 봉호를 따라 평양공주로 불리게 되었다. 조수가 죽고 위청과 재혼했다. 즉 위청과 평양공주는 부부 사이다.

그 뒤 조서를 내려 위장군의 사인舍人으로 낭郎을 선발한다고 했다. 위장군은 사인들 가운데 부유한 자를 골라서 말의 안장과 붉은 옷과 옥玉이 박힌 검을 갖추게 하고 황제를 배알하여 아뢸려고 했다. 때마침 어진 대부인 소부少府의 조우趙禹가 지나가다가 위장군에게 들렀다. 위장군은 천거하려는 사인들을 불러서 조우에게 보였다. 조우가 차례로 질문을 해보았는데 10여 명 가운데 한 사람도 일을 익히거나 지략이 있는 사람이 없었다. 조우가 말했다.

"나는 장군의 문하에는 반드시 장군의 재목이 있다고 들었습니다. 전傳에 이르기를 '그의 군주를 알지 못하면 그가 부리는 사람들을 살펴보고 그의 자식을 알지 못하면 그 자식의 친구들을 살펴본다.'라고 했습니다. 지금 조서를 내려서 장군의 사인을 선발하는 것은 장군께서 현명한 자와 문무文武를 갖춘 선비를 얻었는지를 관찰하고자 하는 것입니다. 지금 무턱대고 부잣집 아들을 선택해 올린다면 지혜도 없고 계략도 없어 허수아비에 비단옷을 입힌 것과 같을 뿐입니다. 장차 어찌하려고 하십니까.”

이에 조우가 위장군의 사인 100여 명을 불러서 차례로 질문을 해 보더니 전인과 임안을 발견하여 말했다.

“유독 이 두 사람만이 가하고 나머지는 쓸모가 없습니다.”

위장군은 이 두 사람이 가난한 것을 보고 마음속으로 못마땅하게 여겼다. 조우가 떠나면서 두 사람에게 일러 말했다.

“각자 말안장과 새 붉은 옷을 준비하시오.”

두 사람이 대답했다.

“집이 가난해서 갖출 수가 없습니다.”

위장군이 노여워하며 말했다.

“지금 너희 두 사람은 집이 본디 가난하다고는 하지만, 어떻게 이런 말을 하는 것인가? 섭섭해하며 나에게 덕을 베풀기를[①] 바라는 것은 무엇 때문인가?”

위장군은 어쩔 수가 없어서 명적을 올려서 주상에게 아뢰었다. 조서를 내려서 위청 장군의 사인들을 불러 보았다. 이 두 사람이 무제 앞에 나아가 무제를 뵙자 조서를 내려서 능력과 계략을 묻게 하니 이들은 서로를 추천하였다. 전인이 대답했다.

“북채와 북을 들고 군문 앞에 서서 사대부에게 죽음을 달게 여기며 싸우도록 하는 것은 제가 임안에 미치지 못합니다.”

임안이 대답했다.

“대저 혐의를 결정하고 옳고 그른 것을 결정하며 관리들을 바르게

다스리고 백성에게 원망하는 마음이 없게 하는 것은 제가 전인보
다 못합니다.”

其後有詔募擇衛將軍舍人以爲郞 將軍取舍人中富給者 令具鞍馬絳衣
玉具劍 欲入奏之 會賢大夫少府趙禹來過衛將軍 將軍呼所擧舍人以示
趙禹 趙禹以次問之 十餘人無一人習事有智略者 趙禹曰 吾聞之 將門
之下必有將類 傳曰不知其君視其所使 不知其子視其所友 今有詔擧將
軍舍人者 欲以觀將軍而能得賢者文武之士也 今徒取富人子上之 又無
智略 如木偶人衣之綺繡耳 將奈之何 於是趙禹悉召衛將軍舍人百餘人
以次問之 得田仁任安 曰 獨此兩人可耳 餘無可用者 衛將軍見此兩人
貧 意不平 趙禹去 謂兩人曰 各自具鞍馬新絳衣 兩人對曰 家貧無用具
也 將軍怒曰 今兩君家自爲貧 何爲出此言 鞅鞅如有移①德於我者 何也
將軍不得已 上籍以聞 有詔召見衛將軍舍人 此二人前見 詔問能略 相
推第也 田仁對曰 提枹鼓立軍門 使士大夫樂死戰鬪 仁不及任安 任安
對曰 夫決嫌疑 定是非 辯治官 使百姓無怨心 安不及仁也

① 移이

집해 서광이 말했다. “이移는 '시施'(베풀다)와 같다.”

徐廣曰 移猶施

무제가 크게 웃으면서 말했다.
“좋구나.”

임안을 시켜서 북군을 호위하게 하고 전인田仁을 시켜서 변방의 곡식을 하상河上으로 나르는데 호위하게 했다. 이에 두 사람이 이름을 천하에 세우게 되었다. 그런 뒤 임안을 등용해서 익주자사①로 삼고 전인을 승상의 장사長史②로 삼았다. 전인이 글을 올려서 말했다.

"천하에 군郡의 태수들이 부정한 수단으로 얻는 이익이 많은데 삼하三河가 더욱 심합니다. 신이 청컨대 먼저 삼하를 조사하겠습니다. 삼하의 태수들은 모두 안으로는 궁 안의 귀인들과 결탁해 있고 삼공三公들과는 친척 관계에 있어서 두려워하거나 꺼리는 바가 없습니다. 마땅히 먼저 삼하를 바로잡아서 천하의 간사한 관리들에게 깨우칠 수 있도록 해야 합니다."

武帝大笑曰 善 使任安護北軍 使田仁護邊田穀於河上 此兩人立名天下 其後用任安爲益州刺史① 以田仁爲丞相長史② 田仁上書言 天下郡太守多爲姦利 三河尤甚 臣請先刺擧三河 三河太守皆內倚中貴人 與三公有親屬 無所畏憚 宜先正三河以警天下姦吏

① 益州刺史익주자사

정의 〈지리지〉에는 무제가 고쳐서 양주라고 했다고 일렀다. 〈백관표〉에는 "원봉 5년에 처음으로 부자사部刺史를 설치하고 조서의 조목을 받들어 주州를 관찰하게 하는 것을 관장하게 했으며 녹봉은 600석이고 인원이 13명이다."라고 했다. 살펴보니 지금의 채방사가 안찰하는 6조와 같은 것이다.

地理志云武帝改曰梁州 百官表云 元封五年 初置部刺史 掌奉詔條察州 秩六百石 員十三 按 若今採訪按察六條也

② 丞相長史승상장사

정의 〈백관표〉에서 말한다. "승상은 2명의 장사長史를 두는데 녹봉은 1,000석이다."

百官表云 丞相有兩長史 秩千石

이때 하남태수와 하내태수는 모두 어사대부 두주杜周[①]와 부자형제의 관계였고 하동태수는 승상 석경石慶[②]의 자손이었다. 이때 석씨는 9인이 2,000석이었으므로 한창 고귀했다. 전인은 수차 글을 올려서 보고했다. 이에 두대부杜大夫와 석씨는 사람을 시켜서 사죄하게 하고 전소경田少卿에게 일러 말하게 했다.

"나는 감히 변명하는 것은 아니지만 소경께서는 서로 속여서 더럽힘이 없기를 원하는 바입니다."

전인이 이미 삼하三河를 조사하여 삼하의 태수들이 모두 옥리에게 내려져서 사형에 처했다. 전인이 돌아와 사실을 보고하자 무제는 기뻐하며 전인이 능히 세도가와 권력층을 무섭게 여기지 않는다고 여겨 전인을 제수해 승상의 사직司直으로 삼아 천하를 위엄에 떨게 했다.

是時河南河內太守皆御史大夫杜[①]父兄子弟也 河東太守石丞相[②]子孫也 是時石氏九人爲二千石 方盛貴 田仁數上書言之 杜大夫及石氏使人謝 謂田少卿曰 吾非敢有語言也 願少卿無相誣汙也 仁已刺三河 三河太守皆下吏誅死 仁還奏事 武帝說 以仁爲能不畏彊禦 拜仁爲丞相司直 威振天下

① 杜두

① 杜두

集解 두杜는 두주杜周다.

杜 杜周也

② 石丞相석승상

定義 석경石慶을 이른다.

謂石慶

그 뒤 태자가 군사를 일으키자 승상이 스스로 군사를 인솔하고 사직司直인 전인에게 성문을 맡아 지키게 했다. 사직 전인은 태자와 황제가 골육지친으로 부자지간이기 때문에 감히 개입하려 하지 않으려고 태자 일행이 제릉諸陵을 지나가도록 하였다.

이때 무제는 감천궁에 있었는데 어사대부 포군暴君(포승지)①을 내려보내 승상을 문책하게 했다.

"어찌하여 태자를 놓아 보냈는가?"

승상이 대답했다.

"사직을 시켜서 성문을 지키도록 했는데 사직이 성문을 열어 태자를 나가게 했습니다."

글을 올려서 주상에게 알리고 체포해서 조사하도록 청했다. 사직이 옥리에게 내려지자 죽음에 처해졌다.

其後逢太子有兵事 丞相自將兵 使司直主城門 司直以爲太子骨肉之親 父子之閒不甚欲近 去之諸陵過 是時武帝在甘泉 使御史大夫暴君①

42   제104권 전숙열전

下責丞相 何爲縱太子 丞相對言 使司直部守城門而開太子 上書以聞
請捕繫司直 司直下吏 誅死

① 暴君포군

집해 서광이 말했다. "포승지暴勝之는 어사대부이다."

徐廣曰 暴勝之爲御史大夫

이때 임안은 북군 사자의 호군護軍으로 있었는데 태자가 북군의
남문 밖에 수레를 세워 놓고 임안을 불러 부절符節을 주면서 군
사를 일으킬 것을 청했다. 임안은 절하여 부절을 받고 들어가서
문을 닫고 나오지 않았다. 무제는 이를 듣고 임안이 돕는 체① 하
더니 따르지 않은 이유는② 무엇이었을까 하고 이상하게 여겼다.
그런데 임안은 지난날 북군의 돈을 맡아보는 말단 관리에게 매
를 치고 욕을 보인 일이 있었다. 이에 말단 관리가 글을 올려서
말했다.

"임안이 태자의 부절을 받고는 깨끗한 것으로③ 주기를 바란다고
했다고 합니다."

글을 올려서 알리자 무제가 말했다.

"이자는 노회한 관리이다. 군사가 일어나는 것을 보고 앉아서 성
공과 실패를 관찰해보고 승리한 자를 만나면 합하여 따르고자
한 것이니 두 마음을 가진 것이다. 임안은 마땅히 죽을죄가 매우

많은데 나는 항상 살려 주었다. 지금 거짓을 품었으니 불충한 마음을 가졌다."

임안을 정위에 내려서 죽음에 처하게 했다.

是時任安爲北軍使者護軍 太子立車北軍南門外 召任安 與節令發兵 安拜受節入 閉門不出 武帝聞之 以爲任安爲詳①邪 不傅事② 何也 任安 笞辱北軍錢官小吏 小吏上書言之 以爲受太子節言 幸與我其鮮③好者 書上聞 武帝曰 是老吏也 見兵事起 欲坐觀成敗 見勝者欲合從之 有兩心 安有當死之罪甚衆 吾常活之 今懷詐 有不忠之心 下安吏 誅死

① 詳양

집해 서광이 말했다. 말했다. "양佯이 어떤 판본에는 상詳으로 되어 있다."

徐廣曰 佯 或作詳也

색은 詳의 발음은 '양羊'이다. 부절을 받는 체하고서 군사를 일으키지 않고 태자를 따르지 않은 것을 이르는 것이다.

詳音羊 謂詐受節不發兵 不傅會太子也

② 不傅事불부사

색은 불부사不傅事가 옳다. 傅의 발음은 '부附'이며, 부회附會하지 않았다는 것을 이른다.

不傅事可也 傅音附 謂不附會也

③ 鮮선

색은 鮮의 발음은 '仙'이다. 태자에게 깨끗하고 좋은 병갑兵甲을 청한 것을 이른다.

鮮音仙 謂太子請其鮮好之兵甲也

대저 달은 차면 이지러지고 사물은 성대하면 쇠퇴하는 것이 하늘과 땅의 이치이다. 나아갈 줄은 알고 물러날 줄을 알지 못하고, 오래도록 부귀를 누리다가 보면 재앙이 쌓여서 그 빌미가 되는 것이다. 그러므로 범려는 월나라를 떠나면서 사양하여 관직과 지위를 받지 않았지만, 명예는 후세에 전해져 만세 동안 잊히지 않았으니, 어찌 이에 미칠 수 있겠는가. 뒤에 진출하는 자들은 삼가고 경계할 것이다.

夫月滿則虧 物盛則衰 天地之常也 知進而不知退 久乘富貴 禍積爲崇
故范蠡之去越 辭不受官位 名傳後世 萬歲不忘 豈可及哉 後進者愼戒之

색은술찬 사마정이 펼쳐서 밝히다.

전숙은 장자로서 의리를 중하게 여기고 삶을 가볍게 여겼다. 장왕이 누명에서 벗어나자 한중은 번영하였다. 맹서는 폐함을 당했으나 반론을 제기하여 밝혔다. 양나라 예를 살피고 노의 재상이 되어 인정을 얻었다. 아들 전인은 여태자 사건에 연루되었으나 죄상을 들추어내는 명성이 있었다.

田叔長者 重義輕生 張王旣雪 漢中是榮 孟舒見廢 抗說相明 按梁以禮 相魯得
情 子仁坐事 刺擧有聲

사기 제 105 권 史記 卷 一百五

편작창공열전 扁鵲倉公列傳

사기 제105권 편작창공열전 제45

史記卷一百五 扁鵲倉公列傳第四十五

[색은] 왕소가 말했다. "이것은 의방醫方으로 일자日者, 귀책龜筴과 서로 이어지는 것이 합당하며 여기에 열거한 것은 합당하지 않다. 후대 사람이 잘못 편집한 것이다."

王劭云 此醫方 宜與日者龜筴相接 不合列於此 後人誤也

[정의] 이 열전은 의방醫方으로 귀책龜策, 일자日者와 더불어 배치하는 것이 합당하다. 순우의는 효문제 때의 의원이며 조서를 받들어 묻고 또 제태창령齊太倉令이 되었다. 그러므로 태사공이 차례 해서 기술한 것이다. 편작扁鵲은 춘추시대에 뛰어난 의원이며 별도로 차례하는 것이 불가하다. 그러므로 인용해서 전傳의 첫머리로 삼았고 태창공이 그다음이다.

此傳是醫方 合與龜策日者相次 以淳于意孝文帝時醫 奉詔問之 又爲齊太倉令 故太史公以次述之 扁鵲乃春秋時良醫 不可別序 故引爲傳首 太倉公次之也

[신주] 편작扁鵲은 발해渤海 막鄭 사람으로 이름은 진월인秦越人이다. 고대의 명의라고 전해지는데 생몰연대는 명확치 않다. 젊어서 남의 객사客舍에서 사장舍長으로 있으면서 장상군長桑君이라는 은자隱者를 만나 비전의 의술을 전수받고 의원 생활을 시작했는데 제齊나라와 조趙나라에 머물며 의술을 펼쳤다. 일화로는 진소공晉昭公(서기전 531~서기전 526) 때 대부大夫

조간자趙簡子(서기전 6세기)가 병이 들자 병의 증세를 알려주었다고 하고
그 후 괵虢나라의 태자가 시궐尸蹶병에 걸려 거의 죽은 것으로 여겨졌을
때 치료하여 소생시켰다. 이후 진秦나라 함양咸陽에서 소아과 의원이 되
었다. 진무왕秦武王 때 태의령太醫令 이혜李醯(서기전 310~서기전 307년간 의원
으로 활동)가 자신의 의술이 편작에 미치지 못함을 알고 자객을 보내 편작
을 죽였다고 한다. 편작의 사적은 서기전 6세기부터 서기전 4세기까지
미치고 있어 오늘날 전해지는 전기傳記는 여러 명의 일화를 편작의 이름
을 이용해 만든 전설로 추정된다.

　태창공太倉公 순우의淳于義(서기전 202~?)는 전한前漢 시대의 명의名醫이다.
국가의 양식창고를 맡는 태창장太倉長을 역임했는데 임치臨淄 사람이다.
젊어서부터 의학, 약학을 좋아하였다. 서기전 180년부터 공승公乘인 양경
陽慶에게서 의술을 배웠으며, 황제黃帝와 편작扁鵲이 남긴 맥서脈書 등을
전수傳受하였다. 사람의 얼굴에 나타나는 다섯 가지 빛깔을 보고 오장
五臟의 병을 진단, 병자의 생사를 판별하고 증세를 알아내 치료하였다.
문제文帝 4년(서기전 176) 또는 문제 13년(서기전 167)에 어떤 사람이 순우
의를 고발하여 육형肉刑을 받게 되었을 때 딸만 다섯 있었으나, 막내딸
제영緹縈이 장안長安까지 따라와 상서上書하여 자신이 관비官婢가 되겠다
고 하며 부친의 죄를 용서해달라고 하자 문제가 가련히 여겨 죄를 용서하
고 그해에 육형을 폐지하였다. 그 후 순우의가 집에 돌아와 있을 때 문
제가 조서를 내려 치료해서 효험 있는 자, 순우의의 의서, 의술, 약제

등을 올리게 하자 기격병, 아랫배가 아파 대소변을 보지 못하는 병, 열병, 충치, 월경이 통하지 않는 병, 동풍 등을 치료한 사례와 죽을 병을 진단한 사례, 사승관계 등을 기록함으로써, 이것이 전해져서 명의로 존경받았 으며 동양의학의 발전에 많은 영향을 주었다.

명의의 대명사 편작

편작扁鵲^①은 발해군 정鄭 땅^② 사람으로 성은 진씨秦氏이고 이름은 월인越人이다. 젊었을 때 남의 집 여관의 사장舍長^③이 되었다. 여관에 장상군長桑君^④이란 손님이 지나다가^⑤ 묵었는데, 편작은 유독 기이하게 여기고 늘 조심스럽게 대했다. 장상군도 편작을 보통 사람이 아니라고 여기고 있었다. 그렇게 10여 년을 드나들었는데 장상군이 편작을 불러서 사사로이 앉히고 조용히^⑥ 함께 말을 했다.

"나는 비밀리에 전해 오는 처방전이 있는데 나이가 늙어 공公에게 전하고자 하니 공公은 누구에게도 누설하지 마시오."

扁鵲^①者 勃海郡鄭^②人也 姓秦氏 名越人 少時爲人舍長^③ 舍客長桑君^④ 過^⑤ 扁鵲獨奇之 常謹遇之 長桑君亦知扁鵲非常人也 出入十餘年 乃呼 扁鵲私坐 閒^⑥與語曰 我有禁方 年老 欲傳與公 公毋泄

① 扁鵲편작

정의 《황제팔십일난서》에서 말한다. "진월인秦越人은 헌원 시대의 편작扁鵲과 닮았다고 해서 편작이라 불렀다. 또 노국盧國에서 살았기 때문에 노의盧醫라고 명명했다."

黃帝八十一難序云 秦越人與軒轅時扁鵲相類 仍號之爲扁鵲 又家於盧國 因命
之曰盧醫也

② 鄭정

집해 서광이 말했다. "정鄭은 마땅히 '막鄚'이 되어야 한다. 막鄚은 현
이름이다. 지금 하간군에 속한다."

徐廣曰 鄭當爲鄚 鄚 縣名 今屬河閒

색은 살펴보니 발해군에는 정현이 없으니 당연히 막현이 되어야 한다.
鄚의 발음은 '막莫'이고, 지금은 하간군에 속한다.

案 勃海無鄭縣 當作鄚縣 音莫 今屬河閒

③ 舍長사장

색은 사장舍長이 되었다는 것에 관해 유씨가 말했다. "객관客館을 지키는
우두머리이다."

爲舍長 劉氏云 守客館之帥

정의 長의 발음은 '장[丁丈反]'이다.

長音丁丈反

④ 長桑君장상군

색은 은자이며 아마 신인神人일 것이다.

隱者 蓋神人

⑤ 過과

過音戈

⑥ 閒한

정의 閒의 발음은 '한閑'(한가하다)이다.

閒音閑

신주 조용하고 한가롭다는 뜻이다.

편작이 말했다.

"공경히 받들겠습니다."

이에 그의 품 안에서 약을 꺼내 편작에게 주면서 말했다.

"이 약을 상지수上池水(이슬)[①]에 타서 마시는데 30일간 마시면 마땅히 사물을 꿰뚫게 될 것이오."

그러고는 그의 금방서禁方書를 모두 편작에게 주고 홀연히 사라지니 사람이 아닌 듯했다.

편작이 그의 말대로 약을 30일 동안 마시자 담장 너머[②]의 사람이 보였다. 이로써 병을 살펴보는데 오장五臟이 꼬이고 맺힌 것[③]이 다 보여서 단지 진맥[④]을 하는 것만으로 명성이 있을 정도였다. 이에 의사가 되어서 혹은 제나라[⑤]에 있기도 하고 혹은 조나라에 있기도 했는데 조나라에 있을 때 편작扁鵲이라 일컬어졌다.

扁鵲曰 敬諾 乃出其懷中藥予扁鵲 飮是以上池之水[①] 三十日當知物矣 乃悉取其禁方書盡與扁鵲 忽然不見 殆非人也 扁鵲以其言飮藥三十日

視見垣一方②人 以此視病 盡見五藏癥結③ 特以診脈④爲名耳 爲醫或在齊⑤ 或在趙 在趙者名扁鵲

① 上池之水상지지수

색은 살펴보니 구설舊說에는 상지수上池水는 물이 땅에 떨어지지 않은 것을 이른다. 대개 이슬이나 대나무 위의 물을 받아 취한 것이니, 이를 취해서 약에 섞어 30일을 복용하면 마땅히 귀물鬼物을 본다는 것이다.

案 舊說云上池水謂水未至地 蓋承取露及竹木上水 取之以和藥 服之三十日 當見鬼物也

② 方방

색은 방方은 변邊과 같다. 능히 막혀 있는 담에서도 저 건너편의 사람을 볼 수 있는 것은 눈이 신神과 통하는 것을 말한다.

方猶邊也 言能隔牆見彼邊之人 則眼通神也

③ 五藏癥結오장징결

정의 오장五藏은 심心, 폐肺, 비脾, 간肝, 신腎을 이른다. 육부六府는 대장大腸, 소장小腸, 위胃, 담膽, 방광膀胱, 삼초三焦를 이른다. 왕숙화의 《맥경》에서 말한다. "왼손의 맥이 횡横으로 뛰면 징癥(적체)은 왼쪽에 있다. 오른손의 맥이 횡으로 뛰면 징癥은 오른쪽에 있다. 맥은 머리가 큰 자는 위에 있고 머리가 작은 자는 아래에 있다. 양손의 맥은 상부에서 맺은 것이 유濡이고, 중앙부에서 맺은 것이 완緩이고, 삼리三里에서 맺은

것이 두기豆起이다. 양사陽邪가 오면 부홍浮洪이 나타나고, 음사陰邪가
오면 침세沈細가 나타나며, 수곡水穀에서 오면 견실堅實이 나타난다."

五藏謂心肺脾肝腎也 六府謂大小腸胃膽膀胱三焦也 王叔和脈經云 左手脈橫
瘕在左 右手脈橫 瘕在右 脈 頭大者在上 頭小者在下 兩手脈 結上部者濡 結中
部者緩 結三里者豆起 陽邪來見浮洪 陰邪來見沈細 水穀來見堅實

④ 診脈진맥

색은　診의 발음을 추씨는 '진[丈忍反]'이라고 했고, 유씨는 '진[陳忍反]'이
라고 했다. 사마표는 말했다. "진診은 점占이다."

診 鄒氏音丈忍反 劉氏音陳忍反 司馬彪云 診 占也

⑤ 齊제

정의　노의盧醫라고 호칭한다. 지금의 제주 노현이다.

號盧醫 今濟州盧縣

진晉나라 소공昭公[①] 때는 여러 대부가 강성해졌고 공족公族은 허
약해져 있었다. 조간자趙簡子는 대부가 되어서 국사를 전횡했다.
조간자가 병이 들어 5일 동안 사람들을 알아보지 못하자[②] 대부
들이 모두 두려워하여 이에 편작을 불렀다. 편작이 들어와 조간
자의 질병을 살펴보고 나왔다. 가신인 동안우董安于가 편작에게
질병의 상태를 물었다.
편작이 말했다.

"혼수상태라도 혈맥은 다스려지고 있으니 무엇이 괴이쩍겠습니까? 옛날 진秦나라 목공穆公이 이와 같았으니, 7일 동안 잠에 들었다가 깨어났습니다. 깨어난 날에 공손지公孫至와 자여子輿에게[3] 말하였습니다. '나는 상제上帝에게 가서 매우 즐거웠다. 내가 오랫동안 잠을 잔 것은 마침 배울 것이 있어서였다.[4] 상제께서 나에게 고하기를 「진晉나라는 장차 크게 어지러워질 것이며 5세 동안 불안할 것이다. 그 뒤에는 장차 패자霸者가 되어 늙지 않아서 죽을 것이다. 패자의 아들은 또 명령해서 나라 남녀들이 분별이 없게 할 것이다.」라고 했다.' 공손지는 이를 기록하여 간직했는데 진책秦策에도 이러한 내용이 나와 있습니다. 대저 진晉나라 헌공 때의 혼란과 문공文公이 패자霸者가 된 것과 양공襄公이 진秦나라 군사를 효殽 땅에서 무너뜨리고 돌아와 방종하게 음란했던 것을 그대도 들어보았을 것입니다. 지금 군주의 질병은 이와 동일한 것으로 3일이 지나지 않아 반드시 나을 것이며, 낫게 되면 반드시 말이 있을 것입니다."

當晉昭公[1]時 諸大夫彊而公族弱 趙簡子爲大夫 專國事 簡子疾 五日不知人[2] 大夫皆懼 於是召扁鵲 扁鵲入視病 出 董安于問扁鵲 扁鵲曰 血脈治也 而何怪 昔秦穆公嘗如此 七日而寤 寤之日 告公孫支與子輿[3]曰 我之帝所甚樂 吾所以久者 適有所學也[4] 帝告我 晉國且大亂 五世不安 其後將霸 未老而死 霸者之子且令而國男女無別 公孫支書而藏之 秦策於是出 夫獻公之亂 文公之霸 而襄公敗秦師於殽而歸縱淫 此子之所聞 今主君之病與之同 不出三日必閒 閒必有言也

① 晉昭公_{진소공}

[색은] 《좌전》을 살펴보니 간자簡子가 국가를 마음대로 한 것이 정공定公과 경공頃公의 두 공 때에 있었고 소공 시대는 아니었다. 또 〈조세가〉에 이 일을 기술했는데 또한 정공定公 초에 있었다.

案左氏 簡子專國在定頃二公之時 非當昭公之世 且趙系家敍此事亦在定公之初

② 五日不知人_{오일부지인}

[색은] 살펴보니 《한비자》에는 "열흘 동안 사람을 알아보지 못했다."로 되어 있으니 기록한 바가 다르다.

案 韓子云十日不知人 所記異也

③ 公孫支與子輿_{공손지여자여}

[색은] 살펴보니 공손지와 자여 두 사람은 모두 진秦나라 대부이다. 공손지公孫支는 자상子桑이다. 자여子輿는 자세하지 아니하다.

案 二子皆秦大夫 公孫支 子桑也 子輿未詳

④ 適有所學也_{적유소학야}

[색은] 適의 발음은 '석釋'이다. 내가 때마침 와서 교명敎命을 받은 바가 있었다고 말한 것이다. 그러므로 학學이라고 일렀다.

適音釋 言我適來有所受敎命 故云學也

그런 뒤 2일 반나절이 지나자 조간자가 병에서 깨어나 여러 대부에게 말했다.

"나는 상제의 처소에서 매우 즐거웠습니다. 여러 신과 균천鈞天에서 놀았고 널리 구주九奏의 음악과 온갖 춤을 즐겼는데, 하, 은, 주 3대三代의 음악과 같지는 않으나 그 소리는 마음을 움직였소. 한 마리의 곰이 나를 잡으려고 했는데 상제께서 나에게 명하여 활로 쏘라고 해서 내가 쏘아 적중시키자 곰이 죽었소. 또 말곰이 와서 내가 또 쏘았는데 말곰에게 적중해서 말곰도 죽었소. 상제께서 매우 기뻐하시고 나에게 2개의 상자를 하사했는데, 모두 머리꾸미개가 있었소. 나는 아이가 상제의 곁에 있는 것을 보았는데, 상제께서는 나에게 한 마리의 적견翟犬을 맡기면서 말하기를 '너의 아들이 장성하거든 주어라.'라고 했소. 또 상제께서 나에게 고하기를 '진晉나라는 갈수록 쇠약해져서 7세가 지나면 망할 것이다.[①] 영성嬴姓(조씨趙氏)이 장차 주나라 사람들을 범괴范魁의 서쪽에서 크게 무너뜨릴 것이나[②] 또한 나라를 보전하지는 못할 것이다.'라고 했소."

동안우는 그의 말씀을 받아 기록해서 간직해 두었다. 그리고 편작의 말을 조간자에게 고하자 간자는 편작에게 전답 4만 묘畝를 하사했다.

居二日半 簡子寤 語諸大夫曰 我之帝所甚樂 與百神游於鈞天 廣樂九奏萬舞 不類三代之樂 其聲動心 有一熊欲援我 帝命我射之 中熊 熊死 有羆來 我又射之 中羆 羆死 帝甚喜 賜我二笥 皆有副 吾見兒在帝側 帝屬我一翟犬 曰及而子之壯也以賜之 帝告我 晉國且世衰 七世而亡[①]

① 七世而亡칠세이망

정의 진晉나라 정공, 출공, 애공, 유공, 열공, 효공, 정공이 7세가 된다.
정공 2년에 삼진三晉에게 멸망했다. 여기와 〈조세가〉에서 말한 바에 의거
하면 조간자가 병을 앓은 것은 정공 11년이다.

晉定公出公哀公幽公烈公孝公靜公爲七世 靜公二年 爲三晉所滅 據此及趙世
家 簡子疾在定公之十一年也

② 嬴姓將大 敗周人於范魁之西영성장대 패주인어범괴지서

정의 영嬴은 조씨의 본성이다. 주인周人은 위衛나라를 이른다. 진晉나
라가 망한 뒤 조성후 3년 위衛나라를 정벌하고 향읍鄕邑 73개를 빼앗은
것이 이것이다. 가규가 말했다. "작은 언덕을 괴魁라 한다."

嬴 趙氏本姓也 周人謂衛也 晉亡之後 趙成侯三年 伐衛 取鄕邑七十三是也 賈
逵云小阜曰魁也

그 뒤 편작은 괵나라^①를 지나가게 되었는데, 이때 괵나라 태자^②
가 죽었다.^③ 편작이 괵나라 중문 아래에 이르러 의술을 좋아하
는 중서자中庶子^④에게 물었다.
"태자는 무슨 질병이었습니까? 나라 안에서 재앙을 쫓는 기도^⑤가

다른 일들보다 과도했다고 합니다."

중서자가 말했다.

"태자의 질병은 혈기가 제때 돌지 않고 서로 교착되어 통할 수 없고 밖에서 폭발하여 내장에 해를 입혔습니다. 또 정신精神이 사기邪氣를 억제하지 못하고 사기는 축적되어 빠져나갈 수가 없었습니다. 이 때문에 양기는 밑으로 늘어지고 음기는 급박해지므로 갑자기 솟구쳐^⑥ 죽게 된 것입니다."

其後扁鵲過虢^① 虢太子^②死^③ 扁鵲至虢宮門下 問中庶子喜方者^④曰 太子何病 國中治穰^⑤過於衆事 中庶子曰 太子病血氣不時 交錯而不得泄 暴發於外 則爲中害 精神不能止邪氣 邪氣畜積而不得泄 是以陽緩而陰急 故暴蹷^⑥而死

① 虢 괵

[정의] 섬주성이 옛날 괵국이다. 또한 섬주陝州 하북현河北縣 동북쪽에 하양고성下陽故城이 옛날의 괵인데 곧 진헌공晉獻公이 멸하였다. 또한 낙주洛州 범수현汜水縣이 옛날 동괵국이다. 그러나 편작이 들렀던 곳이 어디인지 알지 못한다. 아마 (편작이) 이른 괵도 모두 멸망하였을 것이다.

陝州城 古虢國 又陝州河北縣東北下陽故城 古虢 卽晉獻公滅者 又洛州汜水縣 古東虢國 而未知扁鵲過何者 蓋虢至此竝滅也

② 虢太子 괵태자

[집해] 부현이 말했다. "괵虢은 이 진헌공晉獻公 때의 나라이니 이때보다 120여 년보다 앞서서 멸망했는데 이때 어찌 괵국에 있을 수 있겠는가."

傅玄曰 虢是晉獻公時 先是百二十年滅矣 是時焉得有虢

__색은__ 살펴보니 부현이 이르기를 "괵虢은 진헌공에게 멸망하였으니 이보다 120여 년 앞의 일인데 이때 어찌 괵국이 있을 수 있겠는가."라고 하였다. 즉 이곳에서 "괵태자"라고 이른 것은 잘못된 것이다. 그러나 살펴보니 괵虢은 뒤에 고쳐 곽郭이라고 일컬었고 춘추시대에 곽공郭公이 있었으니 아마도 곽郭의 태자일 것이다.

案 傅玄云 虢是晉獻所滅 先此百二十餘年 此時焉得有虢 則此云虢太子 非也
然案虢後改稱郭 春秋有郭公 蓋郭之太子也

③ 死사

__정의__ 아래의 문장에서 언급했다. "색폐맥란色廢脈亂"이다. 그러므로 형체가 고요해서 죽은 상태와 같은 것이다.

下云色廢脈亂 故形靜如死狀也

④ 中庶子喜方者중서자희방자

__색은__ 喜의 발음은 '히[許旣反]'이다. 희喜는 호好이며 애愛이다. 방方은 의술을 가진 사람이다.

喜音許旣反 喜 好也 愛也 方 方技之人也

__정의__ 중서자中庶子는 옛날의 관직 호칭이다. 희방喜方은 방술方術(의술)을 좋아하는 자인데 성명을 쓰지 않았다.

中庶子 古官號也 喜方 好方術 不書姓名也

⑤ 治穰치양

__신주__ 재앙을 쫓는 기도를 하는 것이다.

⑥ 蹷궐

색은 蹷의 발음은 '궐厥'이다.

蹷音厥

정의 《이아》〈석명〉에서 말한다. "궐蹷은 기氣가 아래에서부터 궐기해서 올라가다가 밖으로 급소까지 미치는 것이다."

釋名云 蹷 氣從下蹷起上行 外及心脅也

편작이 말했다.

"태자가 죽은 것은 어느 때입니까?"

"닭이 울 때 죽어서 지금에 이르렀소."

"염斂을 하고 입관했습니까?①"

"아직 입관하지 않았습니다. 태자가 죽은 지 반나절도 되지 않았습니다."

"저는 제나라 발해의 진월인秦越人이라고 합니다. 집은 정鄭 땅에 있는데 일찍이 살아계실 때② 앞에서 배알하고 모시지는 못했습니다. 태자께서 불행하게도 돌아가셨다는 소문을 들었는데 제가 능히 살려 보겠습니다."

扁鵲曰 其死何如時 曰 雞鳴至今 曰 收乎① 曰 未也 其死未能半日也 言臣齊勃海秦越人也 家在於鄭 未嘗得望精光②侍謁於前也 聞太子不幸而死 臣能生之

---

① 收수

수收는 관에 넣어 염한 것을 이른다.

收謂棺斂

② 精光정광

원기가 왕성할 때, 즉 살아 있을 때를 의미한다.

중서자가 말했다.

"선생께서는 거짓말 마시오. 어떻게 죽은 태자를 살리겠다고 말을 하는 것입니까? 제가 듣건대 상고시대 명의인 유부俞跗[1]는 병을 치료하는 데는 탕약이나 단술,[2] 돌침과 지압과 첩약을 쓰지 않습니다.[3] 일단 치료하게 되면 질병의 조짐을 보고 오장의 경혈을 따라[4] 다스려 살갗을 가르고 힘줄을 풀어 주며, 혈맥을 풀어 근육을 맺게 하고 골수와 뇌수를 누르며 고황膏荒에 맥을 짚고[5] 난막闌幕을 손톱으로 헤쳐 터뜨리며,[6] 장腸과 위胃를 세척하고[7] 오장五臟을 씻어내서 정기를 단련시켜 형상을 바꾼다고 했습니다. 선생의 처방이 능히 이와 같다면 태자를 살릴 수 있을 것입니다. 만약 이처럼 할 수 없으면서 살리고자 한다면 막 웃기 시작한 갓난 아이에게 말해도 옳지 못하다고 할 것입니다."

中庶子曰 先生得無誕之乎 何以言太子可生也 臣聞上古之時 醫有俞跗[1] 治病不以湯液醴灑[2] 鑱石撟引 案扤毒熨[3] 一撥見病之應 因五藏之輸[4] 乃割皮解肌 訣脈結筋 搦髓腦 揲荒[5] 爪幕[6] 湔浣[7] 腸胃 漱滌五

藏 練精易形 先生之方能若是 則太子可生也 不能若是而欲生之 曾不
可以告咳嬰之兒

① 兪跗유부

색은 兪跗의 발음은 '유부兪附'이다. 뒷 글자 跗의 발음은 또한 '부跗'
이다.

音兪附 下又音跗

정의 兪跗의 발음은 '유부兪附'이다. 응소가 말했다. "황제 때의 장수
이다."

兪附二音 應劭云 黃帝時將也

② 醴灑예쇄

정의 앞 글자 醴의 발음은 '예禮'이고, 뒷 글자 灑의 발음은 '새[山解反]'
이다.

上音禮 下山解反

③ 鑱石撟引案扤毒熨침석교인안완독위

색은 鑱의 발음은 '삼[土咸反]'이며 석침石針을 이른다. 撟의 발음은
'고[九兆反]'이며 안마하는 법을 이른다. 뛰어올라 몸을 당겨서 마치 곰이
돌아보고 새가 날개를 편 듯이 하는 것이다. 扤의 발음은 '완玩'이며,
또한 안마하고 신체를 만지작거려서 몸이 주절하게 하는 것을 이른다.
독위毒熨는 독병毒病이 있는 곳에 약물을 붙여서 몸을 덥게 하는 것을
이른다.

鑱音士咸反 謂石針也 撟音九兆反 謂爲按摩之法 天撟引身 如熊顧鳥伸也 抏
音玩 亦謂按摩而玩弄身體使調也 毒熨謂毒病之處以藥物熨帖也

④ 輸수

색은 輸의 발음은 '두[東注反]'이다.

音東注反

정의 《황제팔십일난》에서 말한다. "폐의 근원은 태연에서 나온다. 심
의 근원은 태릉에서 나온다. 간의 근원은 태충에서 나온다. 비의 근원은
태백에서 나온다. 신의 근원은 태계에서 나온다. 소음의 근원은 태골에
서 나온다. 담의 근원은 구허에서 나온다. 위의 근원은 충양에서 나온다.
삼초의 근원은 양지에서 나온다. 방광의 근원은 경골京骨에서 나온다. 대장
의 근원은 합곡合谷에서 나온다. 소장의 근원은 완골에서 나온다. 12경經
이 모두 경혈로써 근원을 삼는다." 살펴보니 이것이 오장과 육부의 경혈
이다.

八十一難云 肺之原出於太淵 心之原出於太陵 肝之原出於太衝 脾之原出於太
白 腎之原出於太谿 少陰之原出於兌骨 膽之原出於丘虛 胃之原出於衝陽 三焦
之原出於陽池 膀胱之原出於京骨 大腸之原出於合谷 小腸之原出於腕骨 十二
經皆以輸爲原也 按 此五藏六府之輸也

⑤ 揲荒설황

집해 서광이 말했다. "揲의 발음은 '설舌'이다."

徐廣曰 揲音舌

색은 搦의 발음은 '낙[女角反]'이다. 揲의 발음은 '설舌'이다. 황荒은 고황
膏荒이다.

搦音女角反 搑音舌 荒 膏荒也

⑥ 爪幕조막

[색은] 幕의 발음은 '막漠'이다. 막幕은 병病이다. 손톱으로 터뜨리는 것을 이른다.

幕音漠 漠 病也 謂以爪決之

[정의] 손톱으로 그의 난막闌幕을 터뜨리는 것이다.

以爪決其闌幕也

⑦ 湔浣전완

[정의] 앞 글자 湔의 발음은 '전[子錢反]'이고, 뒷 글자 浣의 발음은 '환[胡管反]'이다.

上子錢反 下胡管反

종일토록 편작이 하늘을 우러러보고 탄식하면서 말했다.

"무릇 그대의 의술은 대롱으로 하늘을 엿보고 좁은 틈으로 무늬를 보는 것과 같습니다. 이 진월인(편작)의 의술은 진맥하고① 안색을 살피고② 음성을 듣고③ 형체를 살피지④ 않고도 질병이 있는 곳을 말할 수 있습니다. 또 질병의 양陽(겉)을 들으면 그의 음陰(안)을 논할 수 있고, 질병의 음陰을 들으면 그 양陽을 논할 수 있습니다.⑤ 질병의 증세는 크게 밖으로 나타나는 것으로 1,000리 밖까지 나가지 않아도 해결할 수 있는 것이 매우 많아서 왜곡하지 못하는 것입니다.⑥ 그대가 나의 말이 진실하지 못하다고 여긴다면 시험 삼아 들어가서 태자를 진찰해 봅시다. 당연히 그의 귀가 울고 코가 팽창하는 것⑦을 보고 들을 수 있으며 그 양쪽의 허벅지를 주물러서 음낭에 이르게 되면 응당 아직 온기가 있을 것입니다."

終日 扁鵲仰天歎曰 夫子之爲方也 若以管窺天 以郄視文 越人之爲方也 不待切脈①望色②聽聲③寫形④ 言病之所在 聞病之陽 論得其陰 聞病之陰 論得其陽⑤ 病應見於大表 不出千里 決者至衆 不可曲止也⑥ 子以吾言爲 不誠 試入診太子 當聞其耳鳴而鼻張⑦ 循其兩股以至於陰 當尙溫也

① 不待切脈부대절맥

정의 《황제소문》에서 말한다. "절맥切脈을 대하면 병을 안다. 촌구寸口의 여섯 가지 맥은 삼음三陰과 삼양三陽인데, 모두 춘추春秋와 동하冬夏를 따라 그 맥의 변화를 관찰하면 질병의 역순逆順을 안다." 양현조가 말했다. "절切은 안按(누르다)이다."

黃帝素問云 待切脈而知病 寸口六脈 三陰三陽 皆隨春秋冬夏觀其脈之變 則知病之逆順也 楊玄操云 切 按也

② 望色망색

정의 《황제소문》에서 말한다. "얼굴색이 푸르면 맥은 마땅히 팽팽하고 얼굴색이 붉으면 맥은 마땅히 (다른 부위의 맥보다) 부浮의 맥이 상대적으로 강하고 짧다. 얼굴색이 검으면 맥은 마땅히 침맥沈脈과 부맥浮脈에 있어 혼란하다."

素問云 面色靑 脈當弦急 面色赤 脈當浮而短 面色黑 脈當沈浮而滑也

③ 聽聲청성

[정의] 《황제소문》에서 말한다. "울기를 좋아하는 것은 폐의 병이고, 노래 부르기를 좋아하는 것은 비장의 병이고, 망령된 말을 좋아하는 것은 심장의 병이고, 신음하기를 좋아하는 것은 신장의 병이고, 부르짖는 것을 좋아하는 것은 간장의 병이다."

素問云 好哭者肺病 好歌者脾病 好妄言者心病 好呻吟者腎病 好叫呼者肝病也

④ 寫形사형

[정의] 《황제소문》에서 말한다. "따뜻한 것을 얻고자 하면서 남을 만나려고 하지 않는 것은 오장 쪽의 병이고, 서늘한 것을 얻고자 하면서 남을 보고자 하는 것은 육부 쪽의 병이다."

素問云 欲得溫而不欲見人者藏家病 欲得寒而見人者府家病也

⑤ 聞病之陽 ~論得其陽문병지양 ~논득기양

[정의] 《황제팔십일난》에서 말한다. "음병陰病에는 양을 행하게 하고 양병陽病에는 음을 행하게 한다. 그러므로 막幕을 음에 있게 하고 수兪를 양에 있게 한다."라고 했다. 양현조가 말했다. "배는 음이 되며 오장막五藏幕은 모두 복腹에 있다. 그러므로 '막개재음幕皆在陰'이라고 일렀다. 배背(등)는 양陽이 되고 오장수五藏兪는 모두 배背에 있다. 그러므로 '수개재양兪皆在陽'이라고 일렀다. 내장에 병이 있으면 양에서 행해서 나가게 하는데 양수陽兪는 배背에 있다. 외체外體에 병이 있으면 음에서 행해서 들어가게 하는데 음막陰幕은 복腹에 있다."《침법》에서 말한다 "양을 따라서 음을 이끌고, 음을 따라서 양을 이끈다."

八十一難云 陰病行陽 陽病行陰 故令幕在陰 俞在陽 楊玄操云 腹爲陰 五藏幕

皆在腹 故云幕皆在陰 背爲陽 五藏俞皆在背 故云俞皆在陽 內藏有病則出行
於陽 陽俞在背也 外體有病則入行於陰 陰幕在腹也 鍼法云 從陽引陰 從陰引
陽也

⑥ 不可曲止也불가곡지야

색은 지止는 어조語助이다. 위곡委曲해서 말을 갖추지는 못한 것이다.
止 語助也 不可委曲具言

정의 모두가 조짐으로 나타나고 있어, 병이 머물러 있는 곳을 위곡해
서 말하는 것이 불가하다는 것을 말한다.
言皆有應見 不可曲言病之止住所在也

⑦ 張장

정의 張의 발음은 '창漲'이다.
音漲

중서자中庶子는 편작의 말을 듣고 눈이 아찔해져 깜박거리지도 못
하고① 혀가 굳어져서 말을 하지 못했다.② 이에 편작의 말을 들어
가서 괵군虢君에게 보고했다. 괵군이 듣고 매우 놀라 궁궐의 중문
으로 나와 편작을 맞이해서 말하였다.
"삼가 선생의 고상한 의를 들은 지가 오래되었습니다. 그러나 일찍
이 앞에서 배알할 기회를 얻지 못했습니다. 선생께서 작은 나라를
지나가시면서 다행히도 거동하셨으니 변방 국가의 과신寡臣(겸칭)③

은 매우 다행스럽습니다. 선생이 계시면 살 것이고, 선생이 계시지
않으면 흙구덩이에 버려지고 메워져서, 영원히 죽어서 돌아오지
못할 것입니다."

말을 채 끝마치지도 못하고 이어서 가슴을 부여잡고[④] 혼과 정신
을 놓아 버린 듯 탄식하는데, 눈물이 가로질러 주체할 수 없이 흐
르고[⑤] 속눈썹에도 눈물을 받아 방울방울 맺히도록[⑥] 슬픔을 스
스로 억제하지 못해 용모까지 변하였다.

中庶子聞扁鵲言 目眩然而不瞚[①] 舌撟然而不下[②] 乃以扁鵲言入報虢
君 虢君聞之大驚 出見扁鵲於中闕 曰 竊聞高義之日久矣 然未嘗得拜
謁於前也 先生過小國 幸而舉之 偏國寡臣[③]幸甚 有先生則活 無先生則
棄捐塡溝壑 長終而不得反 言未卒 因噓唏服臆[④]魂精泄橫 流涕長潸[⑤]
忽忽承睫[⑥]悲不能自止 容貌變更

① 眩然而不瞚현연이불순

색은 眩의 발음은 '현縣'이다. 瞚의 발음은 '순舜'이다.

眩音縣 瞚音舜

신주 눈앞이 캄캄해져서 깜빡거리지도 못하는 모양이다.

② 舌撟然而不下설교연이불하

색은 撟의 발음은 '고[紀兆反]'이다. 거擧이다.

撟音紀兆反 撟 擧也

③ 偏國寡臣편국과신

> 색은 곽군虢君이 스스로 겸손하게 일러, 자신은 변방 국가의 하찮은 신하라고 한 것이다.

謂虢君自謙 云己是偏遠之國 寡小之臣也

④ 噓唏服臆허희복억

> 색은 앞 글자 服의 발음은 '펵[皮力反]'이고, 뒷 글자 臆의 발음은 '억憶'이다.

上音皮力反 下音憶

> 신주 허희噓唏는 탄식하는 것이고, 복억服臆은 가슴을 부여잡는 것이다.

⑤ 流涕長潛유체장산

> 집해 서광이 말했다. "일설에는 '말이 채 끝나지도 않아 눈물이 마구 흐르며 흐느끼며 주체할 수 없었다.'라고 되어 있다."

徐廣曰 一云 言未卒 因涕泣交流 噓唏不能自止也

> 색은 潛의 발음은 '산山'이다. 장산長潛은 눈물이 길게 흘러내리는 것을 이른다.

潛音山 長潛謂長垂淚也

⑥ 睞첩

> 색은 睞의 발음은 '접接'이다. 첩睞은 곧 첩睫이다. 승접承睞은 눈물이 항상 흘러내려 속눈썹에 매달려 있는 것을 이른다.

音接 睞卽睫也 承睞 言淚恆垂以承於睫也

편작이 말했다.

"태자의 병세와 같은 것을 이른바 '시궐尸蹶'이라고 합니다. 대저 양기가 음기 속으로 들어가 위胃를 움직이고① 따라서 맥②을 얽히게 하고③ 중경中經에서 15개의 낙막絡脈④을 얽어 갈라져서 삼초三焦와 방광으로 내려갔습니다.⑤ 이 때문에 양맥이 아래로 떨어지고⑥ 음맥이 위로 올라 다투어서⑦ 팔회八會의 기가 닫히고 통하지 못해⑧ 음기는 위로 오르고 양기는 안에서 행해지며 내려와 안에서 고동치니 일어나지를 못하고 위로 향한 음기는 밖으로 단절되니 사용하지 못하게 됩니다.

扁鵲曰 若太子病 所謂尸蹶者也 夫以陽入陰中 動胃①繢②緣③ 中經維絡④ 別下於三焦膀胱⑤ 是以陽脈下遂⑥ 陰脈上爭⑦ 會氣閉而不通⑧ 陰上而陽內行 下內鼓而不起 上外絕而不爲使

① 以陽入陰中動胃이양입음중동위

정의 《황제팔십일난》에서 말한다. "맥이 음부陰部에 자리하고 있는데, 도리어 양맥陽脈이 나타나면 양이 음 안으로 들어가는 것이니, 이것이 양이 음을 탄다고 하는 것이며, 맥이 비록 때에 침색沈濇되어 짧게 되나 이것을 일러 양 속에 음이 엎드려 있다고 하는 것이다. 맥이 양부陽部에 있으면서 음맥陰脈으로 나타나면, 이것을 음이 양을 탄다고 하며 맥이 비록 때에 침활沈滑되어 길면 이것을 일러 음 안에 양이 잠복해 있다고 하는 것이다. 위胃는 수곡水穀의 바다이다."

八十一難云 脈居陰部反陽脈見者 爲陽入陰中 是陽乘陰也 脈雖時沈濇而短 此謂陽中伏陰也 脈居陽部而陰脈見者 是陰乘陽也 脈雖時沈滑而長 此謂陰中伏

陽也 胃 水穀之海也

② 纏전

색은 纏의 발음은 '전[直延反]'이다.

音直延反

③ 纏緣전연

정의 纏의 발음은 '전[直延反]'이다. 전연纏緣은 맥이 얽혀서 위를 에워
싸는 것을 이른다. 《황제소문》에 "연연락延緣落은 낙맥絡脈이다."라고 했
는데 아마도 이 뜻이 아닐 것이다.

纏音直延反 纏緣謂脈纏繞胃也 素問云 延緣落 絡脈也 恐非此義也

④ 維絡유락

집해 서광이 말했다. "유維는 다른 판본에는 '결結'로 되어 있다."

徐廣曰 維 一作結

정의 《황제팔십일난》에서 말한다. "12경맥이나 15낙맥은 양유陽維
음유陰維의 맥이다."

八十一難云 十二經脈 十五絡脈 陽維陰維之脈也

⑤ 別下於三焦膀胱별하어삼초방광

정의 《황제팔십일난》에서 말한다. "삼초三焦는 수곡水穀의 도로이며,
기氣의 종시終始이다. 상초上焦는 심心 아래에 있으며, 하격下鬲은 위胃
상구上口에 있다. 중초中焦는 위胃 중완中腕에 있으며, 오르지도 내리지도
않는다. 하초下焦는 배꼽 아래에 있으며, 방광의 상구上口에 해당한다.

방광은 진액津液의 부府이고 뇨溺는 9되 9홉이다." 경락經絡은 삼초와 방광에서 아래라는 말이다.

八十一難云 三焦者 水穀之道路 氣之所終始也 上焦在心下 下鬲在胃上口也 中焦在胃中脘 不上不下也 下焦在臍下 當膀胱上口也 膀胱者 津液之府也 溺 九升九合也 言經絡下于三焦及膀胱也

⑥ 遂수

집해 서광이 말했다. "다른 판본에는 '대隊'로 되어 있다."

徐廣曰 一作隊

⑦ 陰脈上爭음맥상쟁

정의 遂의 발음은 '쥬[直類反]'이다. 《황제소문》에서 말한다. "양맥陽脈은 아래에 이르면 돌아오기 어렵고, 음맥陰脈은 위에서 다투어 현弦처럼 팽팽하다."

遂音直類反 素問云 陽脈下遂難反 陰脈上爭如弦也

⑧ 會氣閉而不通회기폐이불통

정의 《황제팔십일난》에서 말한다. "부府는 태창太倉에 모이고, 장藏은 계협季脅에 모이고, 근筋은 양릉천陽陵泉에 모이고, 수髓는 절골絕骨에 모이고, 혈血은 격수鬲兪에 모이고, 골骨은 대저大杼에 모이고, 맥脈은 대연大淵에 모이고, 기氣는 삼초三焦에 모인다. 이것을 팔회八會라고 한다."

八十一難云 府會太倉 藏會季脅 筋會陽陵泉 髓會絕骨 血會鬲兪 骨會大杼 脈會大淵 氣會三焦 此謂八會也

이에 위에는 단절된 양의 맥락이 있고 아래에는 파손된 음의 맥락①
이 있어서 음기는 파손되고 양기는 단절되어 안색이 어두워지고②
맥이 어지러워집니다. 그러므로 형체가 고요하여 죽은 듯한 것입
니다. 태자는 죽지 않았습니다. 대저 양기가 오장에서 음의 순절
順節과 횡절橫節로 들어가면 살게 되고③ 음기가 오장에서 양의 순
절과 횡절로 들어가면 죽게 되는 것입니다. 무릇 이러한 여러 가지
일은 모두 오장五臟에서 기가 솟구칠 때 갑자기 일어나는 것입니
다. 그래서 능숙한 의원은 처리할 수 있으나④ 서투른 의원은 위태
하다고 하는 것입니다."

上有絶陽之絡 下有破陰之紐① 破陰絕陽 (之)色(已)廢②脈亂 故形靜如
死狀 太子未死也 夫以陽入陰支蘭藏者生③ 以陰入陽支蘭藏者死 凡此
數事 皆五藏蹶中之時暴作也 良工取之④ 拙者疑殆

① 紐뉴

정의 紐의 발음은 '누[女九反]'이다.《황제소문》에서 말한다. "뉴紐는
적맥赤脈이다."

女九反 素問云 紐 赤脈也

② 廢폐

집해 서광이 말했다. "다른 판본에는 '발發'로 되어 있다."

徐廣曰 一作發

③ 以陽入陰支蘭藏者生이양입음지란장자생

정의 《황제소문》에서 말한다. "지支는 순절順節이고, 난蘭은 횡절橫節이다. 음의 순절과 횡절은 담膽에 저장된다."

素問云 支者順節 蘭者橫節 陰支蘭膽藏也

④ 良工取之양공취지

정의 《황제팔십일난》에서 말한다. "하나를 아는 자는 하공下工이 되고, 둘을 아는 자는 중공中工이 되고, 셋을 아는 자는 상공上工이 된다. 상공上工은 열에서 아홉을 완전하게 하고, 중공中工은 열에서 여덟을 완전하게 하고, 하공下工은 열에서 여섯을 완전하게 한다." 여광이 말했다. "오장五藏에 하나의 병은 번번이 다섯 가지가 있어 1개의 장藏을 이해하는 것은 하공下工이 되고, 3개의 장藏을 이해하는 것은 중공中工이 되고, 5개의 장藏을 이해하는 것은 상공上工이 된다."

八十一難云 知一爲下工 知二爲中工 知三爲上工 上工者十全九 中工者十全八 下工者十全六 呂廣云 五藏一病輒有五 解一藏爲下工 解三藏爲中工 解五藏爲 上工也

편작은 이에 제자 자양子陽[①]에게 돌침을 갈게 하고[②] 인체 밖에 삼양三陽과 오회五會[③]에 침을 놓았다. 한참 있으니 태자가 깨어났다. 이에 자표子豹에게 5푼五分의 위약熨藥(연고)과 팔감八減의 조제약[④]을 지어서 달이게 하고 다시[⑤] 위약을 양쪽 겨드랑이 아래 붙여서 씸실했다. 이에 태자가 일어나 앉았다. 다시 음과 양을 조절하며 탕약을 20일 동안만 복용시키자 옛날과 같이 회복되었다.

이런 일이 있고 난 뒤에 천하에서 모두 편작이 능히 죽은 사람을 살렸다고 했다.

편작이 말했다.

"이 월인越人(편작)은 죽은 사람을 살려낼 수 있었던 것이 아니라 이는 스스로 마땅히 살 수 있는 자를 월인(편작)이 능히 일어나게 한 것일 뿐이다."

扁鵲乃使弟子子陽^①厲鍼砥石^② 以取外三陽五會^③ 有閒 太子蘇 乃使子豹爲五分之熨 以八減之齊^④和煮之 以更^⑤熨兩脅下 太子起坐 更適陰陽 但服湯二旬而服故 故天下盡以扁鵲爲能生死人 扁鵲曰 越人非能生死人也 此自當生者 越人能使之起耳

① 子陽자양

〔색은〕 자양은 편작의 제자이다.

陽 扁鵲之弟子也

② 厲鍼砥石여침지석

〔색은〕 鍼의 발음은 '침針'이다. 여厲는 가는 것을 이른다. 砥의 발음은 '지脂'이다.

鍼音針 厲謂磨也 砥音脂

〔신주〕 지석砥石은 침을 가는 숫돌이다.

③ 三陽五會삼양오회

〔정의〕 《황제소문》에서 말한다. "수족에는 각각 삼음三陰과 삼양三陽이

있다. 삼음은 태음, 소음, 궐음이고, 삼양은 태양, 소양, 양명이다. 오회는
백회, 흉회, 청회, 기회, 노회를 이른다."

素問云 手足各有三陰三陽 太陰少陰厥陰 太陽少陽陽明也 五會謂百會胸會聽
會氣會臑會也

④ 八減之齊팔감지제

[색은] 오푼五分은 위熨이고 팔감八減은 제齊이다. 살펴보니 오푼을 위熨
라고 말한 것은 위熨는 따뜻한 기운을 오푼 정도 들어가게 하는 것을 이
른다. 팔감지제八減之齊는 약을 골고루 조화하여 달이게 해서 8할이 남아
있게 하는 것을 이른다. 월인越人(편작)은 당시 이런 처방을 하는데 (위熨와
제齊를) 아우른 것이다.

五分之熨 八減之齊 案 言五分之熨者 謂熨之令溫暖之氣入五分也 八減之齊者
謂藥之齊和所減有八 竝越人當時有此方也

⑤ 更갱

[정의] 更의 발음은 '갱[格彭反]'이다.

格彭反

편작이 제나라를 지나가게 되었는데 제나라 환후桓侯가 그를 객客
으로 대우했다.① 어느 날 궁 안으로 들어가 환후를 뵙고 말했다.
"군수의 병이 지금은 피부②에 머물러 있는데 치료하지 않게 되면
깊이 들어갈 것입니다."

환후가 말했다.

"과인은 질병이 없습니다."

편작이 물러가자 환후가 좌우에게 일러 말했다.

"의원은 이익만 좋아한다는데 질병이 없는 자를 병이 있다고 해 공을 세우고자 하는 것이다."

5일 후에 편작이 다시 만나보고 말했다.

"군주의 질병은 혈맥에 있는데 치료하지 않으면 더욱 깊어질까 두렵습니다."

환후가 말했다.

"과인은 질병이 없습니다."

편작이 나가자 환후가 기뻐하지 않았다.

扁鵲過齊 齊桓侯客之① 入朝見 曰 君有疾在腠理② 不治將深 桓侯曰 寡人無疾 扁鵲出 桓侯謂左右曰 醫之好利也 欲以不疾者爲功 後五日 扁鵲復見 曰 君有疾在血脈 不治恐深 桓侯曰 寡人無疾 扁鵲出 桓侯 不悅

---

① 齊桓侯客之제환우객지

집해 부현이 말했다. "이때 제나라에 환후桓侯가 없었다." 배인이 말했다. "이는 제후 전화田和의 아들 환공 오午이다."

傅玄曰 是時齊無桓侯 駰謂是齊侯田和之子桓公午也

색은 살펴보니 부현이 말했다. "이때 제나라에 환후桓侯가 없었다." 배인이 말했다. "이는 제후 전화의 아들 환공 오午를 이른 것이다." 내개 조간자의 일과 자못 서로 해당한다.

案 傅玄曰 是時齊無桓侯 裴駰云 謂是齊侯田和之子桓公午也 蓋與趙簡子頗亦相當

신주 앞에서 조간자는 편작의 진찰을 받아 소생하였지만 제환후는 편작의 진찰을 무시하여 마침내 죽게 되었다. 이는 편작의 진찰로 인해 생사가 갈리게 되었던 일화이다. 그러나 제환후는 조간자 사후 110여 년 후대의 인물이라는 점에서 편작에게 진찰받은 것은 아니다. 《고본 죽서기년집증》에서는 이 환후 혹은 환공은 전제田齊의 환공 오午가 아니라, 진晉의 마지막에서 두 번째 군주 환공이라고 고증하였다. 하지만 진환공이라 해도 역시 조간자 사후 90여 년의 후대 인물이니 제환공과 별 차이가 없다. 따라서 편작이 죽고 후대로 내려오면서 명의名醫를 나타내는 대명사로 사용되어 불치의 병을 고쳤을 경우 편작이 한 일이라고 전해졌을 개연성이 있다.

② 腠理주리

정의 앞 글자 腠의 발음은 '주湊'이다. 피부皮膚를 이른다.

上音湊 謂皮膚

다시 5일 뒤에 편작이 다시 환후를 뵙고 말했다.

"군주의 질병이 장과 위 사이에 있는데 치료하지 않으면 장차 심각해질 것입니다."

환후가 대답하지 않았다. 편작이 나가자 환후는 더욱 불쾌하게 여겼다. 다시 5일이 지나서 편작이 다시 환후를 뵙고는 바라만 보고

물러나 나왔다. 환후가 사람을 시켜서 그 까닭을 묻게 했다. 편작이 대답했다.

"질병이 피부에 있을 때는 탕약이나 찜질로 치료합니다. 혈맥으로 들어가게 되면 침이나 석침으로 치료합니다. 그것이 장이나 위 사이에 있게 되면 주료酒醪①로 치료합니다. 질병이 골수에 있게 되면 비록 운명을 맡은 사명司命이라도 어찌할 수 없습니다. 지금 질병이 골수에 이르렀으니, 신은 청원할 말이 없습니다."

5일 후에 환후의 몸에 병이 나기 시작했다. 사람을 시켜 편작을 불렀으나 편작은 이미 도망쳐 떠났다.② 환후가 마침내 죽었다.

後五日 扁鵲復見 曰 君有疾在腸胃閒 不治將深 桓侯不應 扁鵲出 桓侯不悅 後五日 扁鵲復見 望見桓侯而退走 桓侯使人問其故 扁鵲曰 疾之居腠理也 湯熨之所及也 在血脈 鍼石之所及也 其在腸胃 酒醪①之所及也 其在骨髓 雖司命無奈之何 今在骨髓 臣是以無請也 後五日 桓侯體病 使人召扁鵲 扁鵲已逃去② 桓侯遂死

① 醪료

신주 《설문해자》에서 "료醪는 즙을 짜낸 찌꺼기 술이다.[醪 汁滓酒也]"라고 했다. 여기서는 병을 치료하는 데 쓰는 약주藥酒를 의미한다.

② 扁鵲已逃去편작이도거

신주 환후의 병을 이미 고칠 수 없음을 알고 그 자리를 피한 것이다.

설사 성인聖人이 병의 징후를 예견하여, 명의名醫로 하여금 일찍 치료하게 할 수 있다면, 병이 나을 수 있고, 몸도 살릴 수 있다. 사람이 걱정하는 것은 병이 많은 것이고,[①] 의원이 걱정하는 것은 병을 치료하는 방법이 적은 것이다.[②] 그러므로 질병에는 치료하지 못할 여섯 가지가 있다.

교만하고 방자하여 이치를 논하지 않는 것이 첫 번째 불치不治이고, 몸을 가볍게 여기고 재물을 중하게 여기는 것이 두 번째 불치不治이고, 입고 먹는 것을 적당하게 하지 않는 것이 세 번째 불치不治이고, 음기와 양기가 장기의 기운과 어우러져 안정되지 않는 것이 네 번째 불치不治이고, 형체가 수척해도 약을 복용 하지 않는 것이 다섯 번째 불치不治이고, 무당을 믿고 의사를 불신하는 것이 여섯 번째 불치不治이다. 이상에서 한 가지라도 있는 자는 매우 치료하기 어렵다.

使聖人預知微 能使良醫得蚤從事 則疾可已 身可活也 人之所病 病疾多[①] 而醫之所病 病道少[②] 故病有六不治 驕恣不論於理 一不治也 輕身重財 二不治也 衣食不能適 三不治也 陰陽并 藏氣不定 四不治也 形羸不能服藥 五不治也 信巫不信醫 六不治也 有此一者 則重難治也

① 病疾多병질다

[정의] 병이 많은 것을 싫어하고 근심하는 것이다. 사람들은 질병이 많고 심한 것을 싫어하고 근심한다는 말이다.

病厭患多也 言人厭患疾病多甚也

② 所病소병

집해 서광이 말했다. "소병所病은 병을 치료함과 같다."

徐廣曰 所病猶療病也

편작은 명성이 천하에 알려졌다. 편작이 한단을 지날 때는 부인을 귀하게 여긴다는 소문을 듣고 곧 부인병을 치료하는 의사가 되었다가, 낙양을 지날 때는 주周나라 사람들이 노인을 아낀다는 소문을 듣고 눈과 귀와 손발의 마비①를 담당하는 의사가 되었다. 함양咸陽으로 들어가서는 진秦나라 사람들이 어린아이들을 사랑한다는 소문을 듣고 곧바로 소아과 의사가 되었다. 이처럼 습속에 따라 변화했다.

진秦나라 태의령太醫令인 이혜李醯는 자신의 의술이 편작만 같지 못한 것을 알고 사람을 시켜 편작을 찌르게 해서 살해했다. 지금 천하에서 맥을 본다고 하는 것은 편작으로부터 말미암은 것이다.

扁鵲名聞天下 過邯鄲 聞貴婦人 即爲帶下醫 過雒陽 聞周人愛老人 即爲耳目痺①醫 來入咸陽 聞秦人愛小兒 即爲小兒醫 隨俗爲變 秦太醫令 李醯自知伎不如扁鵲也 使人刺殺之 至今天下言脈者 由扁鵲也

---

① 痺비

색은 痺의 발음은 '피[必二反]'이다.

音必二反

태창공 순우의

태창공은 제나라 태창太倉의 장이며 임치臨淄 사람이다. 성은 순우씨淳于氏이고 이름은 의意이다.[①] 젊어서부터 의술을 좋아했다. 한나라 고후高后 8년에 다시 같은 군의 원리元里 출신인 공승公乘의 작위를 가진 양경陽慶[②]을 스승으로 받들어 수학하였다. 이때 양경의 나이는 70여 세였는데 아들이 없었다. 이에 순우의淳于意 (태창공)에게 그가 가진 지난날의 의술을 모두 버리게 하고 다시 비방秘方[금방禁方]을 남김없이 가르쳐 주었다. 황제와 편작의 진맥서, 오장五臟의 색으로 병을 진단하는 법,[③] 사람의 죽고 사는 것을 알고 혐의를 판단하여 치료하는 것을 결정하며 약을 논하는 것에 이르기까지 매우 정밀한 것들을 전해 받았다.

太倉公者 齊太倉長 臨菑人也 姓淳于氏 名意[①] 少而喜醫方術 高后八年 更受師同郡元里公乘陽慶[②] 慶年七十餘 無子 使意盡去其故方 更悉以禁方予之 傳黃帝扁鵲之脈書 五色診病[③] 知人死生 決嫌疑 定可治 及藥論 甚精

① 姓淳于氏 名意성순우씨 명의

정의 《괄지지》에서 말한다. "순우국 성城은 밀주 안구현 동북쪽 30리에 있으며, 옛날의 짐관국이다. 《춘추》에는 '주공이 조나라에 갔다'는 말이 있는데, 《춘추전》에는 '겨울에 순우공이 조나라에 갔다.'라고 했다. 《수경주》에는 '순우현은 옛 하후씨의 짐관국이며, 주무왕이 순우공을 봉해서 순우국이라 불렀다.'라고 했다."

括地志云 淳于國城在密州安丘縣東北三十里 古之斟灌國也 春秋州公如曹 傳云 冬 淳于公如曹 注水經云 淳于縣 故夏后氏之斟灌國也 周武王以封淳于公 號淳于國也

② 公乘陽慶공승양경

정의 〈백관표〉에는 공승公乘은 제8작이라고 했다. 안사고가 말했다. "그가 공公이 타는 수레를 얻었다는 말이다."

百官表云公乘 第八爵也 顔師古云 言其得乘公之車也

신주 양陽은 성이고 경慶은 이름이다.

③ 五色診病오색진병

정의 《황제팔십일난》에서 "오장五藏에 색이 있어서 모두 얼굴에 나타나는데 또한 마땅히 촌구寸口와 척촌尺寸 안으로 서로 응한다."라고 했다. 그의 안색과도 서로 응하여 이미 면전에 드러나 있다.

八十一難云 五藏有色 皆見於面 亦當與寸口尺內相應也 其面色與相應 已見前也

전해 받은 지 3년 만에 남을 위해 질병을 치료하고 죽고 사는 것을 판단하였는데 많은 효험이 있었다. 그러나 여기저기 다니면서 제후들과 유회遊回하느라 자기 집을 집으로 여기지 않았다. 간혹 남을 위해 질병을 치료하지도 않아 환자가 있는 집안에서 많이 원망도 했다.

문제 4년에 어떤 사람이 글을 올려서 순우의를 고소했는데 형벌이 죄에 해당하여 전마傳馬로 서쪽 장안에 호송되었다.[①] 순우의는 5명의 딸이 있어 따르면서 울자 순우의는 노여워하고 꾸짖어 말했다.

"자식을 낳았어도 사내아이를 낳지 못했으니 위급할 때는 부릴만한 자가 없구나!"

이에 막내딸 제영緹縈[②]이 아버지의 말에 상심하면서 아버지를 따라 서쪽으로 갔다. 그리고 글을 올려서 말했다.

"소녀의 아버지는 관리가 되어 제나라 안에서 청렴하고 공평하다고 일컬어졌는데, 지금은 법에 걸려서 형벌을 당하게 되었습니다. 소녀가 매우 한스럽고 분한 것은 죽게 되면 다시 살아날 수가 없고, 형벌을 받게 되면 다시 예전처럼 되지 못하는 것[③]입니다. 비록 허물을 고치고 스스로 새로워지고자 하더라도 그럴 방법이 없어 끝내 이룰 수 없을 것입니다. 소녀는 원컨대 이 몸을 들여 관청에 노비가 되어 아버지가 받을 형벌과 받은 죄를 속죄贖罪하려고 하오니 아버지에게 행동을 고치게 해서 스스로 새로워지게 해주십시오."

글이 조정에 아뢰어지자 문제가 그의 뜻을 애처롭게 여기고 이
해 안에 또한 육형법肉刑法을 없애게 했다.[4]

受之三年 爲人治病 決死生多驗 然左右行游諸侯 不以家爲家 或不爲
人治病 病家多怨之者 文帝四年中 人上書言意 以刑罪當傳[1]西之長
安 意有五女 隨而泣 意怒 罵曰 生子不生男 緩急無可使者 於是少女緹
縈[2]傷父之言 乃隨父西 上書曰 妾父爲吏 齊中稱其廉平 今坐法當刑
妾切痛死者不可復生而刑者不可復續[3] 雖欲改過自新 其道莫由 終不
可得 妾願入身爲官婢 以贖父刑罪 使得改行自新也 書聞 上悲其意 此
歲中亦除肉刑法[4]

① 傳전

색은 傳의 발음은 '전[竹戀反]'이다. 전傳은 역말 수레에 태워 보내는 것
이다.

傳音竹戀反 傳 乘傳送之

② 緹縈제영

색은 緹의 발음은 '제啼'이다. 縈의 발음은 '영[紆營反]'이다.

緹音啼 縈音紆營反

③ 續속

집해 서광이 말했다. "다른 판본에는 '속贖'으로 되어 있다."

徐廣曰 一作贖

④ 除肉刑法제육형법

집해 서광이 말했다. "연표를 살펴보니 효문제 12년에 육형을 없앴다."

徐廣曰 案年表孝文十二年除肉刑

정의 《한서》〈형법지〉에서 "효문제 즉위 13년 육형의 세 가지를 없앴다."라고 했다. 맹강이 말했다. "경형黥刑과 의형劓刑 두 가지와 좌우의 발을 자르는 것이 한 가지로 총 세 가지이다." 반고는 시詩에서 말했다. "삼왕의 덕 오래되어 엷어져, 후대에는 육형 썼다네. 태창령 죄지어 장안성에 보내졌다네. 스스로 아들 없음을 한스러워하여 곤경에 처해 급해지자 다만 외로웠다네. 막내딸이 아비의 말에 애통해하여 죽은 자는 살아남을 수 없다고 하였네. 글 올려 대궐에 이르니, 옛 노래 '계명鷄鳴' 생각나게 하네. 근심스러운 마음 꺾이고 찢어지는데, 새벽바람 일어 격한 소리 내네. 성스러운 한나라 효문제 슬퍼 지극한 감정 느끼셨다네. 온갖 남자들 아무리 요란 떨어도, 제영 한 사람 같지 않네."

漢書刑法志云 孝文帝卽位十三年 除肉刑三 孟康云 黥劓二 左右趾一 凡三也 班固詩曰 三王德彌薄 惟後用肉刑 太倉令有罪 就遞長安城 自恨身無子 困急 獨煢煢 小女痛父言 死者不可生 上書詣闕下 思古歌雞鳴 憂心摧折裂 晨風揚 激聲 聖漢孝文帝 惻然感至情 百男何憒憒 不如一緹縈

순우의가 집으로 돌아가자 조정에서 조서를 내리고 순우의를 불러서 질병을 치료한 사람 중에 죽은 자와 살아난 자, 효험을 본 자가 몇 명이나 되는지와 주로 치료한 자의 이름을 물었다.

이전에도 태창太倉의 장長이었던 순우의에게 조서詔書를 내려 다음과 같이 물은 적이 있었다.

"뛰어난 의약 기술은 무엇인지, 능히 치료①하는 병은 무엇인지, 그에 대한 대책은 있는지, 모두 어디서 배웠는지, 수학한 것은 몇 해나 되었는지. 일찍이 어느 현縣이나 리里 사람에게 효험을 보았으며, 무슨 병이었는지, 의약을 쓴 뒤 그의 질병이 나은 상태가 모두 어떠했는지, 구체적인 사실을 갖추어 대답하라."

순우의가 대답했다.

"저 순우의는 어렸을 때부터 의약에 관한 것을 좋아했습니다. 그래서 의약의 처방술을 많이 시험해 보았으나 대부분 효험이 없었습니다. 고후 8년②에 이르러 임치의 원리에서 공승公乘인 양경陽慶을 만나 스승으로 모실 수 있었습니다. 양경은 그때 나이가 70여 세였는데 제가 만나 섬기게 되었습니다. 양경이 신에게 말하기를 '너의 비방서秘方書를 모두 버려라. 옳지 않은 것이다. 양경은 예부터 앞선 처방들을 가지고 있었으며, 황제와 편작의 진맥서, 오장五臟의 색으로 병을 진단하는 법, 사람의 죽고 사는 것을 알고 의심스러운 증세를 결단하고 치료하는 것을 결정하고 약을 논하는 책에 이르기까지 매우 정밀한 것들이 있다. 우리 집은 매우 부유하고 나는 마음으로 그대를 아끼고 있어서, 나의 비방서를 모두 그대에게 가르치고 싶구나.'라고 했습니다.

意家居 詔召問所爲治病死生驗者幾何人也 主名爲誰 詔問故太倉長臣意 方伎所長 及所能治①病者 有其書無有 皆安受學 受學幾何歲 嘗有所驗 何縣里人也 何病 醫藥已 其病之狀皆何如 具悉而對 臣意對曰

自意少時 喜醫藥 醫藥方試之多不驗者 至高后八年② 得見師臨菑元里
公乘陽慶 慶年七十餘 意得見事之 謂意曰 盡去而方書 非是也 慶有古
先道遺傳黃帝扁鵲之脈書 五色診病 知人生死 決嫌疑 定可治 及藥論
書 甚精 我家給富 心愛公 欲盡以我禁方書悉敎公

① 治치
집해 서광이 말했다. "다른 판본에는 '위爲'로 되어 있다. 위爲도 치료
한다는 뜻이다."
徐廣曰 一作爲 爲亦治

② 高后八年고후팔년
집해 서광이 말했다. "순우의의 나이 36세 되던 해이다."
徐廣曰 意年三十六

신은 곧바로 '큰 행운이지만 제가 감히 바랄 수 있는 것이 아닙니
다.'라고 하고, 신은 곧바로 자리에서 일어나 두 번 배알拜謁하고
그의 진맥서인 상하경上下經과 오색진五色診과 기해술奇咳術과① 규
도음양외변揆度陰陽外變과 약론藥論과 석신石神과 접음양금서接陰
陽禁書 등을 받았습니다. 그리고 받아서 읽고 해석하고 실험하기
를 1년 정도 했습니다. 그 이듬해에 증험해보니 효험이 있었습니
다. 그러나 여전히 정밀하지는 못했습니다. 일에 전심하여 3년을

종사한 뒤에 곧 일찍이 남을 위해 병을 치료하고 병을 진단하고 생사를 판단하는데, 그 효험이 정밀하고 양호했습니다. 지금 양경은 이미 죽은 지 10여 년이고, 신은 꼬박 3년을 배웠으니, (그때의) 나이가 39세였습니다.

臣意卽曰 幸甚 非意之所敢望也 臣意卽避席再拜謁 受其脈書上下經 五色診奇咳術①揆度陰陽外變藥論石神接陰陽禁書 受讀解驗之 可一年所 明歲卽驗之 有驗 然尙未精也 要事之三年所 卽嘗已爲人治 診病決死生 有驗 精良 今慶已死十年所 臣意年盡三年 年三十九歲也

① 上下經五色診奇咳術상하경오색진기해술

집해 奇의 발음은 '기羈'이다. 咳의 발음은 '해該'이다.

奇音羈 咳音該

정의 《황제팔십일난》에서 말한다. "기경팔맥奇經八脈에는 양유가 있고, 음유가 있고, 양교가 있고, 음교가 있고, 충이 있고, 독이 있고, 임이 있고, 대맥이 있다. 무릇 이 팔맥은 모두 경經에 구속되지 않는다. 그러므로 기경팔맥이라 이른다." 고야왕이 말했다. "해胲는 육宾에 해당한다." 또 이르기를 "해胲는 발가락, 털과 가죽이다."《한서》〈예문지〉에는 《오음기해용병》 26권이 기록되어 있다. 허신은 말했다. "해胲는 군대안의 약속이다."

八十一難云 奇經八脈者 有陽維 有陰維 有陽蹻 有陰蹻 有衝 有督 有任 有帶之脈 凡此八者 皆不拘於經 故云奇經八脈也 顧野王云 胲當宾也 又云 胲指毛皮也 藝文志有五音奇胲用兵二十六卷 許愼云 胲 軍中約也

제나라 시어사 성成이 자기에게 두통이 있다고 해서 신이 그의 맥을 짚어 보고 알리기를 '군君의 질병은 몹시 악화되어 말로 다할 수 없소.'라고 했습니다. 곧바로 나와 조용히 성의 아우 창昌에게 고하기를 '이 질병은 저疽①입니다. 속으로 장과 위 사이에서 발생해 5일 뒤에는 부스럼②이 되고 8일 뒤에는 피고름③을 토하고 죽게 될 것입니다.'라고 했습니다. 성의 질병은 술을 마시고 방사房事를 과도하게 한 데서 얻은 것인데, 성은 과연 기약한 날짜에 죽었습니다. 성의 질병을 알 수 있었던 까닭은 신이 그의 맥을 짚어 보고 간의 기운을 파악했기 때문입니다. 그 간의 기운이 탁하고④ 고요하면⑤ 이것은 내관內關의 질병입니다.⑥

齊侍御史成自言病頭痛 臣意診其脈 告曰 君之病惡 不可言也 卽出 獨告成弟昌曰 此病疽①也 內發於腸胃之間 後五日當癰腫② 後八日嘔膿③死 成之病得之飲酒且內 成卽如期死 所以知成之病者 臣意切其脈 得肝氣 肝氣濁④而靜⑤ 此內關之病也⑥

① 疽저

__집해__ 疽의 발음은 '처[七如反]'이다.

七如反

__신주__ 악창惡瘡이다.

② 癰腫옹종

__정의__ 앞 글자 癰의 발음은 '옹[於恭反]'이고 뒷 글자 腫의 발음은 '종[之勇反]'이다.

上於恭反 下之勇反

신주 일종의 악성 종기이다.

③ 嘔膿구농

정의 膿의 발음은 '농[女東反]'이다.

女東反

신주 피고름을 쏟아낸 것이다.

④ 濁탁

집해 서광이 말했다. "다른 판본에는 '맹黽'으로 되어 있다."

徐廣曰 一作黽

⑤ 靜정

집해 서광이 말했다. "다른 판본에는 '청淸'으로 되어 있다."

徐廣曰 一作淸

⑥ 內關之病也내관지병야

정의 《황제팔십일난》에서 말한다. "관關이 드디어 척尺으로 들어가면 내관內關이 된다." 여광이 말했다. "맥이 관關으로부터 척택尺澤에 이르는 것을 내관內關이라고 한다."

八十一難云 關遂入尺爲內關 呂廣云 脈從關至尺澤 名內關也

맥법脈法에 이르기를 '맥박이 길고 팽팽하며 사시四時의 변화에 따라 변하여 뛰지 못하는 자[1]는 그 질병의 근원이 간에 있다. 맥이 고르면 곧 경맥에 주로 질병이 있고[2] 맥이 고르지 못하면 낙맥絡脈에 이상이 있다.[3]'라고 했습니다. 경맥에 주로 질병이 있는데, 맥이 고른 자는 그의 질병이 힘줄과 골수 속에서 생긴 것입니다. 그의 대맥代脈이 끊기고 맥이 솟아오르는 것은 술이나 방사에서 질병이 생긴 것입니다. 닷새 후에 종기腫氣가 부풀어 오르고, 다시 여드레가 지나면 고름을 쏟고 죽을 것을 안 까닭은, 그의 맥을 짚었을 때, 소양少陽에 처음으로 대맥代脈이 나타나기 때문입니다. 대맥이 나타나 소양 경맥에 병이 생긴 후, 병이 급속히 전신에 퍼지게 되니, 결국 사람은 죽게 됩니다.

脈法曰 脈長而弦 不得代四時者[1] 其病主在於肝 和卽經主病也[2] 代則絡脈有過[3] 經主病和者 其病得之筋髓裏 其代絶而脈賁者 病得之酒且內 所以知其後五日而癰腫 八日嘔膿死者 切其脈時 少陽初代 代者經病 病去過人 人則去

① 不得代四時者부득대사시자

정의 왕화숙의《맥경》에서 말한다. "맥이 뛰다가 자주 중지되면 스스로 돌아가지 못하다가 이어서 다시 뛰는 것을 대代라고 이름한다. 대代는 죽음이다."《황제소문》에서 말한다. "심心의 병은 여름에 낫고 겨울에는 심해진다. 비脾의 병은 가을에 낫고 봄에는 심해진다 폐肺의 병은 겨울에 낫고 여름에는 심해진다. 신腎의 병은 봄에 낫고 여름에는 심해진다. 간肝의 병은 여름에 낫고 가을에는 심해진다."

王叔和脈經云 來數而中止 不能自還 因而復動者 名曰代 代者死 素問曰 病在心 愈在夏 甚於冬 病在脾 愈在秋 甚於春 病在肺 愈在冬 甚於夏 病在腎 愈在春 甚於夏 病在肝 愈在夏 甚於秋也

② 病主在於肝 和卽經主病也병주재어간 화즉경주병야

정의 왕화숙의 《맥경》에서 말한다. "맥이 길고 팽팽하면 간에 병이 있다." 《황제소문》에서 말한다. "힘줄에서 병을 얻으면 간肝이 화한 것이다."

王叔和脈經云 脈長而弦 病於肝也 素問云 得病於筋 肝之和也

③ 代則絡脈有過대즉락맥유과

정의 《황제소문》에서 말한다. "맥에는 불급不及(미치지 못함)이 있고 태과太過(지나침)가 있고 경經이 있고 낙絡이 있다. 화和는 곧 경經으로 병을 주관하고 대代하면 낙絡에 지나침이 있다." 《황제팔십일난》에서 말한다. "관關의 앞에서 양陽이 동하면 맥은 마땅히 9푼分에서 부맥浮脈이 나타난다. 과過한 것은 법法에 이르길 태과太過라고 하고 감減한 것은 법法에 이르길 불급不及이라고 한다. 마침내 어제魚際의 혈에 올라서 넘치게 되고 외관外關이 내격內格이 되는데 이것은 음陰이 승乘한 맥이다. 관關의 뒤에서 음陰이 동하면 맥은 마땅히 1치에서 침맥沈脈이 나타난다. 과過한 것은 법法에 이르길 태과太過라고 하고 감減한 것은 법法에 이르길 불급이라고 한다. 마침내 척尺으로 들어가면 엎어지게 되고 내관內關이 외격外格이 되는데 이러한 것은 양陽이 승乘한 맥이다. 그러므로 복일覆溢이라고 하며 이것이 그 진장眞藏의 맥이다. 사람이 병들지 않아도 죽게 된다." 여광이 말했다. "9푼을 지나 1치를 나가면 각각 태과太過라고 이름

한다. 9푼에 미치지 못하고 2푼이나 혹은 4푼이나 5푼에 이르면 이것은
태과太過라고 한다. 1치에 가득하지 못하고 8푼이나 혹은 5푼이나 6푼에
나타나면 이것을 불급이라 한다.”

素問云 脈有不及 有太過 有經 有絡 和卽經主病 代則絡有過也 八十一難云 關
之前者 陽之動也 脈當見九分而浮 過者法曰太過 減者法曰不及 遂上魚際爲溢
爲外關內格 此陰乘之脈也 關以後者 陰之動也 脈當見一寸而沈 過者法曰太過
減者法曰不及 遂入尺爲覆 爲內關外格 此陽乘之脈也 故曰覆溢 是其眞藏之脈
人不病而死也 呂廣云 過九分 出一寸 各名太過也 不及九分 至二分或四分五
分 此太過 不滿一寸 見八分或五分六分 此不及

신주 몸 안의 기혈氣血이 순환하는 통로인 맥脈은 경맥經脈과 낙맥絡脈
으로 구분하는데, 곧게 온몸으로 퍼져나간 맥을 경맥經脈이라 하고 경맥
經脈에서 갈라져 나와 각 부위를 그물처럼 얽혀 있는 맥을 낙맥絡脈이라
고 한다. 낙맥은 맥락脈絡 또는 해맥解脈이라고도 일컫는다.

> 낙맥絡脈의 주된 질병은 그때를 당해 소양少陽 초관初關의 일푼一
> 分에 나타나기 때문에 속에서 열은 나도 농이 생기지 않으며, 5푼
> 五分에 이르면 소양 경맥의 말단[①]에 이르게 되고 8일에 이르면 피
> 고름을 토하고 죽게 되는 것입니다. 그러므로 위의 2푼二分에서
> 농이 생기고 경맥의 말단에 이르러 종기가 되고 모두가 터져 피고
> 름이 새어나가며 죽음에 이르는 것입니다. 이에 열이 위로 오르
> 게 뇌년 양녕陽明의 경맥을 지지게 되고 소낙맥을 태우게 되는데,
> 소낙맥이 움직이게 되면 낙맥이 서로 연결된 부분에 병이 생기고

낙맥이 서로 연결된 부분에 병이 생기게 되면 문드러지고 풀어져서 낙맥이 서로 얽히게 됩니다. 이에 열기가 이윽고 위로 가서 머리에 이르러 움직이기 때문에 두통이 생기는 것입니다.

絡脈主病 當其時 少陽初關一分 故中熱而膿未發也 及五分 則至少陽之界① 及八日 則嘔膿死 故上二分而膿發 至界而癰腫 盡泄而死 熱上則熏陽明 爛流絡 流絡動則脈結發 脈結發則爛解 故絡交 熱氣已上行至頭而動 故頭痛

① 少陽之界소양지계

집해 서광이 말했다. "계界는 다른 판본에는 '푼分'으로 되어 있다. 상장上章에서는 '간과 심장은 서로 5푼이 떨어져 있어서 5일이면 다하게 될 것이다.'라고 했다."

徐廣曰 一作分 上章曰 肝與心相去五分 故曰五日盡也

정의 왕숙화의 《맥경》에서 말한다. "삼문三門의 경계에서 맥의 조짐을 주관하는 바를 분별해서 '어제魚際로부터 고골高骨에 이르는 것은 1치의 뒤로 물러나서 그 안의 명칭을 촌구寸口라고 한다. 그 고골高骨로부터 촌寸을 따라 척尺에 이르는 것의 명칭을 척택尺澤이라고 한다. 그러므로 척尺이라 한다. 촌寸은 뒤에 하고 척尺은 앞에 하는 것을 이름 하여 관關이라 한다. 양陽은 나가고 음陰은 들어오는데 관關을 경계로 삼고 양陽은 3푼을 나간다. 그러므로 삼음三陰, 삼양三陽이라 한다. 양陽은 척尺에서 나오고 촌寸에서 움직인다. 음陰은 촌寸에서 나오고 척尺에서 움직인다. 촌寸은 상초上焦로 쏘아주는 것을 주관하고 머리와 피모皮毛로 나가서 손에서 마친다. 관關은 중초中焦로 쏘아주는 것을 주관하며 복복에서 허리에

이른다. 척尺은 하초下焦로 쏘아주는 것을 주관하고 소복少腹에서 족足
에 이른다.'라고 하였다."

王叔和脈經云 分別三門(鏡)〔境〕界脈候所主 云從魚際至高骨 卻行一寸 其中
名曰寸口 其自高骨從寸至尺 名曰尺澤 故曰尺 寸後尺前 名曰關 陽出陰入 以
關爲界 陽出三分 故曰三陰三陽 陽生於尺 動於寸 陰生於寸 動於尺 寸主射上
焦 出頭及皮毛 竟手 關主射中焦 腹及於腰 尺主射下焦 少腹至足也

제왕의 둘째 아들의 어린 막내아들이 병이 들어서 신을 불러 그
의 맥을 짚어 보고 병의 증세를 살피도록 하였습니다. 보고하기를
'이 병은 기격병氣鬲病입니다. 이 병이 들면 사람이 번민하여 음식
을 목구멍으로 넘기지 못하고 때때로 거품을 토해냅니다. 이 병
은 마음의 근심으로 자주 음식을 싫어하는① 데서 얻은 것입니
다.'라고 했습니다. 저는 곧 하기탕下氣湯을 만들어 마시게 했는데
하루 만에 기가 내려가고 이튿날에는 능히 음식을 먹고 3일에는
곧 병이 나았습니다. 막내아들의 병을 알게 된 까닭은 그의 맥을
짚어보니 심장의 기가 탁하며② 맥이 조급하고 빨랐기 때문인데,
이 병은 낙양병絡陽病③이었습니다. 맥법脈法에 이르기를 '맥이 뛰
는 것이 자주 조급하고 빠르다가 희미해져서 (맥이) 일정하지 않은
것은 질병이 주로 심장에 있다.'라고 했습니다. 온몸에 열이 나고
맥이 왕성한 것을 중양重陽④이라고 합니다. 그래서 중양은 심장
을 사극합니다.⑤ 이때문에 번민하여 음식을 목구멍으로 넘기지
못하고, 낙맥絡脈이 태과太過해지고 낙맥이 태과함이 있게 되면

피가 위로 솟구치고, 피가 위로 솟구치는 자는 죽게 됩니다. 이것
은 슬픈 마음에서 발생한 것으로 근심하여 병을 얻은 것입니다.

齊王中子諸嬰兒小子病 召臣意診切其脈 告曰 氣鬲病 病使人煩懣 食
不下 時嘔沫 病得之(少)〔心〕憂 數忔食飲① 臣意卽爲之作下氣湯以飮
之 一日氣下 二日能食 三日卽病愈 所以知小子之病者 診其脈 心氣也
濁②躁而經也 此絡陽病③也 脈法曰 脈來數疾去難而不一者 病主在心
周身熱 脈盛者 爲重陽④ 重陽者 逷心主⑤ 故煩懣食不下則絡脈有過 絡
脈有過則血上出 血上出者死 此悲心所生也 病得之憂也

① 忔흘

색은 忔의 발음은 '을[疑乙反]'이다. 흘忔은 중풍이 들어서 기운을 잃고
움직일 수 없는 것이다.

忔音疑乙反 忔者 風痺忔然不得動也

② 濁탁

집해 서광이 말했다. "다른 판본에는 '맹黽'으로 되어 있고, 또는 '맹猛'
으로도 되어 있다."

徐廣曰 一作黽 又作猛

③ 絡陽病낙양병

신주 맥상脈象이 자주 빨라지고 맥율脈律이 고르지 않은 병을 이른다.

④ 重중

 앞 글자 重의 발음은 ‘종[直隴反]’이다.

上音直隴反

⑤ 遏탕

 집해 서광이 말했다. “遏의 발음은 ‘당唐’이다. 탕遏은 탕盪(찢다)이다. 병으로 심장을 자극하는 것이 그의 심장을 찌르는 것과 같다.”

徐廣曰 遏音唐 遏者 盪也 謂病盪心者 猶刺其心

 색은 탕遏은 글자의 본뜻 그대로 해석한다.

遏 依字讀

 정의 《팔십일난》에서 말한다. “수심手心은 중궁中宮을 주관하고 중앙부에 있다.” 양현조가 말했다. “수심手心은 포락胞絡을 주관한다. 배꼽으로부터 위의 대격帶鬲까지 중초中焦가 된다.”

八十一難云 手心主中宮 在中部 楊玄操云 手心主胞絡也 自臍已上至帶鬲爲中焦也

제나라 낭중령 순循이 병이 들었는데 의원들이 모두 기가 솟구쳐 안으로 들어갔다고 여기고 침을 놓았습니다. 신은 진찰하여 ‘이는 용산湧疝(장신경통)① 으로 사람이 대변과 소변② 을 보지 못하게 합니다.’라고 했습니다. 그러자 순이 말하길 ‘대변과 소변을 보지 못한 지가 3일이나 되었소.’라고 했습니다. 신이 화제탕火齊湯을 마시게 했는데③ 한 번 마시고 대소변을 보았고 두 번 마시고 대변을 보았으며 세 번 마시고 질병이 나았습니다. 질병은 방사를 지나치게 한 것에서 얻었습니다. 순의 질병을 아는 까닭은 그의 맥을 짚었을 때, 오른손 기구氣口(촌구寸口)의 맥이 급박해④ 맥박에 오장의 기가 없고 오른손 기구⑤의 맥이 크고 촉급해서 그런 것입니다. 촉급하게 되면 속으로 열이 내려가 솟아오르고 왼쪽은 아래가 되고 오른쪽은 위가 되어 모두 오장과 응함이 없습니다. 이 때문에 용산湧疝이라고 하는 것입니다. 속에 열이 있어 오줌이 붉었던 것입니다.⑥

齊郎中令循病 衆醫皆以爲蹶入中 而刺之 臣意診之 曰 湧疝①也 令人不得前後溲② 循曰 不得前後溲三日矣 臣意飮③以火齊湯 一飮得前〔後〕溲 再飮大溲 三飮而疾愈 病得之內 所以知循病者 切其脈時 右口氣急④ 脈無五藏氣 右口⑤脈大而數 數者中下熱而湧 左爲下 右爲上 皆無五藏應 故曰湧疝 中熱 故溺⑥赤也

① 湧疝용산

색은 앞 글자 湧의 발음은 '용湧'이고 뒷 글자 疝의 발음은 '산疝'이다. 추탄생은 疝의 발음을 '산山'이라고 했다.

上音勇 下音疝 所諫反 鄒誕生疝音山也

② 前後溲전후수

색은 溲의 발음은 '슈[所留反]'이다. 전수前溲는 소변이고, 후수後溲는 대변을 이른다.

溲音所留反 前溲謂小便 後溲 大便也

③ 飲음

정의 飲의 발음은 '음[於禁反]'이다.

飲 於禁反

④ 右口氣急우구기급

집해 서광이 말했다. "우右는 다른 판본에 '유有'로 되어 있다."

徐廣曰 右 一作有

정의 왕숙화의《맥경》에서 말한다. "우수右手의 촌구寸口가 곧 기구氣口
이다."

王叔和脈經云 右手寸口乃氣口也

⑤ 右口우구

정의 오른손[右手]의 촌구寸口를 이르는 것이다.

謂右手寸口也

⑥ 溺뇨

정의 溺의 발음은 '도[徒弔反]'이다.

溺 徒弔反

제나라 중어부中御府의 장長인 신信이 질병이 있어 신臣이 들어가 그
의 맥을 짚어 보고 '이것은 열병熱病의 기氣입니다. 그러나 열이 나
서 땀이 나는 것이고 맥은 조금 쇠약하지만 죽지는 않을 것입니다.'

라고 말했습니다. 또 말하기를 '이 병은 흐르는 물에 목욕해서 한기가 심한 것을 얻어 얼마 후에 열이 나기 시작했을 것입니다.'라고 하자 신信이 '그렇소.① 지난겨울 왕을 위해 초나라에 사신으로 갔습니다. 그때 거현莒縣②의 양주수陽周水에 이르렀는데 거현의 다리가 꽤 많이 무너져서 제가 수레의 끌채를 잡고③ 건너고자 했지만 건너지 못했습니다. 그때 말이 놀라서 곧 강물로 추락해서 저는 물속에 빠져 들어 거의 죽을 뻔했습니다. 관리가 곧바로 와서 저를 구제해 물속에서 나왔지만, 옷은 다 젖었습니다. 한참 있으니 몸에 한기가 들고 조금 있다가 불과 같이 열이 났는데, 지금까지 밖에서 찬 기운을 쐬지 못하고 있습니다.'라고 했습니다.

齊中御府長信病 臣意入診其脈 告曰 熱病氣也 然暑汗 脈少衰 不死 曰 此病得之當浴流水而寒甚 已則熱 信曰 唯① 然 往冬時 爲王使於楚 至 莒縣②陽周水 而莒橋梁頗壞 信則挐③車轅未欲渡也 馬驚 卽墮 信身入 水中 幾死 吏卽來救信 出之水中 衣盡濡 有閒而身寒 已熱如火 至今不 可以見寒

① 唯유

정의 唯의 발음은 '예[惟癸反]'이다.

唯 惟癸反

② 莒縣거현

정의 거莒는 밀주현이다.

莒 密州縣

③ 擥람

擥의 발음은 '견牽'이다.

音牽

이에 신이 곧바로 화제탕火齊湯을 달여 마셔서 열을 쫓게 했는데 한 번 마시자 땀이 나지 않았고 두 번 마시자 열이 제거되고 세 번 마시자 병이 나았습니다. 바로 약을 복용하게 해서 20일쯤 되니까 몸에는 병이 없게 되었습니다. 신信의 질병을 알게 된 까닭은 그의 맥을 짚어 보았을 때, 음기를 아우르고 있었습니다. 맥법脈法에 이르기를 '열병에 음기와 양기가 교대로 나타나면 죽는다.'라고 했습니다. 진맥할 때 서로 교대로 나타나지 않았고 음을 아우르고 있었습니다. 음을 아우르면 맥이 순하고 맑아서 고칠 수가 있고, 그의 열이 비록 다 가시지 않았더라도 살게 됩니다. 신장의 기가 잠깐 탁해질 때가 있는 경우,① 태음太陰의 맥이 촌구寸口에 나타나는데, 드물기는 하지만 이것은 수기水氣입니다. 신장은 실로 물을 주관하므로 이 때문에 알게 된 것입니다. 한때의 치료를 잃게 되면 전이되어 열병이 되는 것입니다.

臣意卽爲之液湯火齊逐熱 一飮汗盡 再飮熱去 三飮病已 卽使服藥 出入二十日 身無病者 所以知信之病者 切其脈時 幷陰 脈法曰 熱病陰陽交者死 切之不交 幷陰 幷陰者 脈順淸而愈 其熱雖未盡 猶活也 腎氣有時間濁① 在太陰脈口而希 是水氣也 腎固主水 故以此知之 失治一時 卽轉爲寒熱

① 濁탁

제나라 태후에게 병이 있어서 신을 불러 맥을 짚어 보게 했습니다. 이에 진맥하고 말하기를 '풍단風癉이 방광에 침입하여① 대변과 소변이 불편하고 오줌이 붉습니다.'라고 하고 신이 화제탕火齊湯을 마시게 했습니다. 한 번 복용하고 곧바로 대변과 소변이 편안해지고 두 번 복용하고 병이 나았습니다. 소변도 옛날과 같았습니다. 이 병에 걸리는 경우, 땀이 흐르는 것이 물 나듯② 합니다. 땀이 물 나듯 하면 옷을 벗어서 말려야 합니다. 제왕 태후의 질병을 알게 된 것은 신이 그의 맥을 짚어 그 태음의 촌구寸口를 진맥해 보니, 습한 풍기風氣 때문이었습니다. 맥법에 이르기를 '침맥沈脈③이 크게 뛰고 견고하며 부맥浮脈이 크게 뛰고 팽팽하면 질병이 주로 신장에 있다.④'라고 했습니다. 신장의 맥을 짚어 보니 서로 반대되어 맥이 크고 조급했습니다. 맥이 큰 것은 방광의 기氣입니다. 조맥躁脈하면 속에 열이 있게 되어 오줌이 붉습니다.

齊王太后病 召臣意入診脈 曰 風癉客脬① 難於大小溲 溺赤 臣意飮以火齊湯 一飮卽前後溲 再飮病已 溺如故 病得之流汗出溺② 溺者 去衣而汗晞也 所以知齊王太后病者 臣意診其脈 切其太陰之口 濕然風氣也 脈法曰 沈③之而大堅 浮之而大緊者④ 病主在腎 腎切之而相反也 脈大而躁 大者 膀胱氣也 躁者 中有熱而溺赤

① 風癉客脬풍단객포

색은 단癉은 병이고, 癉의 발음은 '단亶'이다. 脬의 발음은 '뵤[普交反]'이다. 한편 '포胞'로 되어 있다.

癉 病也 音亶 脬音普交反 字或作胞

정의 癉의 발음은 '단[單旱反]'이다. 포脬는 또한 '포胞'로 쓰기도 하니, 방광이다. 중풍의 병이 들면 객사客邪가 방광에 자리하고 있는 것을 말한다.

癉音單旱(也)〔反〕 脬亦作胞 膀胱也 言風癉之病客居在膀胱

② 潲순

색은 유씨는 潲의 발음을 '순巡'이라고 했다.

劉氏音巡

신주 '순潲'은 땀이 물 흐르듯 줄줄 나오는 모양을 가리킨다.

③ 沈침

정의 침沈은 다른 판본에는 '심深'으로 되어 있다. 왕숙화의《맥경》에서 말한다. "맥이 크게 뛰고 단단하면 병은 신장[腎]에서 나온다."

沈 一作深 王叔和脈經云 脈大而堅 病出於腎也

④ 浮之而大緊者부지이대긴자

정의 緊은 발음은 '긴[吉忍反]'이다.《황제소문》에서 말한다. "맥이 짧고 군은 것이 자주 나타나며 노끈이 끊어질 듯 팽팽하게 있는 것을 이류하여 긴緊이라고 한다."

緊音吉忍反 素問云 脈短實而數 有似切繩 名曰緊也

제나라 장무리에 사는 조산부曹山跗^①가 병이 있어 신이 그의 맥을 짚어 보니 폐소단肺消癉에다 또 오한과 신열身熱이 더해진 것이었습니다. 곧 그의 집안사람들에게 말하길 '죽게 되고 치료할 수 없습니다. 그를 공양하는 것을 적당히 하십시오.^② 이러한 병은 의사가 치료하는 것이 마땅하지 않습니다.'라고 했습니다.

법法에 이르기를 '사흘 뒤면 당연히 미치게 되고 망령되이 일어나서 다니다가 달리고자 할 것이고 5일 뒤에는 죽게 된다.'라고 했습니다. 곧 기약한 것과 같이 죽었습니다. 조산부의 병은 격노하고 방사房事를 한 것에서 얻은 것이었습니다. 조산부의 병을 알게 된 것은 신臣이 그의 맥을 짚었을 때, 폐의 기氣에 열이 있었기 때문입니다.

齊章武里曹山跗^①病 臣意診其脈 曰 肺消癉也 加以寒熱 即告其人曰 死 不治 適其共養^② 此不當醫治 法曰 後三日而當狂 妄起行 欲走 後五日死 即如期死 山跗病得之盛怒而以接內 所以知山跗之病者 臣意切其脈 肺氣熱也

① 跗부

색은 跗의 발음은 '부[方符反]'이다.

跗 方符反

② 適其共養적기공양

색은 適의 발음은 '석釋'이다. 共의 발음은 '공恭'이다. 살펴보니 조산부曹山跗의 집이 마침내 나의 처소와 가까워 재물을 가지고 나를 공양하려고 해서 나는 감당하지 못한다고 한 것은 그 사람이 치료를 감당해 내지 못한다고 말한 것을 이른다.

適音釋 共音恭 案 謂山跗家適近所持財物共養我 我不敢當 以言其人不堪療也

맥법에 이르기를 '고르지 않고 고동치지 않으면 몸이 쇠약한 것이다.①'라고 했습니다. 이것은 오장五臟의 높이가 멀어서 자주 걸리는 경맥의 병입니다. 이 때문에 맥을 짚었을 때 맥이 고르지 못하여 대맥代脈②이 된 것입니다. 고르지 못하다는 것은 혈血이 그곳에 있지 않았다는 것이고, 대맥이 그때마다 몰아쳐서 함께 이르는데, 잠깐 조급하게 뛰었다가 잠깐 크게 뛰었다가 하는 것입니다. 이는 두 개의 낙맥絡脈이 단절되었기 때문에 죽게 되고 치료하지 못하는 것입니다. 오한과 신열이 더해졌다고 한 까닭은 그 사람이 시탈尸奪한 것을 말한 것입니다. 시탈이란 형체가 죽은 것이며, 형체가 죽은 것에는 관關에 뜸을 뜨고 침을 놓으며 독한 약을 마시게 하는 것은 마땅하지 않습니다.

脈法曰 不平不鼓 形獘① 此五藏高之遠數以經病也 故切之時不平而代② 不平者 血不居其處 代者 時參擊竝至 乍躁乍大也 此兩絡脈絶 故死不治 所以加寒熱者 言其人尸奪 尸奪者 形獘 形獘者 不當關灸鑱石及飲毒藥也

---

① 不平不鼓 形獘불평불고 형폐

집해 서광이 말했다. "폐獘는 다른 판본에는 '산散'으로 되어 있다."

徐廣曰 一作散

정의 왕숙화의 《맥경》에서 말한다. "평平은 봄에는 간肝으로 목木이 왕성한 것을 이르며 그 맥은 가늘고 길다. 여름에 심心으로 화火가 왕성한 것을 이르고 그 맥은 홍대洪大하고 흩어진다. 6월에는 비장脾臟으로 토土가 왕성한 것을 이르고 그 맥은 크게 아아阿阿하며 느려진다. 가을에는 폐로 금金이 왕성한 것을 이르고 그 맥은 부색浮濇하면서 짧다. 겨울에는 신腎으로 수水가 왕성한 것을 이르고 그 맥은 침沈하고 활滑한다. 그 이름을 평맥平脈이라고 한다."

王叔和脈經云 平謂春肝木王 其脈細而長 夏心火王 其脈洪大而散 六月脾土王 其脈大阿阿而緩 秋肺金王 其脈浮濇而短 冬腎水王 其脈沈而滑 名平脈也

② 代대

정의 《황제소문》에서 말한다. "혈血과 기氣가 바뀌어 처한 것을 불평不平이라고 하며, 맥후脈候가 움직이고 안정되지 않은 것을 대代라고 한다."

素問云 血氣易處曰不平 脈候動不定曰代

신이 가서 진찰하기 전에 제나라 태의가 먼저 조산부의 병을 진찰했습니다. 그의 족소양足少陽 맥구脈口에 뜸을 뜨고 반하환半夏丸을 마시게 했는데, 병자는 곧 설사하고 배속이 허해져서 또 그의 소음少陰 맥구[①]에 뜸을 떴습니다. 이는 긴의 강간하고 심오함이 무너져서, 이와 같은 것이 거듭 병자의 기운을 손상한 것입니다.

이 때문에 오한과 신열이 더해집니다. 사흘 후에 마땅히 미치광이가 된다는 이유는 간에서 일락—絡의 연결된 것이 얽혀 유방 아래 연결된 양명陽明^②과 끊겨서 그런 것입니다. 그러므로 일락—絡이 끊어지면 양명의 맥을 열리게 하여 양명의 맥이 손상되니 곧 의당 미치광이가 되어 날뛰는 것입니다. 5일 후에 죽게 된다는 것은 간장과 심장의 거리가 5푼分이므로 5일이면 기가 다하고 기가 다하면 곧바로 죽는 것입니다.

臣意未往診時 齊太醫先診山跗病 灸其足少陽脈口 而飲之半夏丸 病者卽泄注 腹中虛 又灸其少陰脈^① 是壞肝剛絶深 如是重損病者氣 以故加寒熱 所以後三日而當狂者 肝一絡連屬結絶乳下陽明^② 故絡絶 開陽明脈 陽明脈傷 卽當狂走 後五日死者 肝與心相去五分 故曰五日盡 盡卽死矣

① 少陰脈소음맥

신주 인체의 12경맥 중 하나이다. 족소음신경足少陰腎經의 태계혈太谿穴 부위에서 뛰는 맥이다. 소음맥이 약한 것은 혈血이 부족하기 때문이고 부浮한 것은 풍사風邪가 침입했기 때문이다.

② 乳下陽明유하양명

정의 《황제소문》에서 말한다. "유하양명乳下陽明은 위락胃絡이다."
素問云 乳下陽明 胃絡也

제나라 중위中尉 반만여潘滿如는 소복통少腹痛을 앓았습니다.[1] 신이 그의 맥을 짚어 보니 '유적하遺積瘕[2]였습니다. 신은 곧 제나라 태복太僕 요요饒와 내사內史 요속繇에게 말하기를 '중위中尉가 다시 스스로 방사房事를 중단하지 않으면 30일 만에 죽게 될 것입니다.'라고 했습니다. 20여 일 뒤에 피오줌을 흘리면서 죽었습니다. 이것은 술과 방사에서 병을 얻은 것입니다. 반만여의 병을 알게 된 것은 신이 그의 맥을 짚어 보니 맥이 깊고 조금은 약하다가 마침내 갑자기 기가 합해져[3] 뭉쳐 있기 때문입니다. 이는 비장의 기氣입니다.[4] 오른쪽 맥구의 기가 긴장[5]하고 작게 이르르니, 하瘕(기생충)의 기가 나타난 것입니다. 이로써 순차적으로 서로 누르게 되어, 이 때문에 30일이면 죽게 됩니다. 삼음三陰(태음太陰, 삭음厥陰, 소음少陰) 맥박이 함께 뛰는데[6] 의법과 같이 되면 30일 만에 죽고, 함께 뛰지 않는 경우 결정된 기일보다 빠르게 오고, 한 번은 뛰고 한 번은 대맥代脈일 경우에는 더욱 가깝게 됩니다. 그러므로 그 삼음이 뭉쳐 엉기면 피오줌을 싸고 앞서 말한 것처럼[7] 죽는 것입니다.

齊中尉潘滿如病少腹痛[1] 臣意診其脈 曰 遺積瘕[2]也 臣意卽謂齊太僕臣饒內史臣繇曰 中尉不復自止於內 則三十日死 後二十餘日 溲血死 病得之酒且內 所以知潘滿如病者 臣意切其脈深小弱 其卒然合[3]合也 是脾氣也[4] 右脈口氣至緊小[5] 見瘕氣也 以次相乘 故三十日死 三陰俱搏者[6] 如法 不俱搏者 決在急期 一搏一代者 近也 故其三陰搏 溲血如前止[7]

① 病少腹痛병소복통

[정의] 少의 발음은 '쇼[式妙反]'이다. 왕화숙의 《맥경》에서 말한다. "맥이 급하면 산하소복통疝瘕少腹痛이다."

少音式妙反 王叔和脈經云 脈急 疝瘕少腹痛也

② 遺積瘕유적하

[색은] 유씨는 瘕의 발음은 '가[加雅反]'이고, 옛 발음은 '하遐'라고 했다. 추탄생은 瘕의 발음은 '가嫁'라고 했다.

劉氏音加雅反 舊音遐 鄒氏音嫁

[정의] 《용어하도》에서 말한다. "견구犬狗나 어조魚鳥는 익히지 않고 먹으면 하통瘕痛이 일어난다."

龍魚河圖云 犬狗魚鳥不熟食之 成瘕痛

[신주] 날것을 먹으면 생기는 병이다.

③ 卒然合졸연합

[집해] 서광이 말했다. "일설에는 '내연합來然合'이라 했다."

徐廣曰 一云來然合

④ 卒然合合也 是脾氣也졸연합합야 시비기야

[정의] 卒의 발음은 '졸[蔥忽反]'이다. 졸卒은 다른 판본에는 '래來'로 되어 있다. 《황제소문》에서 말한다. "질병의 발생은 오장五藏에서 생긴다. 오장의 합슴은 육부六府에서 합쳐진다. 간肝은 담膽에서 기를 합치고, 심心은 소장에서 기를 합치고, 비脾는 위胃에서 기를 합치고, 폐肺는 대장에서 기를 합치고, 신腎은 방광에서 기를 합친다. 삼초三焦는 안에서 수고

로운 것을 주관한다."

卒音蔥忽反 卒 一本作來 素問云 疾病之生 生於五藏 五藏之合 合於六府 肝合
氣於膽 心合氣於小腸 脾合氣於胃 肺合氣於大腸 腎合氣於膀胱 三焦內主勞

⑤ 緊小긴소

정의 앞 글자 緊의 발음은 '긴[結忍反]'이다.

上音結忍反

⑥ 三陰俱搏者삼음구단자

정의 여순이 말했다. "搏의 발음은 '단[徒端反]'이다."《황제소문》에서
말한다. "좌맥구左脈口를 소음少陰이라고 하고 소음의 앞의 이름은 궐음
厥陰이라고 하고 우맥구右脈口를 태음太陰이라고 하는데 이것이 삼음맥三
陰脈이다."

如淳云 音徒端反 素問云 左脈口曰少陰 少陰之前名厥陰 右脈口曰太陰 此三
陰之脈也

⑦ 前전

집해 서광이 말했다. "전前은 다른 판본에는 '근筋'으로 되어 있다."

徐廣曰 前 一作筋也

양허후陽虛侯의 재상 조장趙章이 병이 들었을 때 신을 불렀습니
다. 여러 의원이 모두 한중寒中이라고 여겼는데, 신이 그의 맥을

짚어 본 결과 동풍洞風(동풍洞風)^①이었습니다. 동풍이란 음식이 목구멍으로 내려가면^② 번번이 토해내어 음식이 장에 머물지 않는 것입니다. 의법에는 '5일이면 죽는다.'라고 하였는데 10일 후 끝내 죽었습니다. 병은 술로 인해서 얻은 것입니다. 조장의 질병을 알게 된 것은 신이 그의 맥을 짚어 본즉 맥이 뛰는 것이 매끄러웠는데 이는 안의 풍기風氣 때문이었습니다. 음식이 목구멍으로 내려가면 번번이 토하여 음식이 장에 머물지 않는 경우, 의법에 5일 만에 죽는다고 했는데, 모두가 앞에서 말한 분계법分界法^③에 따른 것입니다. 10일 후에 죽어 기약한 날짜를 넘긴 이유는 그 사람이 죽을 먹어서 안의 장기들이 충실해져 기약한 날짜를 넘긴 것입니다. 스승님의 말씀에 이르기를 '병을 잃는데도 잘 먹는 자는 죽는 기일을 넘기고 편안하게 식사를 못 하는 자는 기약한 날짜에 미치지 못한다.'라고 했습니다.

陽虛侯相趙章病 召臣意 衆醫皆以爲寒中 臣意診其脈曰 洞風^① 洞風者 飲食下嗌^②而輒出不留 法曰 五日死 而後十日乃死 病得之酒 所以知趙章之病者 臣意切其脈 脈來滑 是內風氣也 飲食下嗌而輒出不留者 法五日死 皆爲前分界法^③ 後十日乃死 所以過期者 其人嗜粥 故中藏實 中藏實故過期 師言曰 安穀者過期 不安穀者不及期

① 洞風동풍

집해 洞의 발음은 '통洞'이다. 통철洞徹해서 사지四支로 들어가는 것을 말한다.

洞音洞 言洞徹入四支

아래 문장에 '음식하익첩출飲食下嗌輒出'라고 이른 것은, 이것은 풍질風疾(중풍)이 오장을 통철洞徹한 것이다. 그러므로 동풍迵風이라고 했다.

下云 飲食下嗌輒出之 是風疾洞徹五藏 故曰迵風

② 嗌익

[집해] 嗌의 발음은 '익益'이다. 목구멍 아래를 말한다.

音益 謂喉下也

③ 分界法분계법

[정의] 分의 발음은 '분[扶問反]'이다.

分 扶問反

[신주] 맥부脈部를 분계하고, 병의 증상을 진단해 죽을 날짜를 판단하는 의법醫法이다.

제북왕濟北王이 병이 나자 신을 불렀는데, 그의 맥을 짚어 진단해 보니 풍궐흉만風蹶胸滿이었습니다. 곧 약주를 만들어 삼석三石을 마시게 하니 병이 나았습니다. 이 병은 땀이 날 때 땅에 엎드려 있어서 얻은 것입니다.

제북왕의 질병을 알게 된 것은 신이 그의 맥을 짚어 보니 풍기風氣가 있고 심장의 맥이 탁濁했기 때문입니다.[1] 병법病法에는 '지나치게 그 양기가 들어가서 양기가 다하면 음기가 들어간다.'라고 했습니다. 음기가 들어가 팽창하면 한기가 오르고 열기는 내려갑니다.

이 때문에 가슴이 답답해지고 땀이 나 땅에 엎드리는 것으로, 맥을 짚어 보면 기가 음陰합니다. 기가 음陰하면 질병이 반드시 속으로 들어갔다가 나올 때에 땀이 줄줄 흐르게② 됩니다.

濟北王病 召臣意診其脈 曰 風蹶胸滿 卽爲藥酒 盡三石 病已 得之汗出 伏地 所以知濟北王病者 臣意切其脈時 風氣也 心脈濁① 病法 過入其 陽 陽氣盡而陰氣入 陰氣入張 則寒氣上而熱氣下 故胸滿 汗出伏地者 切其脈 氣陰 陰氣者 病必入中 出及澉水②也

① 濁탁

[집해] 서광이 말했다. "다른 판본에는 '맹黽'으로 되어 있다."

徐廣曰 一作黽

② 澉水참수

[색은] 澉의 발음은 '삼[士咸反]'이다.

澉音士咸反

[정의] 고야왕이 말했다. "수족은 땀이 줄줄 흐르고 신체는 땀이 샘솟 듯 하는 것이다. 澉의 발음은 '삭[常灼反]'이다."

顧野王云 手足液 身體汋 音常灼反

제나라 북궁北宮에 사공司空의 명부命婦① 출오出於②가 질병이 있었 는데, 의원들은 모두 풍風이 안으로 들어갔다며 병이 주관하는 것은 폐肺^③에 있다고 여기고 그의 족소양맥足少陽脈에 침을 놓았습니다. 신이 그의 맥을 짚어 보고 말하기를, '병의 기운이 산증疝症으로 방광에 침투하여 대변과 소변이 불편하고 오줌이 붉습니다. 이 병은 한기寒氣를 만나면 오줌을 지리게 되고 배가 붓는 병病입니다. 출오의 병은 소변을 참고 이어서 방사房事했기 때문입니다.'라고 하였습니다.

출오의 질병을 알게 된 것은 그의 맥을 짚어 보니 크고 꽉 차게 뛰었지만, 그 맥은 뛰는 것이 순조롭지 못하니, 이는 궐음厥陰이 동動하기 때문입니다.^④ 맥이 뛰는데 순조롭지 못한 것은 산기疝氣가 방광에 침투한 것입니다. 배가 붓는다고 한 것은 궐음의 낙맥絡脈이 아랫배에 맺힌 것을 말하고, 궐음이 넘쳐나는 것이 있으면 맥이 맺혀서 움직이고 맺혀서 움직이게 되면 아랫배가 붓기 때문입니다. 신이 곧 그의 족궐음足厥陰 맥에 좌우로 각각 한 곳씩 뜸을 뜨자 오줌을 지리지 않게 되고, 오줌도 맑았으며 아랫배의 통증도 멈추었습니다. 곧 다시 화제탕火齊湯을 만들어 복용시키니 3일 만에 산기疝氣가 흩어지며 곧 나았습니다.

옛 제북왕의 유모乳母^⑤가 발에 열이 나고 가슴이 답답하다고 했는데, 신이 말하길 '열궐熱蹶(열이 솟구친 것)입니다.'라고 했습니다. 그의 발바닥에 각각 세 곳씩 침을 놓고 눌러서 피가 나오지 않도록 하자 병이 곧 나았습니다.^⑥ 병은 술을 마시고 크게 취한 데서 얻은 것입니다.

齊北宮司空命婦^①出於^②病 衆醫皆以爲風入中 病主在肺^③ 刺其足少陽脈 臣意診其脈 曰 病氣疝 客於膀胱 難於前後溲 而溺赤 病見寒氣則遺

溺 使人腹腫 出於病得之欲溺不得 因以接內 所以知出於病者 切其脈

大而實 其來難 是蹶陰之動也④ 脈來難者 疝氣之客於膀胱也 腹之所以

腫者 言蹶陰之絡結小腹也 蹶陰有過則脈結動 動則腹腫 臣意卽灸其

足蹶陰之脈 左右各一所 卽不遺溺而溲淸 小腹痛止 卽更爲火齊湯以

飮之 三日而疝氣散 卽愈 故濟北王阿母⑤自言足熱而懑 臣意告曰 熱蹶

也 則刺其足心各三所 案之無出血 病旋已⑥ 病得之飮酒大醉

① 婦부

집해 서광이 말했다. "다른 판본에는 '노奴'로 되어 있다. 노奴는 아마

여종일 것이다."

徐廣曰 一作奴 奴蓋女奴

② 出於출오

정의 명부命婦의 이름이다.

命婦名也

③ 肺폐

집해 서광이 말했다. "다른 판본에는 '간肝'으로 되어 있다."

徐廣曰 一作肝

④ 動동

정의 추탄생이 말했다. "궐음의 맥이다."

鄒〔云〕厥陰之脈也

⑤ 濟北王阿母제북왕아모

집해 서광이 말했다. "제濟는 다른 판본에는 '제왕齊王'으로 되어 있다."

徐廣曰 濟 一作齊王

색은 살펴보니 이 사람은 왕의 유모이다.

案 是王之嬭母也

정의 복건이 말했다. "유모이다." 정현이 말했다. "유모와 양모를 겸한 사람이다."

服虔云 乳母也 鄭〔云〕 慈己者

신주 《예기》〈내칙〉에서 말한다. "대부의 자식에게 식모食母가 있는 것이다.[大夫之子有食母者]"《예기》〈내칙〉에서 말한다. "유모의 주를 살펴보니 '자식을 기르는 자가 다른 이유가 있어 천한 자가 자기慈己를 대신한 것이다.'라고 했다.[案下章乳母註 謂養子者有他故 賤者代之慈己者]" 옛날 제후諸侯와 대부大夫가 적처嫡妻 소생인 자기 아들을 기를 때 중첩眾妾 중에서 선택하여 자사子師와 자모慈母와 보모保母로 삼는데 이를 삼모三母라고 한다.

⑥ 旋已선이

색은 얼마 있다가 나았다는 말이다.

言尋則已止也

정의 잠깐 사이에 병이 이미 나은 것을 이른다.

謂旋轉之閒 病則已止也

제북왕이 신을 불러서 여러 여자 시녀의 맥을 짚어 보게 했습니다. 모든 여자를 진맥하고 수豎라는 여자의 차례가 되었는데, 수豎는 병이 없다고 했습니다. 신이 궁의 장長에게 말하기를 '수豎는 비장이 손상되었으니 피로하게 하지 마십시오. 의법에는 봄이면 피를 토하고 죽게 될 것입니다.'라고 했습니다. 또 제가 왕에게 말하기를 '재인才人인 여자 수豎가 무엇에 능합니까?'라고 하자 왕이 말하기를 '이 여자는 방술을 좋아하고 재주가 많아 새로운 방술법을 만드오.① 지난해 시장에서 470만 전을 주고 샀는데 저들의 무리는 4명이오.②'라고 하였습니다. 또 왕이 말하기를 '병은 없는가?'라고 하여, 신이 대답하기를 '저 수豎는 병이 중하고 죽을병에 걸려 있습니다.'라고 했습니다. 왕이 사람을 시켜 불러서 살펴보고 그의 안색이 변하지 않아서 병이 심하지 않다고 여기고 다른 제후에게 팔지 않았습니다.

濟北王召臣意診脈諸女子侍者 至女子豎 豎無病 臣意告永巷長曰 豎傷脾 不可勞 法當春嘔血死 臣意言王曰 才人女子豎何能 王曰 是好爲方 多伎能 爲所是案法新① 往年市之民所 四百七十萬 曹偶四人② 王曰 得毋有病乎 臣意對曰 豎病重 在死法中 王召視之 其顏色不變 以爲不然 不賣諸侯所

① 所是案法新소시안법신

집해 서광이 말했다, "소所는 다른 판본에는 '취取'로 되어 있다."
徐廣曰 所 一作取

색은 옛날의 방기方技에서 새로운 것을 생각해서 만들게 한 것을 이른다.

謂於舊方技能生新意也

② 四百七十萬 曹偶四人사백칠십만 조우사인

색은 살펴보니 오늘날의 4,700관貫이다. 조우曹偶는 무리와 같다.

案 當今之四千七百貫也 曹偶猶等輩也

봄이 되자 수豎는 칼을 받들고 왕이 측간에 갈 때 따랐습니다. 왕이 먼저 가고 수豎가 뒤에 있었는데, 왕이 사람을 시켜 불러 보니 곧 측간에 엎어져① 피를 토하고 죽어 있었습니다. 이 병은 다한증에서 얻은 것입니다. 다한증은 의법에서 병이 내부에 위중한 것으로 모발이 풍성하고 안색이 윤택하며 맥이 쇠하지 않으나, 이 또한 내관內關에 관련한 질병입니다.

제나라 중대부는 충치를 앓았는데② 신이 그의 왼쪽 대양명맥大陽明脈에 뜸을 뜨고 곧 고삼탕苦參湯을 짓고 날마다 양치질하도록 하며, 세 되씩 사용케 하여 5, 6일을 시키자 충치가 치유되었습니다. 이 병은 바람맞으며 입을 벌리고 자며 음식을 먹고 양치질을 하지 않아서 얻은 병입니다.

至春 豎奉劍從王之廁 王去 豎後 王令人召之 即仆於廁① 嘔血死 病得之流汗 流汗者 (同)法病內重 毛髮而色澤 脈不衰 此亦(關)內〔關〕之病也 齊中人夫病齲齒② 臣意灸其左人陽明脈 即爲苦參湯 日嗽三升 出入五六日 病已 得之風 及臥開口 食而不嗽

① 仆於廁부어측

[색은] 仆의 발음은 '부赴'이다. 또한 '북[步北反]'이라고도 한다.

仆音赴 又音步北反

② 齲齒우치

[정의] 앞 글자 齲의 발음은 '구[丘羽反]'이다.《이아》〈석명〉에서 말한다.
"우齲는 후朽이다. 벌레가 갉아 먹어서 이지러져 썩은 것이다."

上丘羽反 釋名云 齲 朽也 蟲齧之 缺朽也

치천왕의 미인이 회임해서 해산일이 되었는데도 출산을 하지 못
하자① 와서 저를 불렀습니다. 신은 가서 낭탕약② 한 움큼을 먹
게 하고 술을 먹이니 곧 출산했습니다.③ 신이 다시 그의 맥을 짚
어 보니 맥이 조급했습니다. (맥이) 조급한 것은 남은 병이 있는 것
으로, 곧 소석 한 제를 먹였더니 피가 나왔는데, 피가 콩과 비슷
하게 뭉쳐 있는 것④이 5~6개였습니다.

菑川王美人懷子而不乳① 來召臣意 臣意往 飲以莨蕩藥②一撮 以酒飲
之 旋乳③ 臣意復診其脈 而脈躁 躁者有餘病 卽飲以消石一齊 出血 血
如豆比④五六枚

---

① 不乳불유

[색은] 乳의 발음은 '유[人喻反]'이다. 유乳는 아이를 낳는 것이다.

乳音人喻反 乳 生也

② 莨藥낭약

정의 莨蕩의 발음은 '낭탕浪宕'이다.

浪宕二音

③ 旋乳선유

색은 선유旋乳는 금방 아이를 낳았음을 말한다.

旋乳者 言迴旋卽生也

④ 比비

색은 比의 발음은 '피[必利反]'이다.

比音必利反

제나라 승상 사인舍人의 종이 조정에 오는 (주인을) 따라 궁으로 들어왔습니다. 신이 궁문 밖에서 식사하는 것을 보고 그의 안색을 바라보니 병의 기운이 있었습니다. 신은 곧바로 환관 평주에게 알려주었습니다. 평은 맥을 보는 일을 좋아해서 신에게 배우고 있었습니다. 신이 곧 사인 종의 병을 알려주고 말하기를 '저 종은 비장의 기운이 손상되었으니 마땅히 봄에 이르면 가슴이 막혀 통하지 않고 음식을 먹지도 못할 것입니다. 의법에 따르면 여름에 이르러 피를 쏟고 죽게 될 것입니다.'라고 했습니다.

환관 평주이 곧 재상에게 나아가 고하기를 '군君의 집 사인의 종에게 질병이 있는데 중병으로 죽을 날이 얼마 안 남았습니다.'라고 했습니다. 상군相君이 말하기를 '경卿이 어떻게 아는 것이오?'라고 하자 환관이 말하였습니다. '군君께서 조회 때 궁으로 들어오자 군君 집 사인의 종이 모두 규문 밖에서 식사하고 있었습니다. 제가 창공倉公과 서 있는데, 곧 제게 알려주기를 병이 여차저차하여서 죽을 것이라고 했습니다.' 재상이 곧바로 사인을 불러서 이르기를 '그대의 종에게 병이 있지 않은가?'라고 하자, 사인이 말하기를 '종에게는 병이 없습니다. 몸에 통증도 없습니다.'라고 했습니다. 봄에 이르러 과연 발병했고 4월에 이르러 피를 쏟고 죽었습니다.

종의 병을 알게 된 것은 비장의 기氣가 두루 오장五臟에 미쳐서 각 부위의 손상이 교차해서 나타났기 때문입니다. 비장이 상한 사람의 얼굴을 멀리서 바라보면 핏기가 없어① 누렇고, 자세히 살펴보면 검푸른 거적과 같습니다. 의원들은 이것을 알지 못하고 대충大蟲②이라고만 생각합니다. 비장이 손상된 것을 알지 못했기 때문입니다.

봄이 되어 병들어 죽은 까닭은 위胃의 기는 누런데 누런[黃] 것은 토기土氣입니다. 토土는 목木을 이기지 못하므로 봄에 이르면 죽게 됩니다. 여름에 이르러 죽은 까닭은 맥법에 이르기를 '병이 중한데 맥이 순조롭고 맑은 것을 내관內關③이라 한다.'라고 했습니다. 내관의 병은 사람들이 그 아픈 것을 알지 못하고 마음만이 조급할 뿐 고통이 없습니다. 만약 다른 하나의 질병을 더하면 중춘中春에 죽게 되고 한 번 지유되어 순하게 되년 한 계설을 넘기는 것입니다. 그가 4월에 죽은 까닭은 그 사람을 진찰했을 때 치유

되어 순조로웠으며, 치유되어 순조로웠다는 것은 사람이 살이 쪄 비대했다는 것입니다. 종의 병은 땀이 자주 흘러 불을 쬐다가 대풍大風을 만나서 발병한 것입니다.

齊丞相舍人奴從朝入宮 臣意見之食閨門外 望其色有病氣 臣意卽告宦者平 平好爲脈 學臣意所 臣意卽示之舍人奴病 告之曰 此傷脾氣也 當至春鬲塞不通 不能食飮 法至夏泄血死 宦者平卽往告相曰 君之舍人奴有病 病重 死期有日 相君曰 卿何以知之 曰 君朝時入宮 君之舍人奴盡食閨門外 平與倉公立 卽示平曰 病如是者死 相卽召舍人(奴)而謂之曰 公奴有病不 舍人曰 奴無病 身無痛者 至春果病 至四月 泄血死 所以知奴病者 脾氣周乘五藏 傷部而交 故傷脾之色也 望之殺然①黃 察之如死靑之玆 衆醫不知 以爲大蟲② 不知傷脾 所以至春死病者 胃氣黃 黃者土氣也 土不勝木 故至春死 所以至夏死者 脈法曰 病重而脈順淸者曰內關③ 內關之病 人不知其所痛 心急然無苦 若加以一病 死中春 一愈順 及一時 其所以四月死者 診其人時愈順 愈順者 人尙肥也 奴之病得之流汗數出 (灸)〔炙〕於火而以出見大風也

① 殺然살연

[집해] 서광이 말했다. "殺의 발음은 '살[蘇葛反]'이다.

徐廣曰 殺音蘇葛反

[정의] 殺의 발음은 '쇄[蘇亥反]'이다.

殺 蘇亥反

[신주] 얼굴이나 살갗에 핏기가 없을 이른다.

② 大蟲대충

색은 곧 도마뱀이다.

卽蚖虫也

신주 몸속의 기생충 중 큰 종류를 이른 것으로 추정된다. 내용상 추측이 가능할 뿐만 아니라 아래에서 박오薄吾라는 여인의 병을 치료하는 내용에서 장수절은 요충을 단충短蟲이라고 했는데, 단충은 대충大蟲의 상대적인 의미이기 때문이다.

③ 內關내관

신주 인체의 속. 곧 오장육부의 기관이다.

치천왕菑川王이 병이 들자 신을 불러서 맥을 짚어 보게 하였는데, 신은 '궐상蹶上[1]이 심해져 머리가 아프고 몸에 열이 나서 환자를 번만[2]하게 하는 증상입니다.'라고 하였습니다. 제가 즉시 찬물로 그의 머리를 적셔 두드려주고[3] 족양명맥足陽明脈에 침을 놓는데, 좌우 각각 세 곳에 침을 놓으니 병이 곧 나았습니다. 이 병은 머리를 감고 마르지 않았는데 잠을 자다가 얻은 것입니다. 진찰한 것이 앞에서 이야기한 것과 같고, 이 때문에 궐蹶하여 머리에서 열이 나 어깨까지 이른 것입니다.

菑川王病 召臣意診脈 曰 蹶上[1]爲重 頭痛身熱 使人煩懣[2] 臣意卽以寒水拊其頭[3] 刺足陽明脈 左右各三所 病旋已 病得之沐髮未乾而臥 診如前 所以蹶 頭熱至肩

① 蹶上궐상

정의 上의 발음은 '상[時掌反]'이다. 궐상蹶上은 기氣가 역逆해서 위로 한 것이다.

時掌反 蹶 逆氣上也

② 煩懣번만

정의 懣은 발음이 '몬[亡本反]'이다. 다만 번煩만 있는 것이 아니다.

亡本反 非但有煩也

신주 번만은 몸에 열이 있고 가슴속이 답답한 것이다.

③ 拊부

색은 拊의 발음은 '부附'이다. 또 '무撫'로도 발음한다.

拊音附 又音撫

신주 부拊는 머리를 물에 적셔 두드리는 것이다.

제왕齊王 황희黃姬의 오라비 황장경黃長卿이 집에 잔치를 열고 손님들을 초대했는데 신도 불렀습니다. 여러 손님이 앉아 있었는데 주안상을 올리기 전에 신은 왕후王后의 아우 송건宋建을 보고 알리기를 '군君에게는 병이 있습니다. 지난 4, 5일 동안 군君의 허리와 겨드랑이에 통증이 있어, 굽혔다 폈다 하는 것①이 불가했고 또 소변이 불편했을 텐데, 빨리 치료하지 않게 되면 병이 곧 신장에 침투할 것입니다. 그것이 오장에서 머무르지 않을 때 급히 치료해야

합니다. 질병이 바야흐로 신장으로 침투하고 있으니[②] 이것을 이른바 신비腎痺라고 하는 것입니다.'라고 했습니다.

齊王黃姬兄黃長卿家有酒召客 召臣意 諸客坐 未上食 臣意望見王后
弟宋建 告曰 君有病 往四五日 君要脅痛不可俛仰[①] 又不得小溲 不亟
治 病卽入濡腎 及其未舍五藏 急治之 病方今客腎濡[②] 此所謂腎痺也

① 俛仰면앙

[정의] 앞 글자 俛의 발음은 '면俛'이다.

上音免

[신주] 면앙은 굽혔다 폈다 하는 것이다.

② 客腎濡객신유

[정의] 유濡는 '뇨溺'(오줌)이다. 병이 바야흐로 침투해 신장에 있어서 오줌을 누고 싶게 하는 것은 신장이다.

濡 溺也 病方客在腎 欲溺 腎也

송건이 말하기를 '그렇습니다. 나는 전부터 허리와 척추에 통증이 있었습니다. 지난 4, 5일 동안 비가 내려 황씨黃氏의 여러 사위[①]가 우리 집 창고[②]에서 네모진 돌을 내려서 곧 장난을 치는데, 나도 또한 해보고 싶어서 해보니 능히 일어나지 못해서 곧 다시 내려놓았습니다. 저녁 때 허리와 척추에 통증이 있었고 소변을 누지 못했으며 아직까지도 낫지 않습니다.'라고 했습니다. 송건의 병은 무거운 것을 드는 것을 좋아하다가 얻은 것입니다. 송건의 질병을 알게 된 것은 제가 그의 안색을 보니, 태양혈太陽血의 부위가 건조하고③ 신장 부분 위부터 허리 이하의 경계까지 4푼四分 정도의 부위가 메말라 있었기 때문입니다. 그래서 지난 4, 5일 전에 그의 병이 발생한 것을 알게 되었습니다. 제가 곧 유탕柔湯을 만들어 복용시키자 18일쯤 되어서 병이 나았습니다.

宋建曰 然 建故有要脊痛 往四五日 天雨 黃氏諸倩①見建家京②下方石 卽弄之 建亦欲效之 效之不能起 卽復置之 暮 要脊痛 不得溺 至今不愈 建病得之好持重 所以知建病者 臣意見其色 太陽色乾③ 腎部上及界要 以下者枯四分所 故以往四五日知其發也 臣意卽爲柔湯使服之 十八日 所而病愈

① 倩천

집해 서광이 말했다. "천倩은 사위이다." 살펴보니 《방언》에서 말한다. "동제東齊 지역에는 사위를 천倩이라 한다." 곽박이 말했다. "임시의 사위를 말한다."

徐廣曰 倩者 女壻也 駰案 方言曰 東齊之間 壻謂之倩 郭璞曰 言可假倩也

정의 倩의 발음은 '청[七姓反]'이다.

倩音七姓反

② 京경

집해 서광이 말했다. "경京은 창고의 일종이다."

徐廣曰 京者 倉廩之屬也

③ 太陽色乾태양색건

신주 태양혈太陽穴이 있는 곳의 윤기가 메말라 있는 것이다. 태양혈은
사람의 귀의 위쪽과 눈의 사이에 있다.

제북왕濟北王의 시녀인 한녀韓女가 병이 들어 허리와 등에 통증
이 있고 오한과 신열이 있었는데, 의원들이 모두 오한과 신열이
라고 여겼습니다. 제가 그녀의 맥을 짚어 보고 이르기를 '내한內寒
으로 월경이 통하지 않는 증세입니다.'라고 했습니다. 곧 약으로
훈증①을 하자 조금 있다 월경이 내리고 병이 나았습니다. 이 병
은 남자와 방사를 하고 싶었으나 할 수 없어 생긴 병입니다. 한녀
韓女의 질병을 알게 된 것은 그를 진맥했을 때, 신맥을 짚었는데
여리면서 이어지지 않았기 때문입니다. 여리면서 이어지지 않는
것은 그 맥이 뛰는 것이 어렵고 견고해서 월경이 내리지 않는 것
입니다. 간의 맥은 긴장되고 왼쪽의 촌구에서 나왔으므로, 남자
와 방사를 하고 싶었으나 할 수 없어서 병을 얻었다고 한 것입
니다.

濟北王侍者韓女病要背痛 寒熱 衆醫皆以爲寒熱也 臣意診脈 曰 內寒
月事不下也 卽竄①以藥 旋下 病已 病得之欲男子而不可得也 所以知韓
女之病者 診其脈時 切之 腎脈也 嗇而不屬 嗇而不屬者 其來難 堅 故曰
月不下 肝脈弦 出左口 故曰欲男子不可得也

① 竄찬

훈기로 훈증함을 이르는 말이다. 竄의 발음은 '찬[七亂反]'이다.
謂以燻燻之 故云 竄音七亂反

임치의 범리汜里[①]에 사는 박오薄吾라는 여인은 병이 매우 심하여
의원들이 모두 한열寒熱(오한과 신열)로 위독하다고 여기고 마땅히 죽
을 것이며 치료하지 못한다고 했습니다. 제가 그의 맥을 짚어 보고
요하蟯瘕[②]라고 말했습니다. 요하라는 병에 걸리면 복부가 커지고
위쪽의 피부는 누렇고 거칠며 만져보면 몹시 고통스러워합니다.[③]
제가 원화芫華 한 움큼을 먹게 하자 곧 요충蟯蟲이 여러 되가량 빠
져나오며 병이 나았고 30일이 지나자 옛날과 같이 되었습니다. 요
하의 질병은 한습寒濕한 곳에서 얻는 것인데, 차고 습한 기가 얽혀
서[④] 두텁게 되어 발산하지 못하고 변화하여 충蟲이 된 것입니다.
제가 박오의 병을 알게 된 것은 그의 맥을 짚어 보고 그의 척택尺澤
을 문지르는데,[⑤] 척택이 걸리고 거칠었으며 털은 미인 이마의 머리
털[⑥]과 같았기 때문입니다. 이것은 충기蟲氣입니다. 그 안색이 윤택
한 것은 체내의 장부에 사기邪氣와 중병重病이 없기 때문입니다.
臨菑汜里[①]女子薄吾病甚 衆醫皆以爲寒熱篤 當死 不治 臣意診其脈 曰
蟯瘕[②] 蟯瘕爲病 腹大 上膚黃麤 循之戚戚然[③] 臣意飮以芫華一撮 卽出
蟯可數升 病已 三十日如故 病蟯得之於寒濕 寒濕氣宛[④]篤不發 化爲蟲
臣意所以知薄吾病者 切其脈 循其尺[⑤] 其尺索刺麤 而毛美奉髮[⑥]是蟲
氣也 其色澤者 中藏無邪氣及重病

① 氾里범리

색은 氾의 발음은 '범凡'이다.

氾音凡

② 蟯瘕요하

집해 서광이 말했다. "蟯의 발음은 '요饒'이다.

徐廣曰 蟯音饒

색은 蟯瘕의 발음은 '요가饒櫃'이다. 옛 발음은 '요하遶遐'이다.

音饒櫃 舊音遶遐

정의 사람의 뱃속에 있는 단충이다.

人腹中短蟲

③ 戚戚然척척연

신주 손으로 누르면 환자가 막으며 고통스러워함을 말한다.

④ 宛완

집해 宛의 발음은 '울鬱'이다.

音鬱

색은 또한 통상적인 음으로 읽는다.

又如字

⑤ 循其尺순기척

정의 왕화숙이 말했다. "촌寸, 관關, 척尺이다. 촌寸은 3푼分을 이른다. 척尺은 8푼分을 이른다. 촌구寸口는 관상關上에 있고 척尺은 관하關下에 있다. 촌寸, 관關, 척尺은 함께 1치 9푼이 있다."

王叔和云 寸關尺 寸謂三分 尺謂八分 寸口在關上 尺在關下 寸關尺共有一寸
九分也

⑥ 循其尺~而毛美奉髮순기척~이모미봉발

집해 서광이 말했다. "봉봉奉은 다른 판본에는 '주奏'로 되어 있고, 또
'진秦'으로도 되어 있다."

徐廣曰 奉 一作奏 又作秦

색은 循의 발음은 '순巡'이다. 살펴보니 손으로 그 척尺을 찾아서 진맥
하는 것을 이른다. 刺의 발음은 '차[七賜反]'이다. 麤의 발음은 '초[七胡反]'
이다. 그 척택尺澤을 찾아서 문지르자 사람의 손이 걸리고 거칠어서 이것
은 부인의 병이라고 말한 것이다. 서광은 봉봉奉은 다른 판본에는 '주奏'로
되어 있다고 했는데, 그러한 의미가 아니다. 또 다른 판본에는 '진秦'으로
되어 있다고 하였다. 진秦은 진수蟒首를 이르며 머리털이 굼벵이와 같다
고 말한 것이니 일이 아마도 가깝기 때문일 것이다.

循音巡 案 謂手循其尺索也 刺音七賜反 麤音七胡反 言循其尺索 刺人手而麤
是婦人之病也 徐氏云奉一作奏 非其義也 又云一作秦 秦謂蟒首 言髮如蠐螬
事蓋近也

제나라 순우사마淳于司馬가 병이 들어 제가 그의 맥을 짚어 보고
말하기를 '동풍迥風의 병입니다. 동풍의 증상은 음식이 목구멍으
로 내려갈 때마다 측간에 가야 합니다.[1] 이 병은 포식하고 빨리

달렸기 때문에 얻은 것입니다.'라고 했습니다. 순우사마가 말하기를
'나는 왕가王家에 가서 말의 간을 먹고 매우 포식했는데 술이 나오
는 것을 보고 곧 달려서 도망쳐 관사에 이르렀는데, 곧 설사를 수십
차례나 했소.'라고 했습니다. 제가 말하기를 '화제미즙火齊米汁을 만
들어 마시면 7~8일이면 당연히 나을 것입니다.'라고 했습니다.
이때 의사인 진신秦信이 곁에 있었는데 제가 떠나자 진신이 좌우의
각도위閣都尉[2]에게 이르기를 '순우의는 순우사마의 병을 무엇이라
고 했는가?'라고 하자 이들이 말하기를 '동풍인데 치료할 수 있다
고 했습니다.'라고 했습니다. 진신이 곧 비웃으면서 이르기를 '이것
은 알지 못한 것이다. 순우사마의 병은 의법에는 마땅히 9일 뒤에
는 죽는다고 되어 있다.'라고 했습니다. 곧 9일 뒤에도 죽지 않자 그
의 집에서 저를 다시 불렀습니다. 제가 가서 상황을 물으니 모두 제
가 진찰한 것과 같았습니다. 제가 곧 한 번 화제미의 즙을 복용하
게 시켰더니 7~8일 만에 병이 나았습니다. 그것을 알게 된 것은
그의 진단할 때, 맥을 짚어 보니 모두 맥법과 같았기 때문입니다.
그의 질병은 순조로운 것이었습니다. 그래서 죽지 않은 것입니다.

齊淳于司馬病 臣意切其脈 告曰 當病迵風 迵風之狀 飲食下嗌輒後之[1]
病得之飽食而疾走 淳于司馬曰 我之王家食馬肝 食飽甚 見酒來 即走
去 驅疾至舍 即泄數十出 臣意告曰 爲火齊米汁飲之 七八日而當愈 時
醫秦信在旁 臣意去 信謂左右閣都尉[2]曰 意以淳于司馬病爲何 曰 以
爲迵風 可治 信即笑曰 是不知也 淳于司馬病 法當後九日死 即後九日
不死 其家復召臣意 臣意往問之 盡如意診 臣即爲一火齊米汁 使服之
七八日病已 所以知之者 診其脈時 切之 盡如法 其病順 故不死

① 後之후지

集解 서광이 말했다. "측간에 가는 것이다."

徐廣曰 如廁

② 閤都尉각도위

索隱 살펴보니 각閤은 성이며 도위이다. 일설에는 각閤은 곧 궁각宮閤

이고 도위가 관장한다. 그러므로 각도위閤都尉라고 한다고 했다.

案 閤者 姓也 爲都尉 一云閤卽宮閤 都尉掌之 故曰閤都尉也

제나라 중랑中郞 파석破石이 병이 있어 신이 그의 맥을 짚어 보고
말하기를 '폐가 손상되어 치료하지 못할 것이오. 10일 뒤 정해일
丁亥日에 소변에 피가 섞여 나오면서 죽을 것이오.'라고 했습니다.
곧 11일 뒤에 소변에 피가 섞여 나오면서 죽었습니다. 파석의 질병
은 말에서 떨어져 돌 위에 넘어져서 얻은 것입니다. 파석의 질병
을 알게 된 것은 그의 맥을 짚어 보니 폐의 음기를 얻어 그것이 오
면서 흩어지고 맥박의 수가 이르는 것도 한결같지 않았기 때문입
니다. 안색에도 그 기운이 눌려 있었습니다.

그가 말에서 떨어진 사실을 알게 된 것은 맥을 짚어 보고 반음맥
番陰脈①임을 알았기 때문입니다. 반음맥이란 들어가면 속을 허하
게 하고 폐맥을 누릅니다. 폐맥이 흩어지면 진실로 안색이 변하여
나타납니다.

죽음을 예상한 날짜가 맞지 않은 것은 스승님의 말씀에 이르기를

'병자가 식사를 잘하면 곧 기일을 넘기게 되고 음식을 잘 못 먹으면 기일을 넘기지 못한다.'라고 했기 때문입니다. 그 사람이 기장을 즐겨 먹었는데 기장은 폐를 주관합니다. 그러므로 기일을 넘겼던 것입니다. 소변에 피가 섞여 나온다고 한 것은 진맥법에 이르기를 '병의 치료를 잘하고 어두운 곳에 거처하기를 즐기는 자는 순조롭게 죽고 병을 치료하는데 밝은 곳에 거처하기를 좋아하는 자는 고통스럽게 죽는다.'라고 했기 때문입니다. 그의 사람됨이 스스로 고요한 것을 즐기고 조급하지 않았으며 또 오래도록 편안하게 앉아 안석에 의지해 잠을 잤습니다. 그러므로 피를 아래로 흘리고 죽은 것입니다.

제왕齊王의 시의侍醫인 수遂가 병이 나 스스로 오석五石을 단련시켜서 복용했습니다. 제가 지나다 들렀는데 수遂가 저에게 이르기를 '불초不肖한 저에게 질병이 있으니 저를 진찰해주시면 행운입니다.'라고 했습니다. 제가 곧 진찰한 뒤 말해주기를 '공公의 질병은 속에 열이 있습니다. 의론醫論에 속에 열이 있고 소변이 잘 나오지 않는 자는 오석五石을 복용해서는 안 됩니다. 석石은 약이 되는 것이 정밀하고 굳센 것인데, 공公이 복용해 자주 소변을 보지 못하는 것이니 신속히 복용을 중지하십시오. 얼굴에 장차 악창이 발생할 것입니다.'라고 했습니다."

齊中郎破石病 臣意診其脈 告曰 肺傷 不治 當後十日丁亥溲血死 卽後十一日 溲血而死 破石之病 得之墮馬僵石上 所以知破石之病者 切其脈 得肺陰氣 其來散 數道至而不一也 色又乘之 所以知其墮馬者 切之得番①陰脈 番陰脈入虛裏 乘肺脈 肺脈散者 固色變也乘之 所以不中期

死者 師言曰 病者安穀卽過期 不安穀則不及期 其人嗜黍 黍主肺 故過
期 所以溲血者 診脈法曰 病養喜陰處者順死 養喜陽處者逆死 其人喜
自靜 不躁 又久安坐 伏几而寐 故血下泄 齊王侍醫遂病 自練五石服之
臣意往過之 遂謂意曰 不肖有病 幸診遂也 臣意卽診之 告曰 公病中熱
論曰中熱不溲者 不可服五石 石之爲藥精悍 公服之不得數溲 亟勿服
色將發臃

① 番반

색은 番의 발음은 '뷘[芳袁反]'이다.

番音芳袁反

수遂가 말하기를 "편작께서는 '음석陰石으로 음병陰病을 치료하
고 양석陽石으로 양병陽病을 치료한다.'라고 말했습니다. 대저 약
석藥石에는 음양수화陰陽水火의 약제가 있습니다. 그러므로 속에
열이 있으면 곧 음석陰石으로 순한 약제藥齊를 만들어 치료합니
다. 속에 오한이 들면 곧 양석陽石으로 강한 약제를 만들어 치료
합니다.'라고 했습니다. 저는 '공公께서 말씀하신 것은 현실과 동
떨어진 소리입니다. 편작께서 비록 이와 같은 말을 했더라도 반드
시 진단해서 살피는 데는 도량을 일으키고 규구를 세우고 저울대
와 저울주를 사용해야 하고, 안색과 맥으로 겉과 속이 유여有餘한
지, 부족한지, 순리를 따르는지, 거역하는지를 의법으로 점쳐서①

그 사람의 동정과 휴식함이 서로 응하는가를 참고해서 이를 논해야만 합니다.

의론醫論에는 '양陽의 질병이 안에 처하고 음의 형체가 밖으로 응하면 강한 약이나 침석을 더해서는 안 된다.'라고 하였습니다. 대저 강한 약이 속으로 들어가면 사기邪氣가 모여들어[2] 답답한 기가 더욱[3] 깊어집니다.

진법診法에는 '이음二陰이 밖으로 응하고 일양一陽이 안으로 접하는 자는 강한 약을 복용해서는 안 된다.'라고 했습니다. 강한 약이 들어가면 양을 통하여 음의 질병이 더욱 쇠약해지고 양의 병이 더욱 두드러지며 사기邪氣가 유행해 거듭 수兪[4]에서 곤궁해지며 분노가 발동하여 저疽가 되기 때문입니다.'라고 했습니다. 제가 말해준 대로 100여 일 뒤에 과연 종기가 유방 위에 발생해 결분缺盆[5]으로 침입해서 죽었습니다. 이러한 것을 일러 대체적인 것을 논한 것이라 하지만, 반드시 경經의 기록에 있는 것입니다. 그래서 졸렬한 의사는 한 가지도 익히지 못하고 문리文理와 음양을 잃게 되는 것입니다.

遂曰 扁鵲曰陰石以治陰病 陽石以治陽病 夫藥石者有陰陽水火之齊
故中熱 卽爲陰石柔齊治之 中寒 卽爲陽石剛齊治之 臣意曰 公所論遠
矣 扁鵲雖言若是 然必審診 起度量 立規矩 稱權衡 合[1]色脈表裏有餘
不足順逆之法 參其人動靜與息相應 乃可以論 論曰陽疾處內 陰形應
外者 不加悍藥及鑱石 夫悍藥入中 則邪氣辟[2]矣 而宛氣愈[3]深 診法曰
二陰應外 一陽接內者 不可以剛藥 剛藥入則動陽 陰病益衰 陽病益箸
邪氣流行 爲重困於兪[4] 忿發爲疽 意告之後百餘日 果爲疽發乳上 入缺
盆[5] 死 此謂論之大體也 必有經紀 拙工有一不習 文理陰陽失矣

① 合합

집해 서광이 말했다. "합合은 다른 판본에는 '점占'으로 되어 있다."

徐廣曰 合 一作占

② 辟벽

색은 辟의 발음은 '펵[必亦反]'이다. 취취聚(모이다)와 같다.

辟音必亦反 猶聚也

③ 愈유

색은 愈의 발음은 '유庾'이다.

愈音庾

④ 兪수

집해 서광이 말했다. "兪의 발음은 '슈[始喻反]'이다."

徐廣曰 音始喻反

⑤ 缺盆결분

색은 살펴보니 결분缺盆은 사람의 유방乳房 위 뼈의 명칭이다.

按 缺盆 人乳房上骨名也

제왕이 지난날 양허후陽虛侯①로 있을 때 실병이 심해지시자 의원들이 모두 궐蹶이라고 했습니다. 제가 진맥하니 비痺였습니다.

그 뿌리가 오른쪽 겨드랑이 밑에 있었고, 큰 것은 잔을 엎어 놓은 것과 같았습니다. 환자는 숨이 차고 기가 거꾸로 솟구쳐 음식을 먹지 못했습니다. 제가 곧 화제죽火齊粥으로 마시게 했더니 6일 만에 기氣가 내리고, 곧 번갈아 환약을 복용시켰더니 약을 먹은 지 6일 만에 질병이 모두 나았습니다. 병은 방사에서 얻은 것이었습니다. 진단할 때 경서의 설명으로는 알지 못했는데, 그 대체는 그 병의 있는 곳에서 (진료하면서) 알게 된 것입니다.

齊王故爲陽虛侯①時 病甚 衆醫皆以爲蹶 臣意診脈 以爲痺 根在右脅下 大如覆杯 令人喘 逆氣不能食 臣意卽以火齊粥且飮 六日氣下 卽令更 服丸藥 出入六日 病已 病得之內 診之時不能識其經解 大識其病所在

① 陽虛侯양허후

집해 서광이 말했다. "제도혜왕齊悼惠王의 아들이고 이름은 장려將廬이며 문제 16년에 제왕이 되었고 즉위 11년에 죽었다. 시호는 효왕孝王이다."

徐廣曰 齊悼惠王子也 名將廬 以文帝十六年爲齊王 卽位十一年卒 諡孝王

저는 일찍이 안양安陽의 무도리武都里에서 성개방成開方이란 자를 진찰한 적이 있습니다. 성개방은 '자신은 질병이 없다.'라고 했습니다. 제가 성개방에게 이르기를 '답풍沓風①으로 병고病苦를 겪을 것이며 3년 뒤에는 사지四支를 마음대로 쓰지 못할 것이다.

말을 할 수 없게 될 것이고 말을 할 수 없게 되면 곧 죽을 것이다.'
라고 했습니다. 지금 그는 사지를 능히 쓰지 못하고 벙어리[2]가 되
었는데 아직 죽지는 않았다고 들었습니다. 병은 자주 술을 마시
고 대풍기大風氣를 만나서 얻은 것입니다. 성개방의 질병을 알게
된 것은 진맥할 때였는데, 맥법脈法인 기해술奇亥術에서 '장기臟氣
가 서로 상반되는[3] 자는 죽게 된다.'라고 했습니다. 맥을 짚어보
니 신장의 맥과 폐장의 맥이 서로 반대되는[4] 것을 알았기 때문입
니다. 의법에는 '3년이면 죽는다.'라고 했습니다.

臣意嘗診安陽武都里成開方 開方自言以爲不病 臣意謂之病苦沓風[1]
三歲四支不能自用 使人瘖[2] 瘖卽死 今聞其四支不能用 瘖而未死也 病
得之數飮酒以見大風氣 所以知成開方病者 診之 其脈法奇咳言曰 藏
氣相反[3]者死 切之 得腎反[4]肺 法曰 三歲死也

① 沓風답풍

색은 沓의 발음은 '답[徒合反]'이다. 풍병風病의 이름이다.

沓音徒合反 風病之名也

② 瘖음

집해 서광이 말했다. "다른 판본에는 '척脊'으로 되어 있다. 脊의 발음
은 '적[才亦反]'이다."

徐廣曰 一作脊 音才亦反

색은 音瘖은 '벙어리'이다. 통상적인 음으로 읽는다. 또 '조厝'로도 되어
있다. 조厝는 치置이다. 사람을 시켜서 그의 수족을 맡아서 운동시키게

하는 것을 말한다.

瘖者 失音也 讀如音 又作瘖 瘖者 置也 言使人運置其手足也

③ 反반

[집해] 서광이 말했다. "반反은 다른 판본에는 '급及'으로 되어 있다."

徐廣曰 反 一作及

④ 反반

[집해] 서광이 말했다. "반反은 다른 판본에는 '급及'으로 되어 있다."

徐廣曰 反 一作及

안릉安陵의 판리阪里에 사는 공승公乘 항처項處[①]라는 사람이 병이 들었는데, 제가 맥을 짚어 보고 '이것은 모산牡疝[②]이오.'라고 일러주었습니다. 모산은 격막鬲膜의 아래에 있어 위로 폐와 연결되어 있습니다. 이는 항처가 방사房事를 과도하게 한 데서 얻은 질병입니다. 제가 이르기를 '힘을 쓰는 일을 삼가시오. 힘을 쓰는 일을 하게 되면 반드시 피를 토하고 죽게 되오.'라고 했습니다. 그 뒤 항처가 축국蹴踘(축구)[③]을 하다가 허리에 한기가 이르러 땀을 많이 흘리고는 곧 피를 토했습니다. 제가 다시 진맥하고 이르기를 '내일 저녁이 되면 죽을 것이오.[④]'라고 했는데, 곧 죽었습니다. 항처가 방사를 과도하게 해서 생긴 질병이었습니다. 항처의 질병을 알게 된 것은 그의 맥을 짚어 보고 번양맥番陽脈[⑤]인 것을 알았기 때문입니다. 번양맥이 허한 속으로 들어가게 되면 항처는 다음 날에 죽게 되는 것입니다. 한 번 뛰고 한 번 맺는⑥ 것이 모산牡疝입니다."

安陵阪里公乘項處①病 臣意診脈 曰 牡疝② 牡疝在鬲下 上連肺 病得之內 臣意謂之 愼毋爲勞力事 爲勞力事則必嘔血死 處後蹴踘③ 要蹶寒 汗出多 卽嘔血 臣意復診之 曰 當旦日日夕死④ 卽死 病得之內 所以知項處病者 切其脈得番陽⑤ 番陽入虛裏 處旦日死 一番一絡⑥者牡疝也

① 公乘項處공승항처

색은 살펴보니 공승公乘은 관직 이름이다. 항項은 성이고 처處는 이름이다. 그러므로 위에서 창공의 스승이 원리元里의 공승公乘 양경陽慶이라고 이른 것이 또한 그러한 것이다.

案 公乘 官名也 項 姓 處 名 故上云倉公之師 元里公乘陽慶 亦然也

② 牡疝모산

색은 앞 글자 牡의 발음은 '모母'이고, 뒷 글자 疝의 발음은 '산[色諫反]'이다.

上音母 下音色諫反

③ 蹴踘축국

집해 서광이 말했다. "축蹴은 다른 판본에는 '답蹹'으로 되어 있다."

徐廣曰 一作蹹

정의 앞 글자 蹴의 발음은 '축[千六反]'이고, 뒷 글자 踘의 발음은 '국[九六反]'이다. 공차기를 이른다.

上千六反 下九六反 謂打毬也

④ 旦日日夕死단일일석사

색은 살펴보니 단일旦日은 다음 날이다. 다음 날 저녁에 죽는다는 말이다.

案 旦日 明日也 言明日之夕死也

⑤ 番陽번양

색은 맥병脈病의 이름을 번양番陽이라고 한 것은 양맥陽脈이 뒤집혀 허한 속으로 들어감을 말한 것이다.

脈病之名曰番陽者 以言陽脈之翻入虛裏也

⑥ 絡락

집해 서광이 말했다. "락絡은 다른 판본에는 '결結'로 되어 있다."

徐廣曰 絡 一作結

순우의 남은 이야기

신 순우의가 말씀 올립니다.

"병을 진단하고 생사의 기간을 결정하고 질병을 치유한 다른 일들도 매우 많습니다. 그러나 오래되어 자못 잊고 다 기억할 수 없어 감히 대답하지 못하겠습니다."

다시 순우의에게 물었다.

"병을 진찰하고 치료할 때, 병명이 동일한 경우도 많았는데 진단이 다르기도 하였고, 혹은 죽기도 하고 혹은 죽지 않기도 한 것은 무엇 때문이었는가?"

순우의가 대답했다.

"병명은 서로 비슷한 것이 많아서 잘 알 수 없습니다. 그러므로 옛날의 성인은 맥법脈法을 만들어 도량을 일으키고 법도를 세우고 저울과 저울추로 달고 먹줄과 먹물통으로 조사하고 음양으로 조절해 사람의 맥박이 다른 것들을 구분해 각각 이름을 짓고 하늘과 땅과 서로 응하게 해서 사람에게 헤아려보고 참고하고 종합했습니다. 이 때문에 온갖 질병들을 구분하고 다르게 했으니, 의술[①]을 습득한 자는 능히 다르게 하고 의술을 깨우치지 못한 자는 똑같이만 하는 것입니다. 그러나 맥법이란 다 증험할 수 없어서, 환자를 진찰하고 헤아려 구분하여야 같은 병명이라도 구별할 수 있고 병이 주로 어디에 있는지를 명명할 수 있습니다. 지금 제가 진찰하는 바는 모두 진료의 기록이 있습니다. 제가 증상들을 분별할 수 있었던 것은 제가 스승의 의술을 전수傳受하여 적당히 성취했지만, 스승께서 돌아가셨습니다. 이 때문에 진찰한 바를 표로 기록하고 죽고 사는 기일을 결정해 실수한 것과 성취한 것이 맥법과 합치하는 것인가를 관찰했으며 이런 까닭으로 지금에야 이르러서 알게 된 것입니다."

臣意曰他所診期決死生及所治已病衆多 久頗忘之 不能盡識 不敢以對 問臣意 所診治病 病名多同而診異 或死或不死 何也 對曰 病名多相類 不可知 故古聖人爲之脈法 以起度量 立規矩 縣權衡 案繩墨 調陰陽 別 人之脈各名之 與天地相應 參合於人 故乃別百病以異之 有數①者能異 之 無數者同之 然脈法不可勝驗 診疾人以度異之 乃可別同名 命病主 在所居 今臣意所診者 皆有診籍 所以別之者 臣意所受師方適成 師死 以故表籍所診 期決死生 觀所失所得者合脈法 以故至今知之

① 數수

색은 數의 발음은 '수[色住反]'이다. 기술이 있는 사람은 그 증상에 따라 다르게 할 수 있음을 이른다.

數音色住反 謂術數之人乃可異其狀也

순우의에게 물었다.

"질병의 기간을 정하고 생사를 결정한 것이 간혹 기일을 맞추지 못하는 것은 무슨 까닭인가?"

순우의가 대답했다.

"이것은 모두 마시고 먹고 기뻐하고 노여워하는 것들이 절도에 맞지 않았다든지, 혹은 약을 복용하는 것이 마땅하지 않았다든지, 혹은 침을 놓고 뜸을 뜨는 것이 적당하지 못했기 때문입니다. 이런 까닭으로 죽는 날짜를 정확히 맞추지 못한 것입니다."

순우의에게 물었다.

"그대의 의술은 능히 질병에서 죽고 사는 것을 알고 약의 사용을 논한 것도 적절한데, 제후의 왕이나 대신들이 일찍이 그대에게 질문한 자가 있었는가? 문왕文王①이 병을 앓을 때 그대에게 진단과 치료를 구하지 않은 것은 무슨 까닭이었는가?"

순우의가 대답했다.

"조왕趙王, 교서왕膠西王, 제남왕濟南王, 오왕吳王이 모두 사람을 보내와 신을 불렀으나 저는 감히 가지 못했습니다. 문왕文王이 병이 들었을 때, 신은 집안이 가난하여 남을 위해 질병을 치료하고자 했지만, 실로 관리로 제수하여② 신을 속박할까 두려웠습니다. 이런 까닭으로 명적名籍을 이리저리③ 자주 옮기면서 집안의 생업을 닦지 못하고, 나라 안을 유람하면서 의술④을 잘하는 자를 물어 그를 섬긴 지가 오래였습니다. 여러 스승⑤을 만나 섬기고 그 스승들의 중요한 일들을 전수傳受해서 그들이 저방한 글과 뜻을 다해 풀어서 논했습니다. 저 자신이 양허후陽虛侯의 나라에 살 때는 양허후를 섬겼습니다. 양허후가 조회에 들어갔을 때 저도 따라서 장안으로 갔는데, 이 때문에 안릉에서 항처 등의 질병을 진단할 수 있었습니다."

問臣意曰 所期病決死生 或不應期 何故 對曰 此皆飮食喜怒不節 或不當飮藥 或不當鍼灸 以故不中期死也 問臣意 意方能知病死生 論藥用所宜 諸侯王大臣有嘗問意者不 及文王①病時 不求意診治 何故 對曰 趙王膠西王濟南王吳王皆使人來召臣意 臣意不敢往 文王病時 臣意家貧 欲爲人治病 誠恐吏以除②拘臣意也 故移名數 左右③不脩家生 出行游國中 問善爲方數④者事之久矣 見事數師⑤ 悉受其要事 盡其方書意及解論之 身居陽虛侯國 因事侯 侯入朝 臣意從之長安 以故得診安陵項處等病也

① 文王문왕

집해 서광이 말했다. "제문왕이며 문제 15년에 죽었다."

徐廣曰 齊文王也 以文帝十五年卒

② 吏以除이이제

집해 서광이 말했다. "당시의 제후는 스스로 관리를 제수할 수 있었다."

徐廣曰 時諸侯得自拜除吏

③ 左右좌우

정의 명적名籍을 좌우 사람에게 속하게 한 것이다.

以名籍屬左右之人

④ 數수

색은 數의 발음은 '술수術數'의 '수數'이다.

數音 術數之數

⑤ 數師수사

정의 앞 글자 數의 발음은 '슈[色庚反]'이다.

上色庚反

순우의에게 물었다.

"제나라 문왕이 병을 얻어 일어나지 못했던 상태를 알겠는가?"

순우의가 대답했다.

"문왕의 질병을 진단해 보지는 못했습니다. 그러나 가만히 들어 보니 문왕의 질병은 천식이었으며 두통이 있고 눈이 보이지 않는다고 했습니다. 신은 마음속으로 논해 보고 병이 아니라고 여겼습니다. 몸에 살이 쪄 정기를 축적했는데 신체를 움직이지 않아서 뼈와 근육이 서로 견디지 못해 기침한 것인데 의사의 치료가 합당하지 않은 것이었습니다. 맥법에 이르기를 '나이 20세가 되면 맥기脈氣는 달리는 것이 마땅하고, 나이 30세가 되면 빠른 걸음을 걷는 것이 마땅하고, 나이 40세가 되면 편안히 앉아 있는 것이 마땅하고, 나이 50세가 되면 편안하게 누워 있는 것이 마땅하고, 나이 60세 이상이 되면 원기를 깊이 간직하는 것①이 마땅하다.' 라고 했습니다.

問臣意 知文王所以得病不起之狀 臣意對曰 不見文王病 然竊聞文王病喘 頭痛 目不明 臣意心論之 以爲非病也 以爲肥而蓄精 身體不得搖 骨肉不相任 故喘 不當醫治 脈法曰年二十脈氣當趨 年三十當疾步 年四十當安坐 年五十當安臥 年六十已上氣當大董①

① 董동

서광이 말했다. "동董은 깊이 간직하는 것을 이른다. 다른 판본에는 '근蓳'으로 되어 있다."

徐廣曰 董謂深藏之 一作蓳

董의 발음은 '근謹'이다.

董音謹

문왕이 나이가 20세 미만이라서 바야흐로 맥기는 달려야 하는데, 느릿느릿 움직여서 천도天道의 사계절과 응하지 못했습니다. 그 뒤에 듣자니 의사가 뜸을 뜨고서 바로 위독했다고 하니 이것은 질병을 잘못 논한 것입니다. 신이 논해 본다면 신기神氣가 다투는데 사기邪氣가 들어간 것으로 생각되며 어린 나이에는 능히 회복되지 못해 이 때문에 죽은 것입니다. 이른바 기氣란 마땅히 음식을 조절하고 편안한 날을 가리고 수레를 타면서도 걷고 뜻을 넓게 하고 근육, 골격, 살의 혈맥들을 적당하게 해서 기를 쏟아야 합니다. 그러므로 나이 20세를 일러 역무易貿①라고 합니다.

의법에는 '침이나 뜸은 마땅하지 않다. 침을 놓거나 뜸질을 하면 기가 이르는 것을 쫓아낸다.'라고 했습니다."

文王年未滿二十 方脈氣之趨也而徐之 不應天道四時 後聞醫灸之卽篤 此論病之過也 臣意論之 以爲神氣爭而邪氣入 非年少所能復之也 以 故死 所謂氣者 當調飮食 擇晏日 車步廣志 以適筋骨肉血脈 以瀉氣 故 年二十 是謂易貿^① 法不當砭灸 砭灸至氣逐

① 貿무

집해 서광이 말했다. "다른 판본에는 '하賀'로 되어 있고, 또 다른 판 본에는 '질質'로도 되어 있다."

徐廣曰 一作賀 又作質

순우의에게 물었다.

"스승 양경陽慶은 누구에게 전수傳受하였는가? 제나라 제후에게 는 명성이 있었는가?"

순우의가 대답했다.

"양경이 어떤 스승에게서 전수傳受하였는지 알지 못합니다. 양경 의 집안은 부유했고 의술에 뛰어났으나 남을 위해 질병을 치료하 는 것을 즐거워하지는 않았습니다. 이런 이유로 명성이 알려지지 않았습니다. 양경은 또 신에게 '그대가 나에게 배운 의술을 내 자손 들이 알지 못하도록 조심하라.'라고 했습니다."

순우의에게 물었다.

"스승 양경이 어찌하여 그대를 만나보고 그대를 아끼고 그대에게 자신의 처방을 모두 가르치려고 했는가?"

순우의가 대답했다.

"신은 스승 양경께서 의술에 능하다는 소문을 듣지 못했습니다. 신이 스승인 양경을 아는 까닭은 제가 젊었을 때 여러 가지 의술을 좋아했으며 신이 그의 의술을 시험하고 두루 증험한 것들이 많았는데 그 결과가 정밀하고 양호했습니다. 신이 듣자니 치천국의 당리인 공손광公孫光이 옛날부터 전해오는 의술[1]을 잘한다고 해서 신은 곧바로 가서 배알했습니다. 만나서 스승으로 섬길 수 있어서 의술로 음양을 변화하여 처방하는 것과 전어법傳語法[2]을 전수傳受해 신이 모두 기록했습니다. 신은 다른 정묘한 의술도 다 전수傳受하고자 했는데 공손광이 말하기를 '나의 의술은 다 전수했다. 그대에게 아끼는[3] 것은 없다. 나의 몸이 이미 쇠약했으니 다시 섬길 것도 없다. 이것이 내가 젊었을 때 미묘한 처방을 전수傳受한 것이며 모두 그대에게 주었으니 남에게 가르쳐 주지 말라.'라고 했습니다.

問臣意 師慶安受之 聞於齊諸侯不 對曰 不知慶所師受 慶家富 善爲醫 不肯爲人治病 當以此故不聞 慶又告臣意曰 愼毋令我子孫知若學我方也 問臣意 師慶何見於意而愛意 欲悉敎意方 對曰 臣意不聞師慶爲方善也 意所以知慶者 意少時好諸方事 臣意試其方 皆多驗 精良 臣意聞 菑川唐里公孫光善爲古傳方[1] 臣意卽往謁之 得見事之 受方化陰陽及傳語法[2] 臣意悉受書之 臣意欲盡受他精方 公孫光曰 吾方盡矣 不爲愛公所[3] 吾身已衰 無所復事之 是吾年少所受妙方也 悉與公 毋以敎人

① 古傳方고전방

[색은] 옛 의술을 전할 수 있어 좋아함을 이른다.

謂好能傳得古方也

[정의] 고인의 의서를 온전히 베껴서 전하게 된 것을 이른다.

謂全傳寫得古人之方書

② 法법

[집해] 서광이 말했다. "법法은 다른 판본에는 '오五'로 되어 있다."

徐廣曰 法 一作五

③ 愛公所애공소

[색은] 순우의에게 방술을 아끼지 않았다는 말이다.

言於意所 不愛惜方術也

신이 말하기를 '만나서 선생님을 앞에 모시고 섬기면서 금방禁方
(비방)을 다 얻었으니 큰 행운입니다. 저는 죽어서도 함부로 남에게
전하지 않겠습니다.'라고 했습니다. 얼마 지나서 공손광이 한가한
때를 찾아서 뵙고① 신은 깊이 의술을 논하면서 오랜 세월 그것(의
술)을 위해 정진하신 분을 만나보겠다고 말했습니다. 스승 공손광
이 기뻐하면서 '그대는 반드시 국가의 의사가 될 것이다. 나는 훌
륭한 사람과 모두 소통하고 있다. 함께 태어난 자가 임치에 살고
있는데 좋은 처방을 하는 것이 나는 미치지 못한다. 그의 처방이

매우 기묘해서 세간에 전해지지 않은 것들이다. 내 나이가 장년이었을 때[2] 일찍이 그의 의술을 전해 받고자 했으나 양중천陽中倩[3]은 전수하고자 하지 않았다.'라고 말하며 '너는 그럴 만한 사람이 아니다. 모름지기 너와 가서 만나보면 네가 의술을 좋아한다는 것을 알 것이다.[4] 그 사람은 늙었고 그 집은 부자이다.'라고 말했습니다.

臣意曰 得見事侍公前 悉得禁方 幸甚 意死不敢妄傳人 居有閒 公孫光閒處[1] 臣意深論方 見言百世爲之精也 師光喜曰公必爲國工 吾有所善者皆疏 同産處臨菑 善爲方 吾不若 其方甚奇 非世之所聞也 吾年中時[2] 嘗欲受其方 楊中倩[3]不肯 曰 若非其人也 胥與公往見之[4] 當知公喜方也 其人亦老矣 其家給富

① 閒處한처

정의 앞 글자 閒의 발음은 '한閑'이고, 뒷 글자는 處의 발음은 '처[昌汝反]'이다.

上音閑 下昌汝反

② 年中時연중시

색은 살펴보니 연중年中은 중년 때를 이른다. 중년은 또한 장년이다. 옛 사람의 말은 본래 그러하다.

案 年中謂中年時也 中年亦壯年也 古人語自爾

③ 楊中倩양중천

색은 倩의 발음은 '천[七見反]'이다. 양중천은 사람의 성명이다.

倩音七見反 人姓名也

④ 胥與公往見之서여공왕견지

집해 서광이 말했다. "서胥는 수須라는 말과 같다."

徐廣曰 胥猶言須也

당시에는 가지 못했는데, 마침 양경의 아들 은殷이 말을 바치러
와서 스승 공손광을 통하여 왕에게 말을 바치게 되었습니다. 저
는 이 때문에 은과 친하게 되었습니다. 공손광 또한 은에게 저를
부탁해서 '순우의는 의술①을 좋아하니 그대는 반드시 그를 신중
하게 대우하라. 그 사람은 성인의 도를 흠모하는 선비이다.②'라고
말했습니다. 그리고 곧장 편지를 써서 저를 양경에게 부탁했는데,
그 때문에 양경을 알게 되었습니다. 신이 양경을 공경스럽게 섬기
자 이 때문에 저를 총애하게 되었습니다."

時者未往 會慶子男殷來獻馬 因師光奏馬王所 意以故得與殷善 光又
屬意於殷曰 意好數① 公必謹遇之 其人聖儒② 卽爲書以意屬陽慶 以故
知慶 臣意事慶謹 以故愛意也

① 數수

색은 數의 발음은 '수[色句反]'이다. 술수를 좋아함을 이른다.

數 色句反 謂好術數也

② 儒유

순우의가 유자의 덕이 있고 성인의 도를 흠모하므로 성유聖儒라고 이른다고 말한 것이다.

言意儒德 慕聖人之道 故云聖儒也

순우의에게 물었다.

"관리나 백성 중에 일삼아 그대의 의술을 배운 자가 있는가? 또 그대의 의술을 모두 터득해서 마친 자가 있는가? 있다면 어느 현 어느 마을 사람인가?"

순우의가 대답했다.

"임치 사람 송읍宋邑①이 있습니다. 송읍이 와서 의술을 배울 때 신은 한 해 남짓 오장五臟의 맥을 진찰하는 법②을 가르쳤습니다. 또 제북왕濟北王이 태의太醫 고기高期와 왕우王禹③를 보내서 신에게 배우게 했습니다. 신은 경맥經脈의 높고 낮음과 기락결奇絡結④을 가르치고 수혈腧穴⑤이 있는 곳을 논했으며, 기氣가 오르는 것과 내리는 것, 들고 나는 것, 사기邪氣와 정기正氣, 거역하고 따르는 것에 해당하는 곳까지 미쳤으며, 침석으로 마땅한 것과 침을 놓고 뜸을 뜨는 곳을 정하는 것에 관해 1년 남짓 가르쳤습니다.

問臣意曰 吏民嘗有事學意方 及畢盡得意方不 何縣里人 對曰 臨菑人 宋邑① 邑學 臣意教以五診② 歲餘 濟北王遣太醫高期王禹③學 臣意教 以經脈高下及奇絡結④ 當論腧⑤所居 及氣當上下出入邪〔正〕逆順 以 宜鑱石 定砭灸處 歲餘

① 邑읍

[집해] 서광이 말했다. "다른 판본에는 '곤昆'으로 되어 있다."

徐廣曰 一作昆

② 五診오진

[정의] 오장五藏의 맥을 진찰하는 것을 이른다.

謂診五藏之脈

③ 禹우

[집해] 서광이 말했다. "다른 판본에는 '우齲'로 되어 있다."

徐廣曰 一作齲

④ 奇絡結기락결

[정의] 《황제소문》에서 말한다. "기경 팔맥이 편안하게 오갈 때 한 번은 멈추었다가 다시 오는 것을 결結이라고 한다."

素問云 奇經八脈 往來舒時 一止而復來 名之曰結也

⑤ 兪수

[정의] 兪의 발음은 '슈[式喻反]'이다.

式喻反

치천왕菑川王 때는 태창太倉의 마장馬長 풍신馮信을 보내 바른 의술을 요구해서 신은 진찰법과 역순逆順을 가르치고 약법을 논해 오미五味와 화제탕법和齊湯法을 정해주었습니다. 또 고영후高永侯의 가승家丞 두신杜信이 진맥법을 좋아해서 와 배웠는데, 신은 상하경맥上下經脈과 오장의 진단법을 2년여 동안 가르쳤습니다. 임치臨菑의 소리召里에 사는 당안唐安이 와서 배웠는데, 신은 오장의 진맥법과 상하경맥과 기해술奇咳術과 사계절四季節에 음과 양이 응하는 중요함을 가르쳤는데, 성취하지 못하고 제수되어 제왕齊王의 시의侍醫가 되었습니다."

순우의에게 물었다.

"질병을 진찰하고 생사를 판단하는데 능히 완전했고 실수한 것은 없었는가?"

순우의가 대답했다.

"신은 병이 든 자를 치료하는 데 반드시 먼저 그의 맥을 짚어 본 뒤에야 치료합니다. 맥이 무너지고 거스르는 자는 치료하지 못했으나 그 맥이 순행하는 자는 모두 치료했습니다. 마음으로 맥을 보는데 정밀하지 못하면 생사를 기약하는 일과 치료할 수 있는지 살피는 일에 때때로 실수합니다. 신은 전능全能하지는 못합니다."

菑川王時遣太倉馬長馮信正方 臣意敎以案法逆順 論藥法 定五味及和齊湯法 高永侯家丞杜信 喜脈 來學 臣意敎以上下經脈五診 二歲餘 臨菑召里唐安來學 臣意敎以五診上下經脈 奇咳 四時應陰陽重 未成 除爲齊王侍醫 問臣意 診病決死生 能全無失乎 臣意對曰 意治病人 必先

切其脈 乃治之 敗逆者不可治 其順者乃治之 心不精脈 所期死生視可
治 時時失之 臣意不能全也

태사공은 말한다.

여인은 아름답거나 추하거나 궁중에 살게 되면 시샘을 당하고, 선
비는 현명하거나 불초하거나 조정에 들어가면 의심을 받는다. 그
러므로 편작은 그의 기술로 재앙을 당했고, 창공은 종적을 감추고
숨었는데도 형벌을 받았다. 창공의 딸 제영緹縈이 문제에게 편지
를 통했으므로 아버지는 뒤에 편안할 수 있었다. 그러므로《노자》
에서 말하기를 '아름답고 좋은 것은 상서롭지 못한 그릇이다.'라고
했다. 어찌 편작 등만을 이른 것이겠는가? 창공 같은 자들도 가히
이에 가깝다고 이를 만하다.

太史公曰 女無美惡 居宮見妒 士無賢不肖 入朝見疑 故扁鵲以其伎見
殃 倉公乃匿迹自隱而當刑 緹縈通尺牘 父得以後寧 故老子曰 美好者
不祥之器 豈謂扁鵲等邪 若倉公者 可謂近之矣

[색은술찬] 사마정이 펼쳐서 밝히다.

상지수上池水의 비밀스러운 의술은 장상군이 전했다. 처음 조간자에게 맥
의 조짐이 있어 균천에서 꿈꾸고 있음을 알았다. 괵태자에게 진맥할 것을
말하고 시궐임을 진단하여 일으켰다. 창공은 속죄되었고 양경은 현명한
자에게 전수했다. 증험을 통해 얻은 많은 증상을 법식에 따라 이 편에

갖추어 놓았구나!

上池祕術 長桑所傳 始候趙簡 知夢鈞天 言占虢嗣 尸蹷起焉 倉公瀆罪 陽慶推
賢 效驗多狀 式具于篇

◎ 아래의 글은 장수절張守節이 병을 진단하는데 관련한 장기의 형체, 크
기, 길이, 함량, 중량 기맥氣脈 등을 《갑을경》 등 의전醫典을 바탕으로 보
편화하고 자신의 지식을 동원하여 기록하여 본 열전 마지막 부분에 실
어 놓았다.

위胃의 크기는 1척 5촌, 지름 5촌, 길이 2척 6촌, 가로 1척으로
물과 음식 3두 5승을 받아들이고 그 안에는 늘 음식 2두, 물 1두
5승이 남아 있다. 무릇 사람이 먹으면, 입으로 들어가서 위 안에
모이고 음식이 소화되어 소장으로 옮겨져 들어간다. 소장은 크기
가 2촌 반, 직경 8과 1/3푼, 길이 3장 2척으로 음식은 2두 4촌,
물은 6승 3과 2/3홉을 받아들인다.

회장回腸은 소장小腸이며 음식을 받아서 대장大腸에 전해져 들어
가는 것을 말한다. 크기는 4촌, 직경 1촌 반, 길이 2장 2척으로 음
식은 1두, 물은 7되 반을 받아들인다. 광장廣腸은 크기가 8촌, 직
경 2촌 반, 길이 2척 8촌으로 음식 9승 3과 1/8홉을 받는다. 그
러므로 장과 위는 무릇 길이가 5장 8척 4촌으로, 받아들이는 물
과 음식의 총량이 8두 7승 6과 1/8홉인데, 이것은 장과 위의 길이
와 물과 음식을 받는 수량이다. 《갑을경》에는 "장과 위는 길이가

무릇 1장 6척 4촌 4푼이다."라고 해 입부터 장까지를 헤아렸다. 이는 직경으로 위부터 장까지를 헤아렸기 때문에 짧은 것이다.

胃大一尺五寸 徑五寸 長二尺六寸 横尺 受水穀三斗五升 其中常留穀 二斗 水一斗五升 凡人食 入於口而聚於胃中 穀熟 傳入小腸也 小腸大 二寸半 徑八分分之少半 長三丈二尺 受穀二斗四升 水六升三合合之 大半 回腸(小)〔大〕腸 謂受穀而傳入於大腸也 大四寸 徑一寸半 長二丈 二尺 受穀一斗 水七升半 廣腸大八寸 徑二寸半 長二尺八寸 受穀九升 三合八分合之一 故腸胃凡長五丈八尺四寸 合受水穀八斗七升六合八 分合之一 此腸胃長短受水穀之數也 甲乙經 腸胃凡長丈六尺四寸四分 從口至腸而數之 此徑從胃至腸而數之 故短也

간肝의 중량은 4근 4냥으로 왼쪽 3엽, 오른쪽 4엽 모두 7엽으로 혼을 간직하는 일을 주관한다. 간은 줄기이다. 오행으로는 목木이 되고, 그 간의 형체는 가지와 줄기를 가지고 있다. 간의 신은 7인 으로 노자는 "(그들이 사는 곳을) 명당궁 난대부라고 이름했다. 그곳 의 종사관은 3,600인이다."라고 하고, 또 이르기를 "간의 신 6인 은 동자 3인 여자 3인이다."라고 했다.

심장心臟의 중량은 12냥으로 그 안에는 7개의 구멍이 있고 3가닥 의 털이 있다. 담즙 3홉을 담으며 신을 간직하는 일을 주관한다. 심장은 끝이 뾰족한 모양으로 섬세함을 나타내는 곳이다. 그들 의 신은 9인으로 태위공은 (그들이 사는 곳을) 강궁이라고 이름하였 다. 태시, 남극노인, 원광의 몸으로 그곳의 종사관은 3,600인이다.

또 제왕으로 몸의 왕이 된다. 비장脾腸의 무게는 2근 3량, 한쪽
넓이는 3촌, 길이는 5촌이며 산고散膏가 반근이 있으며 오장에
피를 따뜻하게 하는 것을 주관하고 생각을 간직하는 것을 주관
한다. 비장은 돕는 것이다. 돕는 기운이 있어 음식을 소화시키는
것을 관장한다. 그 신을 일러 '광옥여자모光玉女子母'라고 하는데,
그곳의 종사관은 3,600인이다.

肝重四斤四兩 左三葉 右四葉 凡七葉 主藏魂 肝者 幹也 於五行爲木 其
體狀有枝幹也 肝之神七人 老子名曰明堂宮 蘭臺府 從官三千六百人
又云肝神六 童子三 女子三 心重十二兩 中有七孔 三毛 盛精汁三合 主
藏神 心 纖也 所識纖微也 其神九 太尉公名曰絳宮 太始南極老人員光
之身 其從官三千六百人 又爲帝王 身之王也 脾重二斤三兩 扁廣三寸
長五寸 有散膏半斤 主(裏)〔裏〕血溫五藏 主藏意 脾 裨也 在助氣 主化
穀 其神云光玉女子母 其從官三千六百人也

폐肺의 중량은 3근 3냥인데 6엽과 2귀로 모두 8엽이며, 혼백을
간직하는 것을 주관한다. 폐肺는 살별 모양이다. 그 기운이 왕성
한 것을 말한다. 이 때문에 짧지만 울창하다. 그곳에는 신이 8인
인데, (그들이 사는 곳을) 태화군이 옥당궁 상서부라고 이름했다. 그곳
의 종사관은 3,600인이다. 또 이르기를 폐의 신 14인은 동자 7인,
여자 7인이다.

신腎은 2개가 있는데 중량이 1근 1냥으로 뜻을 간직하는 것을 주관
한다. 신腎은 끌어들이는 것이다. 신장은 물에 속하는데 수기를

끌어들이는 것을 주관하고 모든 맥에 물을 대준다. 그곳의 신은 6인으로 사도, 사공, 사명, 사록, 사예교위, 위경이다.

쓸개는 간肝의 단엽 사이에 있는데, 중량은 3냥 3수이며 담즙 3홉을 담는다. 담膽은 과감함이니, 사람이 담력이 있으면 과감할 수 있음을 말한 것이다. 그곳의 신은 5인으로 태일도군이 자방궁 안에 살고 그곳의 종사관은 3,600인이다.

肺重三斤三兩 六葉兩耳 凡八葉 主藏魂魄 肺 孛也 言其氣孛 故短也 鬱也 其神八人 太和君名曰玉堂宮 尙書府 其從官三千六百人 又云肺神十四 童子七 女子七也 腎有兩枚 重一斤一兩 主藏志 腎 引也 腎屬水主引水氣 灌注諸脈也 其神六人 司徒司空司命司錄司隷校尉尉卿也 膽在肝之短葉閒 重三兩三銖 盛精汁三合 膽 敢也 言人有膽氣而能果敢也 其神五人 太一道君居紫房宮中 其從官三千六百人也

위胃는 중량이 2근 14냥으로 얽혀 구부러지고 숙였다가 펴져 있다. 길이는 2척 6촌, 크기는 1척 5촌, 직경 5촌, 음식 2두, 물 1두 5촌을 받아들인다. 위는 둘러쌈이니, 음식물을 받아 둘러싼 것을 말한다. 그곳은 신이 12인으로 오원五元의 기와 간의대부이다. 소장小腸은 중량이 2근 14냥으로 길이가 3장 2척, 넓이가 2촌 반, 직경이 8과 1/3푼, 돌면서 쌓인 것이 16곡이며 음식 2두 4승, 물 6승 3과 2/3홉을 담는다. 장은 퍼지는 것이다. 위의 기가 퍼져서 통하는데, 오불을 끌고 가 버림을 말한다. 그곳의 신은 2인으로 원량사자이다. 대장大腸은 중량이 3근 12냥, 길이가 2장 1척, 넓이가

4촌, 직경이 1촌 반으로 어울려 가지런히 하여 오른쪽으로 16굽이를 돌며 음식 1두, 물 7승 반을 담는다. 대장大腸은 곧 회장迴腸이다. 그것은 돌아 굽어서 이로 인해 이름한 것이다. 그곳의 신은 2인으로 원량사자이다.

胃重二斤十四兩 紆曲屈申 長二尺六寸 大一尺五寸 徑五寸 盛穀二斗 水一斗五升 胃 圍也 言圍受食物也 其神十二人 五元之氣 諫議大夫也 小腸重二斤十四兩 長三丈二尺 廣二寸半 徑八分分之少半 迴積十六 曲 盛穀二斗四升 水六升三合合之大半 腸 暢也 言通暢胃氣 牽去穢也 其神二人 元梁使者也 大腸重三斤十二兩 長二丈一尺 廣四寸 徑一寸 半 當齊 右迴十六曲 盛穀一斗水七升半 大腸卽迴腸也 其迴曲 因以名 之 其神二人 元梁使者也

방광은 중량이 9냥 2수, 세로 넓이가 9촌으로 오줌 9승 9홉을 담는다. 방胯은 가로지르는 것이고, 광胱은 넓은 것이다. 형체가 짧으며 또 포胞라고 이름한다. 포는 빈 곳으로, 빈 곳에 수액을 받는 것을 주관한다. 입은 넓이가 2촌 반, 입술에서 이까지 이르는 길이가 9푼이다. 이 이후부터 회압에 이르는데 깊이가 3촌 반이며 크기는 5홉을 수용한다. 혀는 중량이 10냥, 길이가 7촌, 넓이가 2촌 반이다. 혀는 새는 것이니, 언어를 펼쳐 새어나가게 할 수 있음을 말한다. 인문咽門은 중량이 10냥, 넓이가 2촌 반, 위에 이르기까지 길이가 1척 6촌이다. 인咽은 삼키는 것이니, 음식물을 삼키는 것을 말한다. 또 인咽이라고도 한다. 지기地氣를 주관하니, 위胃는 토土가 되기 때문에 지기를 주관한다고 이르는 것이다.

목구멍[喉嚨]은 중량이 12냥이고 넓이가 2촌, 길이가 1척 2촌에 9개의 마디이다. 후롱喉嚨은 공허함이니, 그 안이 비어서 기와 숨을 통할 수 있는 것을 말한다. 심장과 폐가 이어지는 호흡의 도로이다. 후롱喉嚨과 인咽은 통용되나 실제는 둘이 서로 달라서 사람들은 많은 의혹을 가진다. 항문은 중량이 12냥이고 크기가 8촌, 직경이 2와 2/3촌, 길이가 2척 8촌, 음식은 9승 3홉 8푼과 1/8홉을 받아들인다. 항肛은 수레바퀴 통쇠이다. 그것이 처한 곳이 수레바퀴 통쇠와 비슷해서 하는 말로 이 때문에 강문釭門이라고도 말한다. 곧 광장廣腸의 문이며 또 직장䐈腸이라고도 한다.

膀胱重九兩二銖 縱廣九寸 盛溺九升九合 膀 橫也 胱 廣也 體短而又名胞 胞 虛空也 主以虛承水液 口廣二寸半 脣至齒長九分 齒已後至會厭深三寸半 大容五合也 舌重十兩 長七寸 廣二寸半 舌 泄也 言可舒泄言語也 咽門重十兩 廣二寸半 至胃長一尺六寸 咽 嚥也 言咽物也 又謂之咽 主地氣 胃爲土 故云主地氣也 喉嚨重十二兩 廣二寸 長一尺二寸九節 喉嚨 空虛也 言其中空虛 可以通氣息焉 心 肺之系 呼吸之道路 喉嚨與咽竝行 其實兩異 而人多惑也 肛門重十二兩 大八寸 徑二寸太半 長二尺八寸 受穀九升三合八分合之一 肛 釭也 言其處似車釭 故曰釭門 卽廣腸之門 又名(䐈)〔䐈腸〕也

손에는 3양의 맥이 있는데, 손부터 머리까지 길이가 5척으로 5×6이 되어 총합이 3장이다. 한 손에 양이 3개가 있으니 양손은 양이 6개가 된다. 그러므로 5척×6=3장이 되는 것이다. 손에는 3음의 맥이 있는데, 손부터 가슴속까지 길이가 3척 5촌으로 3척×6=1장 8척, 5촌×6은 3척이 되어 총합이 2장 1척이 된다. 양손에 각각 3음이 있어 총합이 6음이다. 그러므로 3척×6은 1장 8척이라고 이르는 것이다.

발에는 3양의 맥이 있는데, 발부터 머리까지 길이가 8척으로 6×8척은 총합이 4장 8척이다. 양발에 각각 3양이 있으니 그러므로 6×8척은 4장 8척이라고 하는 것이다. 발에는 3음의 맥이 있는데, 발부터 가슴까지 길이가 6척 5촌으로 6×6척은 3장 6척과 6×5촌은 3척이니 총합이 3장 9척이다. 양발에 각각 3음이 있으니, 그러므로 6×6척은 3장 6척(6×5촌=3척을 더하면 3장 9척)인 것이다. 살펴보니 발의 태음과 소음은 모두 혀 아래까지 그 음이 정상에 이른다. 지금 가슴 안까지 이르렀다고 말하는 것은 아마 그것이 서로 접하는 순서에서 의거했을 것이다. 사람의 양발에서 교맥은 발부터 눈에 이르기까지 길이가 7척 5촌이니 2×7척은 1장 4척, 그리고 2×5촌은 1척으로 총합이 1장 5척이다. 임맥을 살피니 각각 길이가 4척 5촌으로 2×4척은 8척과 2×5촌은 1척으로 총합이 9척이다. 모든 맥의 길이가 16장 2척인데 이것은 이른바 12경맥의 장단長短 수가 된다.

手三陽之脈 從手至頭長五尺 五六合三丈 一手有三陽 兩手爲六陽 故云五六三丈 手三陰之脈 從手至胸中長三尺五寸 三六一丈八尺 五六三尺 合二丈一尺 兩手各有三陰 合爲六陰 故云三六一丈八尺

也 足三陽之脈 從足至頭長八尺 六八合四丈八尺 兩足各有三陽 故
曰六八四丈八尺也 足三陰之脈 從足至胸長六尺五寸 六六三丈六尺
五六三尺 合三丈九尺 兩足各有三陰 故云六六三丈六尺也 按 足太陰
少陰皆至舌下 厥陰至於項上 今言至胸中者 蓋據其相接之次者也 人
兩足蹻脈 從足至目長七尺五寸 二七一丈四尺 二五一尺合一丈五尺
督任脈各長四尺五寸 二四八尺 二五一尺 合九尺 凡脈長一十六丈二
尺也 此所謂十二經脈長短之數也

맥을 살피니 엄지발가락에서 일어나서 얼굴에 올라 입의 잇몸까지
이르는데, 이 맥이 그치지 않는 곳을 계산해보니 길이가 4척 5촌
으로 그 위는 풍부혈에서 극맥을 취했다고 말하는 것이 마땅하다.
손과 발은 12맥으로 24맥이 된다. 양 임맥과 교맥인 4맥을 아울러
살피면 도합 28맥이 되어서 28수와 호응한다. 모두의 길이가 16장
2척으로 혈기가 작용해서 두루 1수를 도는 것이 곧 일도이다. 촌구
에서 맥이 크게 모이면 손의 태음이 움직인다. 태음은 맥이 모이는
것이다. 폐는 모든 것을 간직하는 주인이어서 대개 음양이 통하는
것을 주관하지만, 이 때문에 12경맥이 모두 손의 태음에서 길흉을
결정하는 까닭이 된다. 12경맥에서 병이 생기는 것도 모두 촌구에서
어떤 경맥의 움직임이 부맥인지 침맥인지, 활맥인지 삽맥인지, 맥이
순조로운지 거역하는지를 알아내어 그 생사의 조짐을 아는 것이다.
사람이 한 번 숨을 내쉬면 맥은 3촌을 가고 한 번 숨을 들이쉬면
맥은 3촌을 가니 호흡해서 숨 쉬는 것을 안정시키면 6촌을 가게 된다.

12경맥과 15낙맥, 27기맥이 모두 촌구에서 징후가 나타나는데, 호흡에 따라 오르고 내리는 것에 있다. 숨을 내쉬면 맥이 위로 3촌을 행하고 숨을 들이쉬면 맥이 아래로 3촌을 행하는데, 27기맥이 모두 쫓아 상하로 행해서 쉴 때가 없다. 사람이 하루 밤낮으로 모두 1만 3,500번 숨을 쉬게 된다. 그래서 맥이 몸에서 50번을 행하여 두루 도는데, 물시계의 물이 하루 밤낮을 내리는 시간이 된다. 혈의 작용으로 양맥이 행한 것이 25도이고, 음맥이 행한 것이 25도이다. 1도는 (온몸을) 한 바퀴 두루 도는 것으로, 이 때문에 50도를 돌아다니며 손의 태음에서 모이게 된다.

督脈起於胲頭 上於面 至口齒縫 計此不止長四尺五寸 當取其上極於風府而言之也 手足各十二脈 爲二十四 幷督任兩蹻四脈 都合二十八脈 以應二十八宿 凡長十六丈二尺 營衞行周此數 則一度也 寸口 脈之大會 手太陰之動也 太陰者 脈之會也 肺 諸藏主 蓋主通陰陽 故十二經皆手太陰 所以決吉凶者 十二經有病 皆寸口 知其何經之動浮沈滑濇逆順 知其死生之兆也 人一呼脈行三寸 一吸脈行三寸 呼吸定息 脈行六寸 十二經 十五絡 二十七氣 皆候於寸口 隨呼吸上下 呼脈上行三寸 吸脈下行三寸 二十七氣皆逐上下行 無有息時 人一日一夜凡一萬三千五百息 脈行五十周於身 漏水下百刻 營衞行陽二十五度 行陰二十五度 度爲一周也 故五十度復會於手太陰

촌구란 오장육부가 끝나고 시작되는 곳이므로 촌구에서 기준을 삼는다. 사람이 1번 호흡하면 6촌, 100번 호흡하면 6장, 1,000번 호흡하면 60장, 1만 3,500번 호흡하면 총합이 810장이 된다. 양맥이 나와 25도를 행하고 음맥이 들어가서 25도를 행해서 양맥과 음맥이 나오고 들어가서 25도씩 행하는데, 음맥과 양맥이 호흡해서 되풀이하여 가며 돌다가 도수를 마친다. 맥이 온몸을 돌다가 마치면 곧 물시계에서 하루 밤낮을 물 내리는 것도 또한 마치게 된다. 그래서 하루 밤낮을 다하고 하늘이 밝아 해가 동쪽에서 뜨면 맥이 돌아와 촌구를 얻어서 마땅히 다시 시작하는 것을 이른다. 이 때문에 촌구란 오장육부가 끝나고 시작한다는 것이다.

폐의 기는 코와 통하니 코가 조화로우면 냄새와 향기를 알게 된다. 간의 기는 눈과 통하니 눈이 조화로우면 흑백을 알게 된다. 비장의 기는 입과 통하니 입이 조화로우면 음식의 맛을 알게 된다. 심장의 기는 혀와 통하니 혀가 조화로우면 오미를 알게 된다. 신장의 기는 귀와 통하니 귀가 조화로우면 오음이 들리게 된다. 오장이 조화롭지 못하면 구규가 통하지 못한다. 육부가 조화롭지 못하면 머물러 악창이 된다.

寸口者 五藏六府之所終始 故法於寸口也 人一息行六寸 百息六丈 千息六十丈 一萬三千五百息合爲八百一十丈 陽脈出行二十五度 陰脈入行二十五度 陰陽出入行二十五度 陰陽呼吸覆行周畢度數也 脈行身畢 卽水下百刻亦畢 謂一旦夜刻盡 天明 日出東方 脈還得寸口 當更始也 故寸口者 五藏六府之所終始也 肺氣通於鼻 鼻和則知臭香矣 肝氣通於目 目和則知白黑矣 脾氣通於口 口和則知穀味矣 心氣通於舌 舌和則知五味矣 腎氣通於耳 耳和則聞五音矣 五藏不和 則九竅不通 六府不和 則留爲癰也

사기 제 106권 史記卷一百六

오왕비열전 吳王濞列傳

신주 오왕吳王 유비劉濞(서기전 215~서기전 154)는 한고조漢高祖의 형인 유중劉仲의 아들이다. 서기전 195년에 오왕이 되어 3개 군 53개 성을 다스렸다. 오나라 관내에 구리광산이 있어 몰래 돈을 주조하였고, 바닷물을 끓여 소금을 만들어 백성들로부터 세금을 걷지 않아도 재정은 풍부하였다. 효문제孝文帝 때 오나라 태자 유현劉賢이 장안에 들어가 황태자와 함께 음주를 하며 육박六博 놀이를 하다가 다투어 죽임을 당하였다. 이후 오왕 유비는 이를 원망하며 차츰 병을 핑계로 입조하지 않았다.

효경제孝景帝 3년(서기전 154)에 황제가 어사대부御史大夫 조조晁錯의 건의를 받아들여 제후국(오吳, 초楚, 조趙, 교서膠西 등)의 봉지를 삭감하자 오왕 유비는 초楚, 교서膠西, 교동膠東, 치천淄川, 조趙, 제남濟南 등 6개 국과 함께 조조를 토벌한다는 명분으로 난을 일으켰다. 오왕은 초나라와 함께 양梁나라의 극벽棘壁을 격파하였으나 양효왕梁孝王(?~서기전 144)은 한안국韓安國 등을 장군으로 삼아 수양睢陽을 지키며 방어하였다. 한나라 태위太尉 주아부周亞夫의 군대는 양나라의 서북쪽인 창읍昌邑(현 산동성 거야현巨野縣 지역)에 주둔했다. 주아부가 양나라와 오·초연합군의 싸움을 보다가 오·초연합군의 군량이 소진되었을 때 공격하자 오·초연합군은 대패하였다. 오왕 유비는 남은 병사와 함께 장강長江을 건너 단도丹徒로 달아나 반란에 협조한 동월군東越軍에 몸을 의탁하였으나 한나라에서 동월에 사람을 보내 계략을 쓰자 동월의 군사들이 오왕을 죽였다. 함께 난을 일으켰던 초왕, 교서왕, 교동왕, 치천왕, 제남왕, 조왕 등도 모두 자살하거나 죽임을 당했다. 오나라 왕자 자화子華와 자구子駒 는 민월閩越(현 복건성 지역)로 달아났다. 후에 자구子駒는 아버지(오왕 유비) 를 죽인 동월을 원망하며 민월에게 동월을 공격하도록 하였다. 이에 동월 은 한 임금에게 구원을 요청하였고 한나라의 장조莊助가 회계會稽의 군사 로 동월을 구원했고, 유비가 이끌던 오왕 비 및 그의 가계家系는 역사 속 으로 사라졌다.

반란의 조짐

오왕吳王 유비劉濞[①]는 한고제의 형 유중劉仲[②]의 아들이다. 고제
가 이미 천하를 평정하고 7년[③]에 유중을 세워 대왕代王으로 삼
았다. 그 후 흉노가 대代를 공격하자 유중은 굳게 지켜내지 못하
고 나라를 버리고 도망하여 샛길로[④] 낙양雒陽으로 달려 들어와
스스로 천자에게 돌아왔다. 고제는 그와 혈육인 까닭에 차마 법
대로 처벌하지 못하고 왕위를 폐하고 합양후郃陽侯[⑤]로 삼았다.

吳王濞[①]者 高帝兄劉仲[②]之子也 高帝已定天下七年[③] 立劉仲爲代王 而
匈奴攻代 劉仲不能堅守 棄國亡 間行[④]走雒陽 自歸天子 天子爲骨肉故
不忍致法 廢以爲郃陽侯[⑤]

① 濞비

[색은] 살펴보니 팽澎은 '비濞'이다. 濞의 발음은 '퓌[披位反]'이다.

案 澎濞字也 音披位反

② 劉仲유중

[집해] 유중의 이름은 희喜이다.

徐廣曰 仲名喜

③ 七年칠년

신주 《한서》〈고제기〉에는 고제 6년으로 기록하고 있다.

④ 閒行간행

색은 홀로 가다 다른 길을 따라 도주함을 이른다. 閒의 발음은 '간[紀閑反]'이다.

謂獨行從他道逃走 閒音紀閑反

⑤ 郃陽侯합양후

색은 〈지리지〉에 "풍익현의 이름이다."라고 했다. 합수의 북쪽에 있다. 郃의 발음은 '합'이다.

地理志馮翊縣名 在郃水之陽 音合

정의 합양의 고성은 동주 하서현 남쪽 30리에 있다.

郃陽故城在同州河西縣南三十里

고제 11년[1] 가을, 회남왕淮南王 영포英布가 반란을 일으켰다. 동쪽으로 형荊 땅을 병합하고 형 땅의 군사를 겁박했으며 서쪽으로 회수淮水를 건너 초나라를 공격하자, 고제는 친히 군사를 거느리고 그를 토벌하러 갔다. 유중의 아들 패후沛侯 유비劉濞는 나이가 스무 살이었다. 강건하고 힘이 있어 기마부대 장군으로 종군하여 영포의 군대를 기현蘄縣 서쪽 회추會甀[2]에서 격파하니 영포는 달아났다.

이때 형왕荊王 유가劉賈가 영포에게 죽임을 당했는데 그에게는 후
사가 없었다. 고제는 오吳와 회계 땅의 사람들이 민첩하고 사나워
서 이들을 제압할③ 만한 힘이 있는 왕이 없음을 근심했다. 고제
의 여러 아들들은 아직 어렸기 때문에 유비를 패沛 땅에 세워 오
왕으로 삼고④ 3군郡 53성을 통치하게 했다.

高帝十一年①秋 淮南王英布反 東幷荊地 劫其國兵 西度淮 擊楚 高帝
自將往誅之 劉仲子沛侯濞年二十 有氣力 以騎將從破布軍蘄西 會甀②
布走 荊王劉賈爲布所殺 無後 上患吳會稽輕悍 無壯王以塡③之 諸子少
乃立濞於沛爲吳王④ 王三郡五十三城

① 高帝十一年고제십일년

신주 서기전 196년이다.

② 會甀회추

색은 지명이다. 기현의 서쪽에 있다. 會의 발음은 '개[古兌反]'이고, 甀의
발음은 '추錘'이다.

地名也 在蘄縣之西 會音古兌反 甀音錘

③ 塡진

색은 塡의 발음은 '진鎭'이다.

塡音鎭

④ 爲吳王위오왕

집해 서광이 말했다. "한고제 12년 10월 신축일이다."

徐廣曰 十二年十月辛丑

고제가 왕의 도장을 수여하고 난 뒤에 유비劉濞를 불러 그의 관상을 보고 말했다.

"너의 얼굴에 모반의 상이 있구나."

내심으로 후회했으나 이미 왕으로 봉한 뒤라서 그의 등을 가볍게 두드리며① 말했다.

"한漢나라에 앞으로 50년 사이에 동남쪽에서 난을 일으키는 자가 있다면② 설마 너는 아니겠지? 그러나 천하는 모두 유씨 성姓의 집안이니, 절대로 모반하지 않도록 하라!"

유비는 머리를 조아리며 말했다.

"감히 그런 일은 없을 것입니다."

已拜受印 高帝召濞相之 謂曰 若狀有反相 心獨悔 業已拜 因拊①其背 告曰 漢後五十年東南有亂者② 豈若邪 然天下同姓爲一家也 愼無反 濞 頓首曰 不敢

---

① 拊부

색은 拊의 발음은 '무撫'이다.

拊音撫

② 漢後五十年東南有亂者한후오십년동남유란자

서광이 말했다. "한나라 원년부터 경제 3년 반란이 일어나기까지 53년이다." 살펴보니 응소는 "50년이라는 기간을 정한 것은 점치는 자가 알려준 것이다. 마치 진시황제가 동쪽으로 순방하다가 꺼림직한 마음이 들었는데, 후에 유방과 항우가 동남쪽에서 군사를 일으킨 것과 같다." 라고 하였으니, 그런 듯하다. 여순이 말했다. "그 저축한 것이 난을 위해 쓰는데 충분하고, 또 오나라와 초나라는 대대로 빈복(천자에게 공물을 바치지 않음)이 되지 않았음을 헤아린 것이다."

徐廣曰 漢元年至景帝三年反 五十有三年 駰案 應劭曰 克期五十 占者所知 若秦始皇東巡以厭氣 後劉項起東南 疑當如此耳 如淳曰 度其貯積足用爲難 又吳楚世不賓服

색은 살펴보니 응씨의 뜻, 50년 이후에 동남쪽에서 난이 있을 것이라는 말은 본래 점치는 자가 말한 바로 고조가 평소 이 말을 듣고 이전의 난이 종식되지 않아 후에 재앙이 다시 발생할 것이 두려워서, 이러한 말을 하여 다시 유비를 경계하였다는 것이다. 여순의 설도 사리에 부합한다.

案 應氏之意 以後五十年東南有亂 本是占氣者所說 高祖素聞此說 自以前難未弭 恐後災更生 故說此言 更以戒濞 如淳之說 亦合事理

한나라 혜제와 고후 때에 이르러서 천하가 비로소 안정되었다. 군국郡國의 제후들은 각각 스스로 순회하여 자기 백성들을 위로하는 데 힘썼다. 오나라 예장군豫章郡[1]에 구리 광산이 있어 유비는 곧 천하의 망명한 자들을 불러오도록 하여 몰래 돈을 주조했고,

바닷물을 끓여 소금을 만들었다. 이 때문에 세금을 부과하지 않아도 나라 재용財用이 풍족했다.②

효문제 때 오나라 태자③가 천자를 알현하고 황태자④를 모시고 술을 마시며 육박六博놀이⑤를 했다. 오나라 태자의 스승들은 모두 초나라 출신으로 경박하고 사나웠으며, 오나라 태자 자신도 천성이 교만했다. 이에 육박놀이를 하는데 규칙을 따지고 공손하지 못하자 황태자가 육박판을 오나라 태자에게 집어 던져⑥ 그를 죽여 버렸다. 그리하여 오나라로 시신을 돌려보내어 장례를 치르도록 했다.

會孝惠高后時 天下初定 郡國諸侯各務自拊循其民 吳有豫章郡①銅山
濞則招致天下亡命者(益)〔盜〕鑄錢 煮海水爲鹽 以故無賦 國用富饒②
孝文時 吳太子③入見 得侍皇太子④飮博⑤ 吳太子師傅皆楚人 輕悍 又
素驕 博 爭道 不恭 皇太子引博局提⑥吳太子 殺之 於是遣其喪歸葬

① 豫章郡예장군

집해 지금의 고장이다.

韋昭曰 今故鄣

색은 살펴보니 장군은 후에 고쳐 고장이라고 했다. 혹자는 "예장이라고 일컬은 것은 연자이다."라고 했다.

案 鄣郡後改曰故鄣 或稱豫章爲衍字也

정의 《괄지지》에서 말한다. "진나라가 천하를 겸병하여 장군을 설치했다. 지금의 호주 장성현 서남쪽 80리의 고장성이 이곳이다." 동산은 지금의 선주에서 윤주에 이르는 곳에 구용현이 있는데, 장군과 아울러

고장故章에 속한다.

括地志云 秦兼天下 以爲鄣郡 今湖州長城縣西南八十里故章城是也 銅山 今宣
州及潤州句容縣有 竝屬章也

② 國用富饒국용부요

[집해] 여순이 말했다. "돈을 주조하고 소금을 끓여 만들었는데, 그 이
익을 거두어서 나라 재용에 충족했다. 이 때문에 백성들에게 세금을 부
과하지 않았다."

如淳曰 鑄錢煮鹽 收其利以足國用 故無賦於民

[정의] 생각컨대 몰래 돈을 주조하고 나서 어떻게 그 이익을 거두어 나
라 재용에 충족했겠는가. 오나라 백성들에게 또한 어찌 세금을 부과하지
않을 수 있었겠는가. 이와 같은 말은 잘못된 것이다. 오나라 산에 구리가
나왔기에 백성들은 대부분 몰래 돈을 주조했으며 해수를 끓여 소금을
만들었으니, 산과 바다에서 나온 이익에 대해 세금을 부과하지 않은 것
이다. 이 때문에 세금을 부과하지 않았다고 한 것으로, 그 백성에게 세금
을 부과하지 않았다는 것은 나라 재용이 곧 풍부했음을 말한 것이다.

按 旣盜鑄錢 何以收其利足國之用 吳國之民又何得無賦 如說非也 言吳國山旣
出銅 民多盜鑄錢 及煮海水爲鹽 以山海之利不賦之 故言無賦也 其民無賦 國
用乃富饒也

③ 吳太子오태자

[색은] 요씨가 살펴보니《초한춘추》에서 말한다. "오나라 태자 이름은
현이고, 자는 덕명이다."

姚氏案 楚漢春秋云 吳太子名賢 字德明

④ 皇太子황태자

유계劉啓이다. 효문제가 붕어한 후 황제에 즉위하였는데, 이이가 효경제孝景帝이다.

⑤ 博박

신주 육박六博놀이를 말한다. 우리나라 전통 윷놀이처럼 여섯 개의 윷가락을 던지는 중국의 전통 놀이다.

⑥ 提제

색은 提의 발음은 '제啼'이다. 또한 '저底'나 '제弟'로 발음한다.

提音啼 又音底 又音弟

태자의 시신이 오나라에 당도하자, 오왕 유비劉濞는 원망하며① 말했다.

"천하가 모두 같은 유씨 집안인데 장안長安에서 죽었으면 장안에서 장례를 지내야지, 무엇 때문에 꼭 이곳에서 장례를 치르게 한다는 말인가!"

그러고는 태자의 시신을 다시 장안으로 보내어 장례를 치르도록 했다. 오왕은 그 일로 인해 점차 번신藩臣의 예를 지키지 않게 되었고, 병을 핑계 삼아 입조入朝도 하지 않았다.

조정 대신들은 그가 자식이 죽은 일 때문에 병을 핑계로 입조하지 않는 것으로 알고, 조사해보니 사실 병이 아니었으며 오나라에서 사자들이 오면 그때마다 붙잡아 문책했다. 오왕은 두려운 마음에 더욱 심하게 음모를 꾸미게 되었다.

그 후 사람을 보내 추청秋請②을 하자 황제는 다시 오나라 사자를 문책했다. 오나라 사자가 대답했다.

"오왕은 실제로 병이 든 것이 아니며 한나라 조정에서 오나라 사신들 여럿을 붙잡아두고 문책하므로 두려워서 마침내 병이라고 핑계를 댄 것입니다. 무릇 '연못 속의 고기를 살피는 것은 상서롭지 못하다.③'라고 했습니다. 지금 왕이 처음에는 거짓으로 병이라고 했는데 조정에서 이 사실을 알고 심하게 문책을 받으니, 더욱 움츠리면서 황제께서 죽이지 않을까 두려워하며 어쩔 수 없이 꾀를 낸 것입니다. 바라옵건대 황제께서는 옛일은 잊으시고 오왕吳王이 새롭게 시작할 수 있게 기회를 주셨으면 합니다."

至吳 吳王慍①曰 天下同宗 死長安卽葬長安 何必來葬爲 復遣喪之長安葬 吳王由此稍失藩臣之禮 稱病不朝 京師知其以子故稱病不朝 驗問實不病 諸吳使來 輒繫責治之 吳王恐 爲謀滋甚 及後使人爲秋請② 上復責問吳使者 使者對曰 王實不病 漢繫治使者數輩 以故遂稱病 且夫察見淵中魚 不祥③ 今王始詐病 及覺 見責急 愈益閉 恐上誅之 計乃無聊 唯上棄之而與更始

① 慍은

정의 慍의 발음은 '운[於問反]'이다. 원망하는 것이다.

於問反 怨也

② 秋請추청

집해 응소가 말했다. "겨울에는 마땅히 중한 범죄를 처단하고 가을엔 먼저 청하여 그 죄의 경중을 가린다." 맹강이 말했다. "한나라 율법에 '봄에 황제께 인사하는 것을 조朝라 하고, 가을에 인사하는 것을 청請'이라 한다. 옛 제후가 때맞춰 천자나 맹주盟主를 알현하는 것과 같다." 여순이 말했다. "오나라 왕 유비가 갈 수 없어서 사신이 자신을 대신해 청례請禮에 보낸 것이다."

應劭曰 冬當斷獄 秋先請擇其輕重也 孟康曰 律 春曰朝 秋曰請 如古諸侯朝聘也 如淳曰 濞不得行 使人代己致請禮也

색은 請의 발음은 '정淨'이다. 맹강의 말이 옳다. 응소가 (겨울에는) 옥사를 결단하고 (가을에는) 먼저 청한다고 한 것은 어디에 근거한 말인지 모르겠다. 여순은 자기를 대신해 청에 보냈다고 했는데, 또한 이것도 억측의 말이다. 또 문文에 이르길 "사신에게 추청하게 했다."라고 했으니 사신에게 하게 했다고 말한 것은 추청의 예이다.

音淨 孟說是也 應劭所云斷獄先請 不知何憑 如淳云代己致請 亦是臆說 且文云 使人爲秋請 謂使人爲此秋請之禮也

③ 察見淵中魚 不祥찰견연중어 불상

집해 장안이 말했다. "인군人君은 마땅히 모든 아랫사람의 사사로움을 보지 말아야 함을 깨우쳐 준 것이다."

張晏曰 喻人君不當見盡下之私

색은 살펴보니 이 말은 《한비자》와 《문자》에 보인다. 위소가 말했다. "(왕이) 신하의 비밀을 알면 (신하가) 근심하게 되어 변란을 일으키니 상서롭지 못하게 된다. 따라서 죄를 용서해주어 스스로 새로워지게 해야 한다."

案 此語見韓子及文子 韋昭曰 知臣下陰私 使憂患生變 爲不祥 故當赦宥 使自新也

그래서 천자는 곧 오나라 사자들을 사면해 돌려보내고 오왕에게
는 궤장几杖을 하사하며[1] 연로하니 입조하지 않아도 된다고 했
다. 오왕은 죄를 사면받게 되어 모반할 생각도 점차 느슨해졌다.
그러나 그는 구리와 소금에서 나오는 이득으로써 나라를 다스린
까닭에 백성들에게는 세금을 부과하지 않았다.[2] 병역을 대신 복
무한 자[3]에게 그때마다 공정하게 대역금代役金[4]을 주었다. 매년
철따라 재능이 우수한 사람들에게 안부를 묻고 일반 백성들에게
도 상을 내렸다. 다른 군국郡國에서 관리가 와서 도망자를 체포하
고자 해도 그를 너그럽게 받아들여[5] 사신의 요구를 모두 금지하
고 넘겨주지 않았다. 40여 년 동안[6] 이처럼 하니, 이 때문에 그의
백성들을 잘 다스릴 수 있었다.

그 무렵 조조晁錯가 태자가령太子家令이 되어, 황태자의 총애를 받
게 되자, 그는 자주 태자를 종용하여 오나라가 지은 죄가 있으니
봉지를 삭감해야 한다고 말하도록 하였다. 자주 문제文帝에게도
글을 올려 권고하였으나 문제는 천성이 관대했기에 차마 오나라
에 벌을 내리지 않자 이에 오왕吳王은 더욱 교만해졌다.

於是天子乃赦吳使者歸之 而賜吳王几杖[1] 老 不朝 吳得釋其罪 謀亦
益解 然其居國以銅鹽故 百姓無賦[2] 卒踐更[3] 輒與平賈[4] 歲時存問茂
材 賞賜閭里 佗郡國吏欲來捕亡人者 訟共禁弗予[5] 如此者四十餘年[6]

> 以故能使其衆 晁錯爲太子家令 得幸太子 數從容言吳過可削 數上書
> 說孝文帝 文帝寬 不忍罰 以此吳日益橫

① 賜几杖사궤장

신주 왕조국가에서는 늙어서 벼슬을 물러나는 중신重臣에게 임금이
안석案席과 지팡이를 내려주었다.

② 百姓無賦백성무부

색은 살펴보니 오나라는 돈을 주조하고 해수를 끓여 만든 소금의 이익
이 있었다. 이 때문에 백성들에게 별도로 부역이나 세금을 부과하지 않
은 것이다.

按 吳國有鑄錢煮鹽之利 故百姓不別徭賦也

③ 卒踐更졸천경

집해 《한서음의》에서 말한다. "경졸更卒이 되어야 할 사람이 대신 돈
300문을 내는 것을 '과경過更'이라 이르고, 스스로 가서 (남대신) 경졸이
되는 것을 '천경踐更'이라 일렀다." 오왕은 민심을 얻고자 사졸이 된 자의
그 공적을 돌아보고, 곧바로 3개월마다 안정된 대역금을 쳐서 주었다. 후
한의 환제와 영제 때도 시작했던 바가 있었는데, 소부에서 백성들에게
돈을 빌려준 선례와 같이했다.

漢書音義曰 以當爲更卒 出錢三百文 謂之過更 自行爲卒 謂之踐更 吳王欲得
民心 爲卒者顧其庸 隨時月與平賈 如漢桓靈時有所興作 以少府錢借民比也

색은 살펴보니 한나라 율법에 졸경이 세 가지가 있는데, 천경, 거경,

과경이다. 이것은 천경을 말하는데, 그때마다 공정하게 대역금을 주었다
는 것인데, 천경을 위하여 적합하게 스스로 돈을 내었다고 일렀으니 지
금 왕이 민심을 얻고자 한 것이다. 이에 공정하게 대역금을 주는 데에는
관의 일을 빌려 했다.

案 漢律 卒更有三 踐更居更過更也 此言踐更輒與平賈者 謂爲踐更合自出錢
今王欲得人心 乃與平賈 官讎之也

정의 천경은 지금의 창경, 행경과 같으니 백성 스스로 병졸이 됨을 말
한다. 경에는 삼품이 있는데, 졸경, 천경, 과경이다. 옛날에 정졸은 일정
한 사람이 없었고 모두 교대로 해야 했다. 이것을 졸경이라 한다. 가난한
자가 대신 병졸이 되고 돈으로 받고자 하면 졸경으로 나아갈 자가 그를
찾아와 돈을 월 2,000문 내고, 대신하게 했다. 이것을 천경이라 한다. 천
하 사람들이 모두 직접 3개월 동안 변방에서 수자리를 하면서 또한 각
자 경졸이 되었다. 한나라 율법의 이른바 요수繇戌이다. 비록 승상의 아
들이라도 변방에 수자리로 징발함이 있으면 사람마다 스스로 3개월 동
안 수자리를 행하는데, 할 수 없으니 또한 수자리를 행해야 하는 자가
돈 300문을 내어 관청에 납입하고 관청은 수자리 하는 자에게 주었다.
이것을 과경이라고 한다. 이는 한나라 초에 진나라 제도에 따라서 시행
하다가 후에 적讁으로 고쳐서 곧 변방 수자리를 1년으로 했다.

踐更 若今唱更行更者也 言民自著卒 更有三品 有卒更 有踐更 有過更 古者正
卒無常人 皆當迭爲之 是爲卒更 貧者欲顧更錢者 次直者出錢顧之 月二千 是
爲踐更 天下人皆直戌邊三月 亦各爲更 律所謂繇戌也 雖丞相子亦在戌邊之調
不可人人自行三月戌 又行者出錢三百入官 官給戌者 是爲過更 此漢初因秦法
而行之 後改爲讁 乃戌邊一歲

신주 부역을 대신하는 사람에게 금전을 주는 제도이다.

④ 賈가

신주 賈는 '가價'(가격)라는 의미이다.

⑤ 訟共禁弗予송공금불여

집해 서광은 訟의 발음은 '송松'이라고 했다. 살펴보니 여순은 訟의 발음은 '공公'이라고 했다.

徐廣曰 訟音松 駰按 如淳曰訟 公也

정의 訟의 발음은 '용容'이다. 그가 서로 너그러운 마음으로 받아들이고 (사신의 요구를) 금하여 막고 넘겨주지 않았음을 말한다.

訟音容 言其相容禁止不與也

⑥ 四十餘年사십여년

정의 40여 년이란 태사공이 모두 오왕이 일생동안 행한 행사를 말한 것이다. 《한서》에는 '30여 년'으로 되어 있다. 반고는 그 말을 효문제 때 있었던 말로 보고 곧 10년을 감했는데, 이것은 반고가 그 사리를 깨닫지 못한 것이다.

言四十餘年者 太史公盡言吳王一代行事也 漢書作三十餘年 而班固見其語在孝文之代 乃減十年 是班固不曉其理也

효경제가 즉위하자 조조晁錯는 어사대부御史大夫가 되었다. 이에 황제를 설득해 말했다.

"옛날에 고제께서 처음 천하를 평정하셨을 때, 형제들은 적고

자제들은 아직 어려서 대체로 같은 유씨 성姓을 제후왕으로 봉했습니다. 이 때문에 얼자孽子 도혜왕悼惠王 유비劉肥①를 왕으로 삼아서 제나라 70여 성의 왕이 되게 했고, 고제의 서제庶弟 원왕元王 유교劉交를 초나라 40여 성의 왕이 되게 하였으며, 형의 아들 유비劉濞를 오나라 50여 성의 왕이 되게 했습니다. 이리하여 세 서얼을 봉했는데, 이에 분봉한 땅이 천하의 반을 차지합니다.

지금 오왕은 예전에 오나라 태자의 일로 생긴 간극間隙때문에 병을 사칭詐稱하고 입조도 하지 않고 있습니다. 옛 법에 따른다면 마땅히 주벌해야 하나, 문제께서 차마 처벌하지 못하시고 도리어 궤장几杖을 하사하셨습니다. 은덕이 지극히 두터우셨으니 마땅히 잘못을 고치고 스스로 새로운 사람이 되었어야 합니다. 그럼에도 오왕은 더욱 교만해져서 즉산②에서 돈을 주조하고 바닷물을 끓여 소금을 만들며 천하의 도망자들을 유인하여 반란을 도모하고 있습니다. 지금 그의 봉지를 삭감해도 모반하고 삭감하지 않아도 모반할 것입니다. 봉지를 삭감하면 그 반란의 시기는 빨라지겠지만 화는 적을 것이며,③ 삭감하지 않으면 반란의 시기는 느려지겠지만 그 화는 더욱 클 것입니다."

及孝景帝卽位 錯爲御史大夫 說上曰 昔高帝初定天下 昆弟少 諸子弱 大封同姓 故王孽子悼惠王①王齊七十餘城 庶弟元王王楚四十餘城 兄子濞王吳五十餘城 封三庶孽 分天下半 今吳王前有太子之郤 詐稱病 不朝 於古法當誅 文帝弗忍 因賜几杖 德至厚 當改過自新 乃益驕溢 卽山②鑄錢 煮海水爲鹽 誘天下亡人 謀作亂 今削之亦反 不削之亦反 削之 其反亟 禍小③ 不削 反遲 禍大

① 孽子悼惠王 얼자도혜왕

신주 유비劉肥를 가리킨다. 유비를 얼자라고 이른 것은 여후呂后와 혼인 전 조씨라는 여자와의 사이에서 태어났기 때문이다. 즉 조씨는 정비나 후비가 아니었기 때문에 유비를 얼자라고 한 것이다.

② 卽山 즉산

색은 살펴보니 즉산은 산 이름이다. 또 즉卽은 취就이다.

案 卽山 山名 又卽者 就也

③ 削之 其反亟 禍小 삭지 기반극 화소

신주 조조의 삭번책은 제후들의 세력을 약화시키는 계략이었다. 여기에서 봉지를 삭감하면 화가 적을 것이라고 말한 것은 오왕의 세력이 약화된 상태에서 난을 일으키게 되면 그만큼 진압하는데 용이하기 때문이다.

경제 전원 3년(서기전 154) 겨울, 초왕이 입조하자, 조조는 이 기회에 초왕 유무劉戊가 지난해 박태후의 상중喪中에 상주가 머무는 궁중①에서 사간한 죄를 물어 그를 처단하라고 청원했다. 경제는 조서를 내려 사면하였으나 벌로 동해군을 삭감했다. 이어 오나라 예장군, 회계군을 삭감했다. 또 경제 전원 2년에 조왕趙王 유수劉遂가 지은 죄가 있어② 조나라 하간군③을 삭감했다. 교서왕膠西王 유앙劉卬은 작위를 팔고 간음한 일이 있었기 때문에 그의 여섯 개 현을 삭감했다.

> 三年冬 楚王朝 晁錯因言楚王戊往年爲薄太后服 私姦服舍^① 請誅之 詔
> 赦 罰削東海郡 因削吳之豫章郡會稽郡 及前二年趙王有罪^② 削其河閒
> 郡^③ 膠西王卬以賣爵有姦 削其六縣

① 服舍복사

[집해] 복건이 말했다. "복사는 상주가 머무는 궁중에서 사간하는 것이
다."

服虔曰 服舍 在喪次 而私姦宮中也

② 趙王有罪조왕유죄

[신주] 유수가 조나라 왕이 된 지 26년 후에 조조가 죄에 연루시킨 것을
말한다. 이에 대한 불만으로 오초吳楚의 반란에 동조해 군사를 일으켰
다. 이를 진압하러 온 곡주후曲周侯 역기酈寄의 군대와 7개월 동안 항전
하며 버텼으나 난포欒布가 제나라를 치고 돌아오다가 역기와 함께 공격
하여 멸망시켰다. 이에 유수는 자살했다. 이때 인수관성引水灌城의 계략
을 이용했다.

③ 河閒郡하간군

[색은] 살펴보니 《한서》에는 '상산군'으로 되어 있다.

案 漢書作常山郡也

[신주] 〈초원왕세가〉에도 '상산군'으로 되어 있다.

오초칠국의 반란

한나라 조정의 신하들은 바야흐로 오나라 봉지를 삭감하는 문제를 논의하자 오왕 유비는 자기 영토가 끝없이 삭감당할까 두려워하다가 이 일을 계기로 군사를 일으키고 도모해 거사하려고 했다. 제후 중에 족히 함께 도모할만한 자가 없는가를 생각하다가 교서왕膠西王 유앙劉卬이 용맹하고 건장하며 용병을 좋아해 제나라 지역 제후[①]가 모두 두려워한다는 말을 듣고, 이에 곧 중대부中大夫 응고應高로 하여금 교서왕을 회유[②]하게 했다. 응고는 이에 가서 문서도 없이 구두口頭로 보고했다.

"오왕은 불초하여 조만간 있을 우환으로 감히 밖으로 누설하지 않고 저에게 자신의 호의를 고하도록 했습니다."

교서왕膠西王 유앙이 말했다.

"무슨 말씀을 하시려고 합니까?"

漢廷臣方議削吳 吳王濞恐削地無已 因以此發謀 欲擧事 念諸侯無足與計謀者 聞膠西王勇 好氣 喜兵 諸齊[①]皆憚畏 於是乃使中大夫應高誂[②]膠西王 無文書 口報曰 吳王不肖 有宿夕之憂 不敢自外 使喻其驩心 王曰 何以敎之

① 諸齊제제

집해 위소가 말했다. "예전에 제나라를 분할하여 만든 나라로, 교동군과 제북군에 속한다."

韋昭曰 故爲齊分爲國者膠東濟北之屬

② 誂조

색은 誂의 발음은 '도[徒鳥反]'이다.

音徒鳥反

응고가 말했다.

"지금 주상께서는 간신을 등용하고 사악한 신하에게 가리어 눈앞의 이익을 좋아하시며 남을 해치는 참소하는 말만 듣고 제멋대로 법령을 변경해 제후의 땅을 침탈하며, 세금을 요구하여 징수하는 것이 점점 많아지고, 선량한 사람을 죽이고 벌하는 것이 날로 더욱 심해지고 있습니다. 속담에 이르기를 '쌀겨를 핥다 보면 쌀알까지 먹게 된다.①'라고 하였습니다. 오왕과 교서왕은 제후로서 이름이 알려졌으나 한순간에 조정의 사찰을 당하면 안녕과 자유를 누릴 수 없게 될까 두렵습니다. 오왕은 몸에 속병이 있어 능히 입조入朝를 하지 못한 지 20여 년이 되었습니다. 일찍이 의심이 있을 것을 걱정하면서도 스스로 변명할 수 없는 형편입니다. 이에 지금 어깨를 움츠리고 발을 모으며 조심하고 있으나 오히려 용서받지 못할까 두려워합니다. 가만히 들어보니 대왕께서는 작위에

관한 일로 문책 받아[2] 봉지를 삭감당할 것이라는 말이 제후들
사이에 들리지만, 죄가 여기에만 이르지는 않을 것입니다. 이 일
이 봉지를 삭감당하는 데만 그치지 않을까 봐 걱정될 뿐입니다."

高曰 今者主上興於姦 飾於邪臣 好小善 聽讒賊 擅變更律令 侵奪諸侯
之地 徵求滋多 誅罰良善 日以益甚 里語有之 舐糠及米[1] 吳與膠西 知
名諸侯也 一時見察 恐不得安肆矣 吳王身有內病 不能朝請二十餘年
嘗患見疑 無以自白 今脅肩累足 猶懼不見釋 竊聞大王以爵事有適[2] 所
聞諸侯削地 罪不至此 此恐不得削地而已

① 舐糠及米지강급미

색은 살펴보니 쌀겨를 핥다 보면 쌀알이 이른다고 말한 것은 봉토를
삭감당하는 것이 다하면 나라가 멸망함에 이름을 말한 것이다.

案 言舐穅盡則至米 謂削土盡則至滅國也

② 適적

정의 適의 발음은 '적[張革反]'이다.

張革反

신주 '꾸짖음을 당한다'는 의미이다.

교서왕이 말했다.
"그렇소. 그런 일이 있었소. 그대는 어떻게 하라는 것이오?"

응고가 대답했다.

"증오함이 일치하면 서로 돕고, 애호함이 일치하면 서로 함께하며, 정감이 일치하면 서로 이루어주고, 욕망이 일치하면 함께 나아가며, 이익이 일치하면 서로를 위해 죽는다[①]고 했습니다. 지금 오왕은 스스로 대왕과 같은 근심을 하고 있습니다. 원하건대 시세의 순리에 따라 몸을 던져서 천하에 근심거리를 없애 주시기를 바라는데, 헤아려보면 가능하지 않겠습니까?"

교서왕은 깜짝 놀라며[②] 말했다.

"과인이 어찌 감히 그런 일을 도모할 수 있겠소? 지금 황제께서 비록 급하게 과인을 압박해도 본래 죽을죄를 지었을 뿐이니 어찌 황제를 받들지 않을 수 있겠소?"

王曰 然 有之 子將奈何 高曰 同惡相助 同好相留 同情相成 同欲相趨 同利相死[①] 今吳王自以爲與大王同憂 願因時循理 棄軀以除患害於天下 億亦可乎 王瞿[②]然駭曰 寡人何敢如是 今主上雖急 固有死耳 安得不戴

① 同惡相助 ~ 同利相死동오상조 ~ 동리상사

신주 중국 《성어자전》에서 이 문장을 "증오함이 같으면 서로 돕고, 애호함이 같으면 계속 함께하고, 정감이 같으면 서로 성취하며, 바라는 바가 같으면 공동추구하고, 이익이 같으면 함께 죽더라도 한 번은 봉기함이 있다.[憎惡相同的互相幫助 愛好相同的互相留連 情感相同的互相成全 願望相同的共同追求 利益相同的死在一起]"라고 풀이했다.

② 瞿구

색은 유씨가 말했다. "瞿의 발음은 '구[九具反]'이다." 또 《설문》에서 말한다. "구瞿는 멀리 보는 모양이다. 瞿의 발음은 '구[九縛反]'이다."

劉氏瞿音九具反 又說文云瞿 遠視貌 音九縛反

응고가 말했다.

"어사대부 조조가 천자를 현혹하여[①] 제후의 봉지를 침탈하며 충신을 덮어 가리고 현사賢士의 앞길을 막고 있습니다. 이에 조정의 신하들은 괴로워하며 원망하고, 제후들은 모두 배반의 뜻을 품고 있습니다. 이는 세상의 인간사가 극한에 다다른 것입니다. 하늘에는 혜성이 출현하고,[②] 땅에는 메뚜기 떼가 들끓고 있습니다. 이는 만세萬世에 한 번 있는 기회로써, 모두가 근심하며 고달프다고 할 때, 성인聖人이 흥기해야 하는 까닭이 됩니다.[③] 그래서 오왕은 대내적으로 조조의 토벌을 명분으로 삼고, 대외적으로 대왕의 병거를 따르며 천하를 활보하고자 하니 향하는 곳마다 항복할 것이며 가리키는 곳마다 모두 함락시켜 천하에 감히 복종하지 않는 자가 없을 것입니다. 대왕께서 만약 다행히 저에게 승낙하는 한마디만 해주신다면 오왕은 초왕을 이끌고 함곡관을 공략하고 형양滎陽에 오창敖倉의 양곡을 지키면서 한나라 군사에 항거할 것입니다. 또한 군영을 설치하여 대왕을 기다릴 것입니다. 대왕께서 다행히도 군영에 왕림해 주신다면 곧 천하를 병탄할 수 있으니, 두 대왕께서 천하를 나누어 가지시는 것 또한 좋지 않겠습니까?"

교서왕이 대답했다.

"좋소"

응고가 돌아와서 오왕에게 보고하니 오왕은 오히려 교서왕이 함께 하지 않을까 걱정되어 자신이 직접 사자가 되어 교서로 가서 교서왕과 대면하고 이를 결정지었다.

高曰 御史大夫晁錯 熒惑①天子 侵奪諸侯 蔽忠塞賢 朝廷疾怨 諸侯皆有倍畔之意 人事極矣 彗星②出 蝗蟲數起 此萬世一時 而愁勞聖人之所以起也③ 故吳王欲內以晁錯爲討 外隨大王後車 彷徉天下 所鄉者降 所指者下 天下莫敢不服 大王誠幸而許之一言 則吳王率楚王略函谷關 守滎陽敖倉之粟 距漢兵 治次舍 須大王 大王有幸而臨之 則天下可幷 兩主分割 不亦可乎 王曰 善 高歸報吳王 吳王猶恐其不與 乃身自爲使 使於膠西 面結之

① 熒惑형혹

신주 화성火星을 가리키는데 법을 집행하는 별이다. 그래서 군주가 예를 잃으면 벌이 화성에서 나오는데, 화성이 궤도를 잃게 되면 병란이 있을 조짐을 나타낸다. 따라서 '형혹천자熒惑天子'라고 한 것은 조조의 계책에 '현혹된 천자'라는 것을 말한 것이다. 또 앞으로 조반造反(모반)이 있을 것을 암시하기도 한다.

② 彗星혜성

신주 〈천관서〉의 《정의》에서 "혜성은 … 몸체에 광채가 없어 태양의 광채를 빌린다. 이 때문에 저녁에 나타나면 동쪽을 가리키고 새벽에 나타나면 서쪽을 가리킨다. 만약 위치가 태양의 남쪽이나 북쪽이면 모두 햇빛을 따라 가리킨다. 혜성의 광채가 뻗는 곳은 재변이 미치고, 나타나는 곳은 전쟁이 일어난다. 빗자루 모양이 가리키는 곳은 허약하다. [天彗 … 體無光 假日之光 故夕見則東指 晨見則西指 若日南北 皆隨日光而指 光芒所及爲 災變 見則兵起 除舊布新 彗所指之處弱也]"라고 하여, 재변이 일어날 징조임을 말한 것이다.

③ 聖人之所以起也성인지소이기야

[색은] 살펴보니 이른바 '깊은 고민을 열어 밝히는 것이 성인'인 것이다. 案 所謂殷憂以啓明聖也

교서의 신하 중에 어떤 사람이 왕이 반란을 모의한다는 말을 듣고 간했다.

"한 사람의 황제를 섬기는 것은 지극히 즐거운 일입니다. 지금 대왕께서 오나라와 함께 서쪽으로 향해서 진격해 설령① 대업이 이루어진다고 해도 두 군주께서 갈라져 다툴 것이니 근심은 여기에서 시작되어 이어지는 것입니다. 제후들의 영토는 한나라 조정에서 직할하는 군郡의 10분의 2도 안 됩니다. 그런데도 모반하여 왕태후太后②께서 근심하실 것이니 좋은 계책이 아니옵니다."

그러나 교서왕은 그의 말을 듣지 않고 마침내 사신을 보내서 제齊, 지천菑川, 교동膠東, 제남濟南, 제북왕濟北王과 노반을 맹약하게 하니 모두가 허락했다. 그래서 이렇게 말했다.

> "성양城陽의 경왕景王은 의리가 있어 일찍이 여씨呂氏들을 공격하
> 였으니, 거사에 참여하지 않더라도 대업이 안정되면 땅을 나누어
> 줄 것이다.③"
>
> 膠西群臣或聞王謀 諫曰 承一帝 至樂也 今大王與吳西鄉 弟令①事成
> 兩主分爭 患乃始結 諸侯之地不足爲漢郡什二 而爲畔逆以憂太后② 非
> 長策也 王弗聽 遂發使約齊菑川膠東濟南濟北 皆許諾 而曰城陽景王
> 有義 攻諸呂 勿與 事定分之耳③

① 弟令제령

신주 가정부사로써 주로 부정적 문장에 쓰인다. '설령設令, 설사設使'
등과 같다.

② 太后태후

□집해□ 문영이 말했다. "왕의 태후이다."

文穎曰 王之太后也

③ 城陽景王有義～事定分之耳성양경왕유의～사정분지이

□집해□ 서광이 말했다. "이때는 성양공왕 유희가 재위할 때이니, 공왕은
경왕의 아들이다.

徐廣曰 爾時城陽恭王喜 景王之子

신주 성양경왕은 유장劉章(서기전 200년~서기전 177년)으로 고제高帝의 손
자이고 제도혜왕 유비의 아들이며 제애왕 유양의 아우이다. 공왕 유희劉
喜(?~서기전 144년)는 경왕의 아들로서 오초칠국의 난이 일어났을 시기에

성양왕이었다. 여기에서 거사에 참여하지 않더라도 대업을 이루면 땅을 나누어 주겠다고 한 것은 만약 거사에 성공한다면 아버지 경왕이 주발과 진평 등과 함께 여러 여씨를 제거하는데 세운 공로의 은덕을 입게 됨을 의미한다.

제후들은 이미 징벌로 새로이 봉지를 삭감당했기 때문에 질겁하면서 조조晁錯를 매우 원망했다. 오나라의 회계군과 예장군을 삭감한다는 문서가 도착하자 곧 오왕이 먼저 군사를 일으켰다. 교서왕膠西王은 정월 병오일에 한나라에서 파견한 2,000석石 이하의 관리들을 모두 죽였다. 교동왕, 치천왕, 제남왕, 초왕, 조왕[①] 역시 그렇게 하고 드디어 병사를 일으켜 서쪽으로 진군했다.

그러나 제왕은 뒤에 후회하고 음독해 자살했는데 모반하기로 약속했기 때문이다.[②] 제북왕은 성이 무너졌으나 완전하게 수리하지 못했고, 그의 낭중령郎中令이 왕에게 성을 지킬 것을 겁박하여 군사를 일으키지 못했다.

諸侯旣新削罰 振恐 多怨晁錯 及削吳會稽豫章郡書至 則吳王先起兵 膠西正月丙午誅漢吏二千石以下 膠東菑川濟南楚趙[①]亦然 遂發兵西 齊王後悔 飮藥自殺 畔約[②] 濟北王城壞未完 其郎中令劫守其王 不得發兵

---

① 膠東菑川濟南楚趙교동치천제남초조

신주 교동왕 유웅거劉熊渠, 치천왕 유현劉賢, 제남왕 유벽광劉辟光, 초왕 유무劉戊, 조왕 유수劉遂를 가리킨다. 오왕 유비劉濞, 교서왕 유앙劉卬와 함께 반란을 일으켰는데, 이를 오초칠국의 난이라고 일컫는다.

② 齊王後悔 飮藥自殺 畔約제왕후회 음약자살 반약

신주 제왕 유장려劉將閭는 서기전 154년, 오초칠국의 난이 일어났을 때, 이에 가담하지 않고 성을 굳게 지키자 그의 형제 교서왕, 교동왕, 치천왕, 제남왕이 제의 수도 임치를 포위 공격했다. 이때 유장려는 성을 지키고 있었지만, 은밀히 반란에 가담한 형제들과 교류하고 있었다. 그러나 태위 주아부가 오초를 평정했다는 소문을 듣고 한나라 조정에서 반역들의 죄와 연루될 것을 상심해서 스스로 목숨을 끊은 것이다.

교서왕이 통솔자가 되어 교동왕, 치천왕, 제남왕과 함께 임치臨菑를 포위해 공격했다. 조왕 유수도 역시 반란에 가담하여 은밀히 사자를 흉노로 보내어 그 군대와 연합하려고 했다.①

칠국이 군사를 일으키자 오왕은 자신의 병사들을 모두 소집하고 온 나라에 명령을 내렸다.

"과인은 나이가 62세②인데 몸소 군대를 통솔하였고, 과인의 자식은 14세인데 역시 병졸이 되어 선봉에 섰다. 무릇 위로는 과인과 같은 나이에서부터 아래로는 과인의 자식과 같은 사람에 이르기까지 모두 전투에 나서도록 하라."

그렇게 하여 20여만 명을 동원하였다. 남쪽으로 민월閩越과 동월東越③에 사자를 보내니 동월은 역시 병사를 일으켜 오왕을 뒤따랐다.

膠西爲渠率 膠東菑川濟南共攻圍臨菑 趙王遂亦反^① 陰使匈奴與連兵
七國之發也 吳王悉其士卒 下令國中曰 寡人年六十二^② 身自將 少子年
十四 亦爲士卒先 諸年上與寡人比 下與少子等者 皆發 發二十餘萬人
南使閩越東越^③ 東越亦發兵從

① 趙王遂亦反조왕수역반

신주 조왕 유수劉遂(?~서기전 154년)는 조유왕趙幽王 유우劉友의 아들이
다. 유수는 죄를 지어 상산군을 삭감당한 불만으로 모반에 가담하였는
데, 제나라를 함락시킨 후 조나라를 공격한 난포의 위압으로 결국 자살
하고 말았다.

② 寡人年六十二과인년육십이

집해 서광이 말했다. "오왕은 오 땅에 봉해진 지 42년이다."

徐廣曰 吳王封吳四十二年矣

③ 閩越 東越민월 동월

신주 민월은 지금의 복건성福建省 지방에 있던 나라이며, 동월은 지금
의 복건, 절강浙江 일대에 있던 나라이다. 이들의 나라를 남만이라고 일
컬었다.

효경제 3년(서기전 154) 정월 갑자일에 오나라가 처음 광릉廣陵에서 군사를 일으켰다.[1] 서쪽으로 회수淮水를 건너 초나라 군사와 합쳤다. 그리고 제후들에게 사신을 파견해 서신을 전하여 말했다.

"오왕 유비劉濞는 교서왕, 교동왕, 치천왕, 제남왕, 조왕, 초왕, 회남왕, 형산왕, 여강왕, 고故 장사왕長沙王의 아드님[2]께 삼가 여쭙겠습니다. 과인에게 가르침을 주시기를 원합니다. 한나라 조정에 불충한 신하[3]가 있는데 천하에 아무런 공로도 없으면서 제후의 영지를 침탈하고, 관리를 시켜 탄핵과 구속과 심문과 치죄를 자행하며 제후들을 모욕함을 일삼아[4] 제후들에게 군주에 대한 예로써 유씨의 골육으로 예우하지 않고, 선제先帝의 공신들 자손을 단절시키고 간궤한 자들을 천거해 임용하고 천하를 그르쳐[5] 어지럽히며 사직을 위태롭게 만들려고 합니다.

孝景帝三年正月甲子 初起兵於廣陵[1] 西涉淮 因幷楚兵 發使遺諸侯書曰 吳王劉濞敬問膠西王膠東王菑川王濟南王趙王楚王淮南王衡山王廬江王故長沙王子[2] 幸敎寡人 以漢有賊臣[3] 無功天下 侵奪諸侯地 使吏劾繫訊治 以僇辱之爲故[4] 不以諸侯人君禮遇劉氏骨肉 絕先帝功臣 進任姦宄 詿[5]亂天下 欲危社稷

① 初起兵於廣陵초기병어광릉

집해 서광이 말했다. "형왕 유가가 오에 도읍했는데, 오왕이 도읍을 광릉으로 옮겼다."

徐廣曰 荊王劉賈都吳 吳王移廣陵也

② 故長沙王子고장사왕자

집해 서광이 말했다. "오예의 고손자 정왕 저는 문제 7년에 죽었는데, 후사가 없어 나라가 없어졌다." 살펴보니 여순이 말했다. "오예의 후손 4세로 자식이 없어 나라가 없어졌다. 서자 두 사람은 열후가 되었으나 왕을 이을 수 없었는데, 이에 불만의 뜻을 전달하자 이 때문에 그들과 반란할 것을 권유한 것이다."

徐廣曰 吳芮之玄孫靖王著 以文帝七年卒 無嗣 國除 駰案 如淳曰吳芮後四世 無子 國除 庶子二人爲列侯 不得嗣王 志將不滿 故誘與之反也

③ 賊臣적신

신주 삭번削藩정책을 실시한 조조晁錯를 가리킨다.

④ 以僇辱之爲故이륙욕지위고

집해 《한서음의》에서 말한다. "고故는 '사事'이다."

漢書音義曰 故 事也

정의 살펴보니 오로지 제후들에게 모욕을 주는 것을 일삼은 것이다.

按 專以僇辱諸侯爲事

⑤ 詿괘

정의 詿의 발음은 '괘挂'이다.

詿音挂

폐하께서는 병이 많으셔서 올바른 정신을 잃어 잘 살펴보실 수가 없습니다. 이제 군사를 일으켜 적신들을 주살하고자 하니 삼가 가르침을 듣겠습니다. 저희 오나라가 비록 좁다고는 하지만 땅이 사방 3,000리이고, 백성이 비록 적다고는 하지만 정예 병사 50만 명을 갖출 수 있습니다. 과인은 본디 남월南越과 사귀기를 30여 년 되었으며, 그 군왕과 지방 수령들은 모두 군사를 나누어 과인의 뒤를 따르는 것을 사양하지 않으니 또 30여만 명을 더 얻을 수 있습니다. 과인이 비록 불초하나 이 한 몸 바쳐 여러 왕을 따르고자 합니다. 남월과 장사의 접경① 지역은 장사왕의 아드님께서 장사 이북의 땅을 평정하시고② 속히 서쪽으로 촉蜀, 한중漢中으로 향하십시오.③ 동월,④ 초왕, 회남삼왕淮南三王께 알립니다. 과인과 함께 서쪽으로 향하겠습니다.⑤ 제나라 지역의 왕들과 조왕은 하간河間, 하내河內를 평정하시고 혹은 임진관臨晉關으로 들어가거나,⑥ 혹은 낙양에서 과인과 합류해주십시오. 연왕燕王, 조왕은 본래 흉노의 왕과 맹약이 있었으니, 연왕께서는 북쪽에서 대代, 운중雲中을 평정하시고 흉노의 군대를 통솔해⑦ 소관蕭關으로 들어가셔서⑧ 장안으로 진격해 천자의 잘못을 바로잡고 황실을 안정시켜 주십시오. 왕들께서는 이것에 힘써주시길 바랍니다.

陛下多病志失 不能省察 欲擧兵誅之 謹聞敎 敝國雖狹 地方三千里 人雖少 精兵可具五十萬 寡人素事南越三十餘年 其王君皆不辭分其卒以隨寡人 又可得三十餘萬 寡人雖不肖 願以身從諸王 越直①長沙者 因王子定長沙以北② 西走蜀漢中③ 吿越④楚王淮南三王 與寡人四面⑤ 齊諸王與趙王定河閒河內 或入臨晉關⑥ 或與寡人會雒陽 燕王趙王固與胡

王有約 燕王北定代雲中 搏胡眾⑦入蕭關⑧ 走長安 匡正天子 以安高廟 願王勉之

① 直치
집해 直의 발음은 '치値'이다.
音値
색은 복건이 말했다. "直의 발음은 '치値'이다. 그 나라의 국경이 서로 접한 곳을 이른다."
服虔云 直音値 謂其境相接也

② 因王子定長沙以北 인왕자정장사이북
집해 여순이 말했다. "남월과 장사의 접경 지역은 장사왕의 아들에 의해 평정하게 하는 것이다."
如淳曰 南越直長沙者 因王子定也
색은 살펴보니 남월의 땅은 장사의 땅과 서로 접해 있음을 이른다. 치値라는 것은 장사왕의 아들에 의해 장사 이북을 평정하게 한 것이다.
案 謂南越之地與長沙地相接 値者 因長沙王子以定長沙以北也

③ 因王子定長沙以北 西走蜀漢中 인왕자정장사이북 서주촉한중
정의 走의 발음은 '주奏'이고 향向(향하다)이다. 왕자王子는 장사왕의 아들이다. 남월의 땅은 장사의 남쪽과 마주하고 있으니, 그 백성들이 장사왕 아들의 군사가 되어 장사의 북쪽을 진정시키고 서쪽의 촉과 한중으로 향하라고 한 것은 모두를 장사왕의 아들에게 맡겨 평정하려는 것이다.

走音奏 向也 王子 長沙王子也 南越之地對長沙之南者 其民因王子卒而鎮定長
沙以北 西向蜀及漢中 咸委王子定矣

④ 告越고월

집해 여순이 말했다. "동월에게 그곳을 평정하라고 알린 것이다."

如淳曰 告東越使定之

⑤ 告越楚王淮南三王 與寡人西面고월초왕회남삼왕 여과인서면

정의 월越은 동월이다. 또 동월, 초, 회남의 세 왕에게 오왕과 함께 서쪽
을 치자고 알린 것이다. 세 왕은 회남, 형산, 여강왕을 이른다.

越 東越也 又告東越楚淮南三王 與吳王共西面擊之 三王謂淮南衡山廬江也

⑥ 臨晉關임진관

정의 지금의 포진관이다.

今蒲津關

⑦ 搏胡眾전호중

색은 搏의 발음은 '전專'이다. 전專은 오로지 오랑캐 병사들을 통솔했
음을 이른다.

搏音專 專謂專統領胡兵也

⑧ 蕭關소관

정의 지금의 명칭은 농산관이다. 원주 평량현의 경계에 있다.

今名隴山關 在原州平涼縣界

초원왕楚元王의 왕자①와 회남의 세 왕께서는 10여 년 동안이나 목욕하는 것조차 잊으면서 골수에 사무친 원한을 한번 풀고자 한 지가 오래되었습니다. 그러나 지금까지 과인은 여러 왕의 뜻을 알지 못해서 감히 명령에 따를 수 없었습니다. 지금 여러 왕께서 참으로 망하여 후사가 끊어진 나라를 잇게 하고, 약자를 진작시키며 횡포한 자를 무찔러 우리 유씨를 안정시킬 수 있다면, 이는 사직이 바라는 바일 것입니다.

저희 오나라가 비록 가난하나 과인이 입고 먹는 비용을 절약해 돈을 저축하고 무기를 갖추며 식량을 모으는 일을 밤낮으로 하기를 30여 년 동안 했습니다. 이 모든 것은 이것을② 위한 것이었으니, 원컨대 여러 왕께서는 힘써 이를 이용해 주시기 바랍니다.

楚元王子①淮南三王或不沐洗十餘年 怨入骨髓 欲一有所出之久矣 寡人未得諸王之意 未敢聽 今諸王苟能存亡繼絕 振弱伐暴 以安劉氏 社稷之所願也 敝國雖貧 寡人節衣食之用 積金錢 脩兵革 聚穀食 夜以繼日 三十餘年矣 凡爲此② 願諸王勉用之

① 楚元王子초원왕자

신주 초원왕 유교는 고제의 막냇동생이다. 초원왕은 7명의 자식을 두었는데, 여기서는 오초칠국의 난에 동조한 넷째 유부劉富와 여섯째 유집劉執을 가리킨다. 유부는 오초칠국의 난 때 폐위되어 종실로부터 제명되었다가 오초칠국의 난이 끝난 후 종실에 복귀하였는데 시호는 의후懿侯이다. 유집은 오초칠국의 난에 참가했다가 실패하여 피살당했다.

② 此차

신주 차此는 지시대명사로써 이때 일으킨 거사를 뜻한다.

능히 대장군을 죽이거나 사로잡는 사람에게는 황금 5,000근을 하사하고 만호萬戶의 땅에 봉할 것입니다. 일반 장군일 경우에는 황금 3,000근을 하사하고 5,000호의 땅에 봉하겠습니다. 비장神將일 경우에는 황금 2,000근을 하사하고 2,000호의 땅에 봉할 것이며 2,000석의 관리일 경우에는 황금 1,000근을 하사하고 1,000호의 땅에 봉하겠습니다. 1,000석의 관리일 경우에는 황금 500근을 하사하고 500호의 땅에 봉하겠으며, 모두 열후列侯로 삼겠습니다.

군대나 혹은 성읍을 이끌고 투항하는 자로서 군졸이 만 명, 읍이 만 호일 경우에는 대장군大將軍을 얻는 경우와 같이 대우할 것입니다. 군사가 5,000명이고 읍이 5,000호일 경우에는 일반 장군을 얻는 경우와 같이 대우할 것입니다. 군사가 3,000명이고 읍이 3,000호일 경우에는 비장을 얻는 경우와 같이 대우할 것입니다. 군사가 1,000명이고 읍이 1,000호일 경우에는 2,000석의 관리를 얻는 경우와 같이 대우할 것이며, 그 아래 하급 관리들이 투항해 오면 모두 등급에 따라 작위와 상금을 줄 것입니다. 그밖에 모든 봉작封爵과 상금은 현 한나라 군법에 정한 것보다 두 배로 하겠습니다.①

원래 작위와 식읍이 있는 자는 그대로 두지 않고 다시 더 보태어줄 것입니다. 원컨대 여러 왕께서는 명백하게 사대부들에게 명령을 전해 주시기 바라며 과인은 감히 속이지 않을 것입니다. 과인의 돈은 천하의 사방에 있으니, 반드시 오나라에 가져올 필요는 없으며, 여러 왕께서 밤낮으로 그것을 써도 다 쓸 수 없을 것입니다. 마땅히 상금을 지급할 사람이 있어 과인에게 알려준다면 과인이 장차 달려가서 그에게 하사하겠습니다. 삼가 알려드리는 바입니다."

能斬捕大將者 賜金五千斤 封萬戶 列將 三千斤 封五千戶 裨將 二千斤 封二千戶 二千石 千斤 封千戶 千石 五百斤 封五百戶 皆爲列侯 其以軍若城邑降者 卒萬人 邑萬戶 如得大將 人戶五千 如得列將 人戶三千 如得裨將 人戶千 如得二千石 其小吏皆以差次受爵金 佗封賜皆倍軍法[1] 其有故爵邑者 更益勿因 願諸王明以令士大夫 弗敢欺也 寡人金錢在天下者往往而有 非必取於吳 諸王日夜用之弗能盡 有當賜者告寡人 寡人且往遺之 敬以聞

[1] 佗封賜皆倍軍法타봉사개배군법

집해 복건이 말했다. "봉작과 상금을 한나라 통상적인 법보다 두 배로 하였다."

服虔曰 封賜倍漢之常法

제압된 반란

칠국의 반란을 문서로 천자에게 아뢰자 천자는 곧 태위 조후條侯 주아부周亞夫를 보내 36명의 장군을 거느리고 가서 오와 초를 치게 하고, 곡주후曲周侯 역기酈寄①를 보내 조나라를 치게 했다. 장군 난포欒布②에게 제齊나라를 치게 하고, 대장군 두영竇嬰을 형양에 주둔시켜 제齊와 조趙나라 군대를 감시하게 했다.

오와 초의 반란이 보고되고 나서 아직 군사가 출동하지 않았을 때, 두영은 떠나기 전, 오나라 승상을 지낸 원앙袁盎을 등용할 것을 건의했다. 이때 원앙은 집에서 한가하게 지내고 있다가 황제의 부름으로 입조하였다. 황제는 조조와 더불어 병사의 징발과 군량을 계산하고 있었다. 황제가 원앙을 보고 물었다.

"그대는 일찍이 오나라 승상을 지냈는데, 오나라 신하 전록백田祿伯의 사람 됨됨이를 알고 있는가? 지금 오와 초가 반란을 일으켰는데, 공은 어떻게 생각하는가?"

이에 원앙이 대답했다.

"걱정할 것이 못 됩니다. 지금 바로 격파할 수 있습니다."

七國反書聞天子 天子乃遣太尉條侯周亞夫將三十六將軍 往擊吳楚 遣曲周侯酈寄①擊趙 將軍欒布②擊齊 大將軍竇嬰屯滎陽 監齊趙兵 吳楚

反書聞 兵未發 竇嬰未行 言故吳相袁盎 盎時家居 詔召入見 上方與鼂

錯調兵笇軍食 上問袁盎曰 君嘗爲吳相 知吳臣田祿伯爲人乎 今吳楚

反 於公何如 對曰 不足憂也 今破矣

① 酈寄역기

신주 곡주후曲周侯 역상酈商의 아들이다. 여록呂祿과 친한 사이로 여후
가 죽었지만 아직 여씨들이 권력을 잡고 있을 때 주발과 진평이 역상을
겁박하고 역기의 도움을 받아 여록의 병권을 넘겨받아 유씨들이 권력을
되찾을 수 있었다. 그 공로로 아버지의 후작 곡주후를 세습했다.

② 欒布난포

신주 양梁나라 사람이다. 양왕 팽월彭越이 왕이 되기 전에 친분이 있었
다. 효문제 때 연나라 재상이었으며 장군에 이르렀다. 〈계포난포열전〉에
상세히 보인다.

황제가 말했다.
"오왕은 즉산에서 돈을 주조하고 바닷물을 끓여 소금을 만들며
천하의 호걸을 끌어들여 백발이 되어서 난을 일으켰소.^① 일이 이
와 같은데, 그의 계책이 완벽하지 않다면 어찌 난을 일으켰겠는
가? 무엇 때문에 그가 아무것도 할 수 없다고 말하는가?"
원앙이 대답했다.

"오나라가 구리와 소금이 있어 이익은 있겠으나, 어떻게 호걸들을 끌어들일 수 있었겠습니까. 진실로 오나라에서 천하의 호걸을 얻었다면 또한 더 왕을 보좌하고 의義를 행해서 반란하지 않았을 것입니다. 오나라가 끌어들인 자들② 은 모두 무뢰한의 자제로, 망명하여 돈을 주조하는 간교한 무리이니 이 때문에 서로 반란으로 이끈 것입니다."

上曰 吳王卽山鑄錢 煮海水爲鹽 誘天下豪桀 白頭擧事① 若此 其計不百全 豈發乎 何以言其無能爲也 袁盎對曰 吳有銅鹽利則有之 安得豪桀而誘之 誠令吳得豪桀 亦且輔王爲義 不反矣 吳所誘② 皆無賴子弟 亡命鑄錢姦人 故相率以反

① 白頭擧事백두거사

신주 서기전 154년으로, 이때 오왕 유비의 나이가 63세였다.

② 吳所誘오소유

신주 오왕이 장군, 교위校尉, 후候, 사마司馬 등에 임명한 여러 빈객賓客을 말한다.

조조가 말했다.
"원앙의 계책이 훌륭합니다."
황제가 물었다.

"계책이 무엇인가?"

원앙이 대답해 말했다.

"좌우의 사람들을 물리쳐 주시기를 원합니다."

황제가 사람들을 물러가게 하고 조조 혼자만 남게 했다. 원앙이
다시 말했다.

"신이 드릴 말씀은 신하가 알아서 안 되는 일입니다."

이에 황제는 조조를 물러가게 했다. 조조는 종종걸음으로 동편
행랑으로 물러나면서 속으로 몹시 원망했다.

황제가 마침내 원앙에게 묻자 원앙이 대답했다.

"오와 초가 서로 주고받은 문서에 이르기를 '고제高帝께서 자제
들을 왕으로 삼아 각각 영토를 나누어주었는데, 지금 적신賊臣 조
조는 제멋대로 제후들의 잘못을 지적하고 제후의 영토를 삭감하
고 있다. 고로 반란을 일으키는 명분이 되니, 서쪽으로 함께 진군
하여 조조를 베어 죽이고 그 옛 땅을 회복하면 군사를 해산하자.'
라고 했습니다. 바야흐로 지금의 계책으로는 오직 조조를 참수하
고 사신을 보내 오와 초 등 칠국을 사면하며 그들이 예전에 삭감
당한 땅을 회복시켜준다면 병사들이 칼날에 피를 묻히지 않고서
도 모두 군사를 해산하게 할 수 있습니다."

鼂錯曰 袁盎策之善 上問曰 計安出 盎對曰 願屛左右 上屛人 獨錯在 盎
曰 臣所言 人臣不得知也 乃屛錯 錯趨避東廂 恨甚 上卒問盎 盎對曰 吳
楚相遺書 曰 高帝王子弟各有分地 今賊臣鼂錯擅適①過諸侯 削奪之地
故以反爲名 西共誅鼂錯 復故地而罷 方今計獨斬鼂錯 發使赦吳楚七
國 復其故削地 則兵可無血刃而俱罷

색은 適의 발음은 '적[直革反]' 또는 '댁宅'이다.

適音直革反 又音宅

이에 황제는 한동안 입을 다문 채 있다가 말했다.

"진실로 어찌해야 하는가. 내가 한 사람을 아끼려고 천하를 거절할 수는 없다."

원앙이 말했다.

"신의 어리석은 계책이지만 이보다 나은 것이 없습니다. 주상께서는 잘 생각해보십시오."

이에 황제는 원앙을 제수하여 태상太常으로 삼고,① 오왕 동생의 아들 덕후德侯를 종정宗正으로 삼았다.② 원앙은 행장을 꾸며 길 떠날 채비를 했다. 10여 일이 지나 황제는 중위中尉를 시켜 조조를 불렀으며, 조조를 속여 수레에 태워 동쪽 시장을 순행巡行하게 했다. 조조는 관복官服 차림으로 동쪽 시장에서 피살되었다. 이리하여 곧 황제는 원앙을 보내 종묘를 받들게 하고 종정은 친척들을 보필하게 하여③ 오왕에게 사신으로 보냈는데, 원앙의 계책대로 한 것이다.

於是上嘿然良久 曰 顧誠何如 吾不愛一人以謝天下 盎曰 臣愚計無出此 願上孰計之 乃拜盎爲太常① 吳王弟子德侯爲宗正② 盎裝治行 後十餘日 上使中尉召錯 紿載行東市 錯衣朝衣斬東市 則遣袁盎奉宗廟 宗正輔親戚③ 使告吳如盎策

① 拜盎爲太常배앙위태상

정의 원앙을 태상으로 삼아 종묘가 가리키는 뜻을 받듦을 나타낸 것이다.

令盎爲太常 以示奉宗廟之指意

② 吳王弟子德侯爲宗正오왕제자덕후위종정

집해 서광이 말했다. "이름은 유통이고, 그의 아버지는 이름은 유광이다." 살펴보니 《한서》에서 말한다. "오왕 동생의 아들 덕후 유광이 종정이 되었다.[吳王弟子德侯廣爲宗正]"

徐廣曰 名通 其父名廣 駰案 漢書曰吳王弟子德侯廣爲宗正也

신주 집해 주석에서 《한서》에서 말한다. '오왕 동생의 아들 덕후 유광이 종정이 되었다[吳王弟子德侯廣爲宗正]"고 했으나 《한서》 〈형연오전〉에는 '오왕 동생의 아들 덕후가 종정이 되었다.[吳王弟子德侯爲宗正]'라고 했고 안사고는 그 주석에서 '덕애후 유광의 아들이고 이름은 통通이다.'라고 했으니, 배인의 말이 오류일 것이다.

③ 宗正輔親戚종정보친척

정의 친척의 마음으로 한나라 조정을 보필하도록 가르치고 깨우치는 것이다.

以親戚之意輔漢訓諭

오나라에 이르렀을 때 오와 초의 군사들은 이미 양梁나라 벽루壁壘를 공격하고 있었다. 종정이 오왕의 친척인 까닭으로 먼저 들어

가서 오왕을 접견하고 오왕에게 절을 하며 조서를 받으라고 설득
했다. 오왕은 원앙이 왔다는 말을 듣자 그 역시 자신을 설득하려
는 것임을 알았으므로 웃으며 대답했다.

"나는 이미 동제東帝가 되었는데,[1] 오히려 어떻게 누구에게 절하
라 하는가?"

그리고 원앙을 만나지 않았으며 그를 군중軍中에 머물게 하고 겁
박하여 그를 자신의 장수로 삼으려 했다. 원앙이 이를 거절하자
부하들을 시켜 포위하여 지키게 하고 장차 그를 죽이려고 했다.
원앙은 야밤을 틈타 탈출하여 걸어서 양나라 군영으로 도주했다
가 마침내 장안으로 돌아와 황제에게 보고했다.

조후條侯 주아부周亞夫가 여섯 마리 말이 이끄는 수레를 타고[2]
형양에 주둔하고 있는 군사들과 합류하고자 낙양에 이르렀을 때
극맹劇孟을 만나자 기뻐하며 말했다.

"칠국이 반란하여 내가 육전승六傳乘을 타고 이곳까지 이르는데,
내가 온전하리라고는 생각하지 못했소.[3] 또 제후들이 이미 극맹
을 데려갔을 것으로 생각했는데, 그대는 아직 움직이지 않았구
려. 내가 형양에 주둔하더라도 동쪽은 족히 근심할 만한 자가 없
을 것 같소."

至吳 吳楚兵已攻梁壁矣 宗正以親故 先入見 諭吳王使拜受詔 吳王聞袁
盎來 亦知其欲說己 笑而應曰 我已爲東帝[1] 尚何誰拜 不肯見盎而留之
軍中 欲劫使將 盎不肯 使人圍守 且殺之 盎得夜出 步亡去 走梁軍 遂歸
報 條侯將乘六乘傳[2] 會兵滎陽 至雒陽 見劇孟 喜曰 七國反 吾乘傳坌此
不自意坌[3] 又以爲諸侯已得劇孟 劇孟今無動 吾據滎陽 以東無足憂者

① 我已爲東帝아이위동제

신주 오왕 유비가 자칭 칠국의 황제가 되었음을 말한 것이다. 칠국의 위치가 모두 관중의 동쪽에 위치해 자신을 동제東帝로 일컬었고, 효경제를 서제西帝로 여겨 효경제와 같은 신분임을 선언한 것이다.

② 六乘傳육승전

정의 앞 글자 乘의 발음은 '승乘'이고 뒷글자 傳의 발음은 '전[竹戀反]'이다.

上音乘 下竹戀反

③ 不自意全부자의전

정의 스스로 낙양에 온전히 이를 것으로 생각하지 못했는데, 이르러서 극맹을 만났음을 말한 것이다.

言不自意洛陽得全 及見劇孟

이윽고 회양淮陽에 당도한 주아부는 부친 강후絳侯의 옛날 문객門客 등도위鄧都尉에게 물었다.

"어떤 계책이 있겠습니까?"

문객이 답했다.

"오나라 군사는 대단한 정예 부대이므로 더불어 교전하기가 어렵습니다. 초나라 병사는 경박해서 오래 버틸 수는 없을 것입니다.①

지금 장군을 위한 계책으로는 군사를 이끌고 동북쪽으로 가 창읍昌邑[2]에서 벽루를 수비하는 것보다 나은 것이 없으며, 양나라에게 오나라를 맡겨버리면 오나라는 반드시 정예 부대를 총동원해 양나라를 공격할 것입니다. 장군은 해자를 깊게 파고 벽루를 높게 쌓아 놓고서 날랜 병사들로 하여금 회수와 사수의 어귀를 차단하게 해 오나라 군량 보급로를 막으십시오. 그리하면 오나라와 양나라가 서로 싸우다가 지치고 오나라 군량이 바닥이 날 것입니다. 이에 모든 강한 군대로 제압해서 그들이 극도로 지치게 되면 오나라를 격파하는 것은 필연적일 것입니다."

조후가 말했다.

"훌륭합니다."

조후는 등도위의 계책을 따라 마침내 창읍 남쪽에서[3] 견고하게 벽루를 지키며 날랜 병사를 보내 오나라 군량 보급로를 차단했다.

至淮陽 問父絳侯故客鄧都尉曰 策安出 客曰 吳兵銳甚 難與爭鋒 楚兵輕[1] 不能久 方今爲將軍計 莫若引兵東北壁昌邑[2] 以梁委吳 吳必盡銳攻之 將軍深溝高壘 使輕兵絕淮泗口 塞吳饟道 彼吳梁相敝而糧食竭 乃以全彊制其罷極 破吳必矣 條侯曰 善 從其策 遂堅壁昌邑南[3] 輕兵絕吳饟道

① 楚兵輕초병경

[정의] 輕의 발음은 '경[遣正反]'이다.

遣正反

② 昌邑창읍

신주 춘추전국시대 읍이 되었고 진나라 때 동군에 창읍현을 설치했다. 한고조 6년에 창읍 사람 팽월을 봉해 양왕으로 삼은 곳이다. 후에 후국 교동국이 되었다.

③ 昌邑南창읍남

정의 조주성 무현의 동북쪽 42리에 있다.

在曹州城武縣東北四十二里也

오왕이 처음 반란을 일으켰을 때, 오나라 신하 전록백을 대장군으로 삼았다. 이때 전록백이 아뢰었다.

"군진軍陣이 한데 모여 서쪽으로 진격하는데, 다른 기책奇策이 없다면 공을 이루기가 어렵습니다. 신은 원하건대 5만의 군사를 얻어 따로 장강長江과 회수淮水를 거슬러 오르면서 회남淮南과 장사長沙를 수습하고 무관武關에 입성하여 대왕과 합류하고자 합니다. 이 또한 하나의 기책이라고 할 수 있습니다."

오왕의 태자가 간하였다.

"부왕父王께서는 반란을 명분으로 삼았으니 이 군사들을 남에게 빌려주기 어렵습니다. 남에게 빌려주고 나서 또한 장차 왕을 배반한다면 어떻게 하시겠습니까? 또 병권을 마음대로 하면서 달리 행한다면 이해관계가 많이 생길지는 알 수 없지만,① 다만 손해를 자초할 뿐입니다."

오왕은 이에 전록백의 기책을 허락하지 않았다.

吳王之初發也 吳臣田祿伯爲大將軍 田祿伯曰 兵屯聚而西 無佗奇道
難以就功 臣願得五萬人 別循江淮而上 收淮南長沙 入武關 與大王會
此亦一奇也 吳王太子諫曰 王以反爲名 此兵難以藉人 藉人亦且反王
奈何 且擅兵而別 多佗利害 未可知也[1] 徒自損耳 吳王卽不許田祿伯

① 未可知也미가지야

집해 소림이 말했다. "전록백이 만일 군사들을 거느리고 한나라에 투
항하여 스스로 자신의 이익을 챙긴다면 오나라에 재앙이 생기는 것이 된
다."

蘇林曰 祿伯儻將兵降漢 自爲利己 於吳爲生患也

오나라 젊은 장수 환桓 장군이 오왕을 설득하여 아뢰었다.

"오나라는 보병이 많은데, 보병은 험난한 지형에 유리합니다. 한
나라는 전차와 기병騎兵이 많은데, 전차와 기병은 평지가 이롭습
니다. 원하건대 대왕께서는 지나가는 곳의 성읍들을 함락시키지
못하더라도 그냥 버려두고 서쪽으로 급히 진격해 낙양의 무기고
를 점거하시고[1] 오창의 곡식을 군량으로 하십시오.[2] 그리고 산
하의 험고한 요새에 의지해서 제후들에게 명령하신다면 비록 관
중關中에 들어가지 못하더라도 천하는 진실로 이윽고 평정될 것입
니다. 그러나 만일 대왕께서 더디게 진군하시고 성읍을 함락시키
는 데만 머문다면 한군漢軍의 전차와 기병이 이르러서 양나라와

초나라 교외로 들이닥치게 될 것이니 일이 실패하게 될 것입니다.”
오왕이 노장들에게 물으니 그들이 대답했다.
“이는 젊은 사람이 적의 예봉을 무디게 하는 계책이 될 뿐,[③] 어찌
원대한 계책이라 할 수 있겠습니까.”
이에 오왕은 환 장군의 계책도 채용하지 않았다.

吳少將桓將軍說王曰 吳多步兵 步兵利險 漢多車騎 車騎利平地 願大
王所過城邑不下 直棄去 疾西據雒陽武庫[①] 食敖倉粟[②] 阻山河之險以
令諸侯 雖毋入關 天下固已定矣 卽大王徐行 留下城邑 漢軍車騎至 馳
入梁楚之郊 事敗矣 吳王問諸老將 老將曰 此少年推鋒之計可耳[③] 安知
大慮乎 於是王不用桓將軍計

① 據雒陽武庫거낙양무고

신주 낙양은 서기전 771년 동주의 도읍으로 삼은 이래 여러 왕조의 도
읍이 되었다. 중국사에서 이 지역이 중심에 있었던 것은 지리적 조건 때문
이다. 북쪽으로는 태항산과 황하, 서남쪽으로는 복우伏牛 산맥, 서쪽으로
는 삼문 협곡에 둘러싸여 있는 분지인데, 이러한 천혜의 요새를 선점해야
한다는 환 장군의 계책을 듣지 않음으로써 주아부에게 오히려 선점당해
낙양이 그의 본거지가 되었고 오왕의 군세가 꺾이는 전환점이 되었다.

② 食敖倉粟식오창속

신주 진한秦漢시대에 설치한 양식 창고로 오산敖山의 정상에 있어 붙
여진 이름이다. 북쪽으로는 황하와 제수濟水가 나누어 흐르는 곳에 임해
있고, 남쪽으로는 광무산廣武山이 뻗어 있으며, 서쪽으로는 범수氾水로

막혀 있다.

③ 此少年推鋒之計可耳차소년추봉지계가이

신주 환 장군의 계책을 동네 어린 아이들의 병정놀이 정도의 작전으로 여긴 것이다.

오왕은 전권으로 그의 군사를 거느리고 갔는데, 회수를 건너기 전에 여러 빈객賓客은 모두 장군, 교위校尉, 후候, 사마司馬에 임명되었으나, 주구周丘만 홀로 임용되지 못했다. 주구는 본래 하비下邳 사람으로 오나라로 도망쳐 와 술장사할 때, 품행이 나쁘다는 소문으로 오왕 유비가 그를 업신여겨 임용하지 않은 것이다. 주구가 왕을 알현하여 왕에게 아뢰었다.

"신은 무능해서 이번 군중에 있으면서 어떤 직책①도 맡지 못했습니다. 신은 감히 장수의 직책을 요구하는 것은 아니 오나, 원하건대 대왕께 한나라 부절符節 하나를 얻을 수 있다면 반드시 대왕께 보답해 드리겠습니다."

이에 오왕이 주구에게 부절 하나를 주었다. 주구는 부절을 얻고, 밤을 틈타 하비로 달려 들어갔다.

吳王專幷將其兵 未度淮 諸賓客皆得爲將校尉候司馬 獨周丘不得用 周丘者 下邳人 亡命吳 酤酒無行 吳王濞薄之 弗任 周丘上謁 說王曰 臣以無能 不得待罪①行間 臣非敢求有所將 願得王一漢節 必有以報王 王乃予之 周丘得節 夜馳入下邳

① 待罪대죄

신주 죄를 기다린다는 뜻으로 관리가 자기 직책을 수행하는 것을 겸손하게 이르는 것이다.

이때 하비에서는 오나라가 반란을 일으켰다는 소식을 듣고 모두 성을 지키고 있었다. 주구는 객사에 도착하자 하비 현령을 불러 들였다. 현령이 문 안으로 들어오자 주구는 따라온 사람들을 시켜 죄명을 대고는 현령을 참수하게 했다. 이어 형제들과 친하게 지내던 힘 있는 관리들을 불러서 말했다.

"오나라 반군이 장차 여기에 당도할 것이며, 그들이 이곳에 오면 하비는 한 식경 사이에 도륙될 것이다. 앞장서서 항복한다면 집안과 식솔들은 모두 온전할 것이고 능력 있는 자는 열후에 봉해질 것이다."

그들이 나가서 이에 이런 소식을 서로 알리고 다니니 하비 사람들이 모두 항복했다. 이리하여 주구는 하룻밤에 3만의 군사를 얻었으며 사람을 보내 오왕에게 보고하고 마침내 그 병사들을 거느리고 북쪽으로 성읍을 공략했다.

성양城陽①에 이르렀을 때 병사가 10여 만을 견줄 만큼 되었으며, 주구는 성양 중위군中尉軍을 격파했다. 그러나 이때 오왕이 패주했다는 소식을 듣고② 스스로 더불어 거사에 성공할 사람이 없음을 헤아려 곧 병사들을 이끌고 하비로 돌아갔다. 그러나 하비에 이르지 못하고 그만 등에 악성 종기가 나서 죽고 말았다.

下邳時聞吳反 皆城守 至傳舍 召令 令入戶 使從者以罪斬令 遂召昆弟
所善豪吏告曰 吳反兵且至 至 屠下邳不過食頃 今先下 家室必完 能者
封侯矣 出乃相告 下邳皆下 周丘一夜得三萬人 使人報吳王 遂將其兵
北略城邑 比至城陽① 兵十餘萬 破城陽中尉軍 聞吳王敗走② 自度無與
共成功 卽引兵歸下邳 未至 疽發背死

① 城陽성양

〈지리지〉에서 "성양국은 옛 제나라 땅이다. 한문제 2년에 별도의
나라가 되었다. 연주에 속한다."라고 했다.

地理志云 城陽國 故齊 漢文帝二年別爲國 屬兗州

② 聞吳王敗走문오왕패주

유비는 격파당하고 패망하자 동구국東甌國에 귀순했다. 한나라
조정에서 동구국에 밀사密使를 파견하여 유비를 죽이도록 설득하였고,
이에 오왕은 동구왕의 동생 이오夷烏 장군에게 죽임을 당했다.

2월 중순에 오왕의 군대는 이윽고 격파되어 패주했다. 이때 천자
는 장군들에게 칙명을 내려 말했다.
"대개 듣자니 '착한 일을 행하는 자는 하늘이 복으로써 갚고, 그
릇된 일을 행하는 자는 하늘이 재앙으로써 갚는다.①'고 했다. 고
황제께서 친히 공덕을 표창하여 제후들을 세우셨는데, 유왕幽王,

도혜왕悼惠王은 왕위가 끊어져 후사가 없었으나, 효문황제께서 이를 가엾게 여기시고 은혜를 베풀어 유왕의 아들 수遂, 도혜왕의 아들 앙卬 등을 제후왕으로 세워 그 선왕의 종묘를 받들게 하고 한나라 번국藩國으로 삼으셨으니, 그의 덕은 천지에 견주었고 광명은 해와 달에 견주었다.

그러나 오왕 유비는 은덕을 배반하고 의리를 등져가며 천하에 망명한 죄인들을 끌어들여 천하의 화폐 질서를 문란케 했으며,[2] 병을 사칭하여 20여 년 동안이나 입조하지 않았다. 대신들이 여러 차례 유비의 죄를 징벌하길 청했으나 효문황제께서 그를 관대한 마음으로 용서하고 그가 잘못을 고쳐 올바른 길로 돌아오기를 바라셨다.

二月中 吳王兵旣破 敗走 於是天子制詔將軍曰 蓋聞爲善者 天報之以福 爲非者 天報之以殃[1] 高皇帝親表功德 建立諸侯 幽王悼惠王絕無後 孝文皇帝哀憐加惠 王幽王子遂悼惠王子卬等 令奉其先王宗廟 爲漢藩國 德配天地 明竝日月 吳王濞倍德反義 誘受天下亡命辠人 亂天下幣[2] 稱病不朝二十餘年 有司數請濞罪 孝文皇帝寬之 欲其改行爲善

---

① 爲善者 天報之以福 爲非者 天報之以殃위선자 천보지이복 위비자 천보지이앙

신주 공자가 한 말로《상서》〈이훈〉에서 "착한 일을 행하면 그에게 온갖 복을 내리고, 그른 일을 행하면 그에게 온갖 재앙을 내린다[作善 降之百祥 作不善 降之百殃]"라고 일렀다. 이 말은 고려 때 추적이 지은《명심보감》의 첫 구절이기도 하다.

② 亂天下幣난천하폐

여순이 말했다. "폐幣는 '전錢'(화폐)이다. 사사로운 화폐 때문에 천하의 화폐질서가 혼란하게 된 것이다."

如淳曰 幣 錢也 以私錢淆亂天下錢也

그런데도 오왕 유비는 지금 끝내 초왕 무戊, 조왕 수遂, 교서왕 앙卬, 제남왕 벽광辟光, 치천왕 현賢, 교동왕 웅거雄渠 등과 맹약을 하고 모반했다. 이에 대역무도한 짓을 행하고 군사를 일으켜 종묘를 위험에 빠뜨렸다. 조정에서 파견한 대신 및 사신을 학살했으며 죄 없는 많은 백성을 협박하고 무고한 사람을 함부로 죽였다. 민가를 불태우고 분묘를 파헤치는 등 매우 포악한 행위를 저질렀다. 지금 교서왕 앙卬 등은 또 대역무도한 짓을 거듭하고, 종묘를 불태우고 종묘의 황실 기물을 노략질했으니[1] 짐은 이를 심히 통탄한다. 짐은 소복을 하고 정전正殿을 피해 있으니, 장군들은 사대부를 독려해 반로叛虜[2]를 공격하도록 하라. 반로의 무리를 공격하는 자는 적군 깊이 들어가 많이 죽이는 것을 공으로 삼을 것인데 사로잡은 사람 중 300석 이상의 신분을 가진 자는 모두 목을 베어 죽이고 놓아주지 말라.[3] 감히 이 조서에 대해서 책責잡거나 이 조서와 같이 이행하지 않는 자는 모두 요참형腰斬刑에 처할 것이다."

今乃與楚王戊趙王遂膠西王卬濟南王辟光菑川王賢膠東王雄渠約從反 爲逆無道 起兵以危宗廟 賊殺大臣及漢使者 迫劫萬民 夭殺無罪 燒

殘民家 掘其丘冢 甚爲暴虐 今卬等又重逆無道 燒宗廟 鹵御物^① 朕甚
痛之 朕素服避正殿 將軍其勸士大夫擊反虜^② 擊反虜者 深入多殺爲功
斬首捕虜比三百石以上者皆殺之 無有所置^③ 敢有議詔及不如詔者 皆
要斬

① 鹵御物노어물

［집해］ 여순이 말했다. "로鹵는 노략질로 빼앗음이다. 종묘에는 군현에
서 보내온 물건이 있는데, 모두 황실의 물건이 된다."

如淳曰 鹵 抄掠也 宗廟在郡縣之物 皆爲御物

［정의］ 안사고가 말했다. "어물은 종묘의 제복과 제기이다."

顔師古曰 御物 宗廟之服器也

② 叛虜반로

［신주］ 모반한 배반자를 가리킨다.

③ 置치

［정의］ 치置는 놓아준다는 뜻이다.

置 放釋也

반란의 사후 처리

처음에 오왕이 회수를 건너 초왕 유수와 서쪽으로 진격해 극벽棘
壁①에서 한군漢軍을 쳐부수고 승세를 타 전진할 때는 그 기세가
심히 날카로웠다. 양효왕梁孝王은 두려운 마음에 여섯 명의 장군
을 보내어서 오나라 군사를 공격하였으나, 또 오나라가 양나라 두
장군을 패전시키자 사졸들이 모두 양나라로 도망쳐 왔다.

양나라는 여러 차례 사신을 보내서 조후條侯 주아부周亞夫에게
보고하고 구원을 청했으나 조후는 이를 허락하지 않았다. 또 황
제에게 사신을 보내서 조후를 모진 사람이라고 하자 황제가 사
신을 보내서 조후에게 양나라를 구하라고 알렸다. 그러나 조후
는 거듭 자신의 편의만을 고집하며 이행하지 않았다. 양나라는
한안국韓安國②과 초왕이 반란을 일으킬 때 간언하다가 죽임을
당한 초나라 승상의 동생 장우張羽를 장군으로 삼고 나서③ 비로
소 오나라 군대를 크게 무너뜨릴 수 있었다.

初 吳王之度淮 與楚王遂西敗棘壁① 乘勝前 銳甚 梁孝王恐 遣六將軍
擊吳 又敗梁兩將 士卒皆還走梁 梁數使使報條侯求救 條侯不許 又使
使惡條侯於上 上使人告條侯救梁 復守便宜不行 梁便韓安國⑥及楚死
事相弟張羽爲將軍③ 乃得頗敗吳兵

① 棘壁극벽

[정의] 송주 영릉현 서남쪽 70리에 있다.

在宋州寧陵縣西南七十里

② 韓安國한안국

[신주] 한안국韓安國(?~서기전 127)은 자가 장유長孺로 양나라 성안현成安縣
사람이다. 일찍이 전생田生에게 가르침을 받아 《한비자》를 익혔고, 양효
왕을 섬겨 오초칠국의 난 때에 양나라 장수가 되어 군공을 세웠다. 이러
한 내용이 〈한장유열전〉에 상세히 기록되어 있다.

③ 楚死事相弟張羽爲將軍초사사상제장우위장군

[집해] 서광이 말했다. "초나라 재상 장상은 왕에게 간언하다가 죽었다."

徐廣曰 楚相張尚諫王而死

[정의] 살펴보니 장우는 장상의 동생이다.

按羽尚弟也

오나라 군대가 서쪽으로 진격하려 했으나 양나라 성의 수비가 견
고해 감히 서쪽으로 가지 못했다. 그래서 조후의 군대 쪽으로 출격
해 하읍下邑①에서 맞부딪치게 되었다. 이에 오나라 군대는 싸우려
고 했으나 조후는 성벽을 굳게 지키며 싸우려 하지 않았다. 오나
라는 군량이 나 떨어져 병사들이 굶주리게 되자 자주 싸움을 걸다
가, 마침내 야음夜陰을 틈타 조후의 성벽을 기습하여 동남쪽에서

소란을 피웠다. 그러나 조후는 서북쪽을 수비하게 하니 과연 오나라 군대는 서북쪽에서 침입해왔다.[2] 오나라 군대는 크게 패하고 병사들은 대부분 굶어 죽게 되자, 마침내 뿔뿔이 흩어져 달아났다. 이에 오왕은 곧 그 휘하의 장사 수천 명과 함께 밤을 틈타 도망쳐 장강을 건너 단도丹徒로 달아나 동월東越의 보호를 받았다.[3] 동월은 병사가 대략 만여 명이 되었으므로 사람을 시켜 도망 중인 병사들을 더 불러 모으게 했다. 이때 한나라는 사신을 보내어 이로운 조건으로 동월을 유혹했다.[4] 동월왕은 이에 오왕을 속여 오왕에게 나가서 군사를 위로하게 하고는 즉시 사람을 시켜 창으로 오왕을 찔러 죽였다.[5] 그리고 그릇에 그의 머리를 담아[6] 전마傳馬를 내달리게 해서 한나라 황제에게 올렸다. 오나라 왕자 자화子華와 자구子駒는 민월閩越로 도망쳤다. 왕자들이 군대를 버리고 도망가자 군대는 마침내 무너져 잇따라 태위太尉나 양나라 군대에 투항했다. 초왕 유무劉戊는 군대가 패하자 자살했다.

吳兵欲西 梁城守堅 不敢西 卽走條侯軍 會下邑[1] 欲戰 條侯壁 不肯戰 吳糧絕 卒飢 數挑戰 遂夜犇條侯壁 驚東南 條侯使備西北 果從西北入[2] 吳大敗 士卒多飢死 乃畔散 於是吳王乃與其麾下壯士數千人夜亡去 度江走丹徒 保東越[3] 東越兵可萬餘人 乃使人收聚亡卒 漢使人以利啗[4]東越 東越卽紿吳王 吳王出勞軍 卽使人鏦[5]殺吳王 盛其頭[6] 馳傳以聞 吳王子子華子駒亡走閩越 吳王之棄其軍亡也 軍遂潰 往往稍降 太尉梁軍 楚王戊軍敗 自殺

① 下邑하읍

집해 서광이 말했다. "양나라에 속한다."

徐廣曰 屬梁國

정의 송주 탕산현인데, 본래 한나라 하읍현이었다.

宋州碭山縣 本漢下邑縣

② 逐夜犇條侯壁~果從西北入수야분조후벽~과종서북입

신주 조후는 성동격서의 전법을 알고 있었다. 따라서 크게 이길 수 있었다.

③ 保東越보동월

정의 〈동월열전〉에 "홀로 동구는 한나라 화친조약을 받아 오왕을 죽였다."라고 하였다. 단도는 윤주이다. 동구는 곧 동월이다. 동월의 장병들은 오왕을 따라서 단도에 있었다.

東越傳云 獨東甌受漢之購 殺吳王 丹徒 潤州也 東甌卽東越也 東越將兵從吳 在丹徒也

④ 啗담

집해 위소가 말했다. "啗의 발음은 '담[徒覽反]'이다.

韋昭曰 啗音徒覽反

⑤ 縱종

집해 맹강이 말했다. "방언에 '극戟을 일러 종鏦(창)이라' 한다."

孟康曰 方言 戟謂之鏦

색은 鏦의 발음은 '창[七江反]'이다. 창으로 찔러 죽였음을 말한다. 추씨가 말했다. "鏦의 발음은 '용春' 또는 '종용從容'의 '종從'이다. 찔러 죽였음을 말한다."

鏦音七江反 謂以戈刺殺之 鄒氏又音春 亦音從容之從 謂撞殺之也

⑥ 盛其頭성기두

집해 《오지기》에서 말한다. "오왕 비는 무진의 남쪽에 장사지냈다. 지명은 상당이다."

吳地記曰 吳王濞葬武進縣南 地名相唐

색은 장발이 "오왕 비는 단도현의 남쪽에 장사지냈고, 지명은 상당이다."라고 하였으니, 금주본今注本에서 "무진현武進縣"이라고 한 것은 아마도 착오일 것이다.

張勃云吳王濞葬丹徒縣南 其地名相唐 今注本云武進縣 恐錯也

정의 《괄지지》에서 말한다. "한나라 오왕 비의 무덤은 윤주 단도현 동쪽, 연벽마을 북쪽에 있다. 지금은 우강에 편입되었다." 오록이 말했다. "단도에 오왕의 무덤이 있다. 현의 북쪽에 있는데, 그곳의 지명을 상당이라고 한다."

括地志云 漢吳王濞冢在潤州丹徒縣東練壁聚北 今入于江 吳錄云丹徒有吳王冢 在縣北 其處名爲相唐

교서, 교동, 치천 등 세 왕이 제나라 임치를 포위했으나 석 달이 지나도록 함락시키지 못했다. 한나라 군사가 도착하자 교서, 교동, 치천의 왕은 각자 군대를 이끌고 자기 나라로 돌아갔다.

교서왕膠西王은 이에 버선을 벗고 맨발로[①] 짚 위에 앉아 물만 마시며 모친 왕태후에게 사죄했다. 교서왕의 태자 유덕劉德이 말했다.

"한나라 군사는 먼 길을 왔으며 제가 그들을 살펴보니 이미 지쳐 있어 습격해볼 만하니 원컨대 대왕의 남은 병사를 거두어 그들을 공격하십시오. 그들을 쳐서 이기지 못하면 그때 도망쳐 바다로 들어가도 늦지 않을 것입니다."

교서왕이 대답했다.

"나의 병사들은 모두 이미 패하여 흩어져 다시 일으켜 쓸 수가 없다."

태자의 말을 듣지 않았다.

한漢나라 장수 궁고후弓高侯 퇴당頹當[②]이 교서왕에게 서신를 보내서 말했다.

"나는 황제의 조칙을 받들어 불의한 자들을 토벌하고 항복하는 자는 그 죄를 용서해주고 옛 지위를 회복시켜줄 것입니다. 항복하지 않는 자는 멸할 것입니다. 왕은 어느 쪽으로 처신할 것입니까? 회답을 기다려 일을 처리하겠습니다."

三王之圍齊臨菑也 三月不能下 漢兵至 膠西膠東菑川王各引兵歸 膠西王乃袒跣[①] 席稾 飲水 謝太后 王太子德曰 漢兵遠 臣觀之已罷 可襲 願收大王餘兵擊之 擊之不勝 乃逃入海 未晚也 王曰 吾士卒皆已壞 不可發用 弗聽 漢將弓高侯積當[②] 遺王書曰 奉詔誅不義 降者赦其罪 復故 不降者滅之 王何處 須以從事

① 袒跣단선

버선을 벗고 맨발로 선다는 뜻으로 고대 중국에서 경의를 표하며 사죄하는 일종의 예절을 말한다.

② 贖當퇴당

서광이 말했다. "성은 한이다."

徐廣曰 姓韓

교서왕은 웃통을 벗어 상체를 드러내고 머리를 조아리며[1] 한나라 군영에 아뢰었다.

"신 유앙은 법을 받드는데 신중하지 못해 백성들을 놀라게 했으며, 이에 수고롭게도 장군을 궁벽한 나라까지 먼 길을 오시게 했으니 감히 청하건대 저해菹醢[2]의 형벌을 내려주십시오."

궁고후는 금고金鼓[3]를 잡고 교서왕을 만나서 말했다.

"왕께서는 군사를 일으킨 일로 고통을 받고 있습니다. 원하건대 왕께서 군사를 일으키게 된 상황을 듣고 싶습니다."

교서왕은 머리를 조아리고 무릎으로 가서 대답했다.

"지금 조조는 천자께서 등용하여 정사를 맡긴 신하로, 고조 황제의 법령을 변경하여 제후의 봉지를 침탈했습니다. 이에 유앙의 무리들은 그것이 의롭지 못하다고 생각하고 그가 천하를 어지럽힐까 두려워서 칠국七國과 군사를 일으켜서 또한 조조를 주살하려고 했습니다. 지금 들으니 조조가 이미 처형되었다고 해서 유앙의 무리들은 삼가 군사를 거두어 돌아왔습니다."

王肉袒叩頭^①漢軍壁 謁曰 臣卬奉法不謹 驚駭百姓 乃苦將軍遠道至于
窮國 敢請菹醢^②之罪 弓高侯執金鼓^③見之 曰 王苦軍事 願聞王發兵狀
王頓首膝行對曰 今者 鼂錯天子用事臣 變更高皇帝法令 侵奪諸侯地
卬等以爲不義 恐其敗亂天下 七國發兵 且以誅錯 今聞錯已誅 卬等謹
以罷兵歸

① 肉袒叩頭육단고두

신주 고두는 일종의 전통 의식이자 예절인데 두 무릎을 땅바닥에 꿇고
손을 땅에 짚고 머리를 땅에 닿게 한다. 이는 높은 충성심과 존경을 나
타내는 표시로 사용된다. 잘못을 저질렀을 때 자신보다 윗사람에 사죄
하는 의미로 쓰였다. 여기서 육단도 마찬가지이다.

② 菹醢저해

신주 고대 형벌의 하나로, 사람을 죽여 육장肉醬을 만드는 형벌이다.

③ 金鼓금고

신주 금고는 사금과 육고를 말한다. 사금은 순錞, 탁鐲, 뇨鐃, 탁鐸을,
육고는 뇌고雷鼓, 영고靈鼓, 노고路鼓, 분고鼖鼓, 고고鼛鼓, 진고晉鼓를
가리키는데, 고대 군대는 행군하거나 작전하는데, 금고와 떨어져서 행사
할 수 없다. 왜냐하면 군대가 행군하고 진격하는 데는 북을 쳐 명령하고,
군대가 정지하고 후퇴하는 데는 징을 쳐 명령했기 때문이다.

장군 궁고후가 말했다.

"왕이 진실로 조조가 옳지 못했다고 여겼다면 어찌하여 황제께 말씀드리지 않으셨습니까? 끝내 황제의 조서와 호부虎符를 가지지도 않고 마음대로 병사를 일으켜 의로운 나라를 공격했습니까? 이로써 보건대 왕의 생각은 조조를 주살하려는 것만이 아니었습니다."

그러고는 황제의 조서를 꺼내어 교서왕에게 읽어주었다. 궁고후는 그것을 다 읽고 나서 말했다.

"왕께서 스스로 헤아려 보십시오."

교서왕이 말했다.

"유앙의 무리와 같은 자는 죽어도 죄를 다 갚지 못합니다."

그러고는 마침내 자살하였다. 태후와 태자도 모두 그 뒤를 따라 죽었다.

교동왕, 치천왕, 제남왕도 모두 죽어① 나라는 없어지고 봉지는 한나라 조정에 편입되었다. 장군 역기酈寄가 조나라 도성을 포위한 지 10달 만에 함락시켜 조왕趙王도 자살했다. 제북왕은 낭중령의 겁박에 군사를 일으키지 못한 까닭으로② 주벌誅伐 당하지는 않았으나 왕의 자리를 치천으로 옮겼다.

처음에 오왕이 먼저 반란을 일으켜 초나라 군사와 오나라 군사를 함께 통솔하고 제나라 및 조나라와 연합했다. 정월에 군사를 일으켜 3월에 모두 패하고, 홀로 조나라만 뒤에 함락되었다. 경제景帝는 다시 초나라 원왕元王의 막내아들 평륙후平陸侯 유례劉禮를 초나라 왕으로 삼아 원왕의 뒤를 잇게 했다. 여남왕汝南王 유비劉非를 옮겨서 오나라 옛 땅에 왕으로 삼고 강도왕江都王이라 했다.

將軍曰 王苟以錯不善 何不以聞 (及)〔乃〕未有詔虎符 擅發兵擊義國 以
此觀之 意非欲誅錯也 乃出詔書爲王讀之 讀之訖 曰 王其自圖 王曰 如
卬等死有餘罪 遂自殺 太后太子皆死 膠東菑川濟南王皆死^① 國除 納于
漢 酈將軍圍趙十月而下之 趙王自殺 濟北王以劫故^② 得不誅 徙王菑川
初 吳王首反 并將楚兵 連齊趙 正月起兵 三月皆破 獨趙後下 復置元王
少子平陸侯禮爲楚王 續元王後 徙汝南王非王吳故地 爲江都王

① 死사

집해 서광이 말했다. "일설에는 자살했다고 말했다."

徐廣曰 一云自殺

② 濟北王以劫故제북왕이겁고

신주 《한서》〈형연오전〉에서 "제왕은 후회해 약속을 배반하고 성을
지켰다.[齊王後悔 背約城守]"라고 했고, "제북왕은 성이 파괴되어 수리를 완
전히 하지 못했는데, 그의 낭중령이 겁박하면서 왕을 감시해 군사를 일
으키지 못했다.[濟北王城壞未完 其郎中令劫守王 不得發兵]"라고 기록했다.

태사공은 말한다.
"오왕 유비가 왕이 된 것은 그의 부친의 강등으로 인한 것이었다.^①
오왕이 조세를 적게 거두고 그의 백성을 부릴 수 있었던 것은 광
산의 구리와 바다의 소금에 의한 이익을 마음대로 할 수 있었기

때문이다. 반란의 싹은 그의 아들로 인해 일어났다. 육박六博놀이를 하다가 다툰 데서 환란이 일어나② 마침내 그 근본을 잃었다. 그리고 월족을 가까이하며 종실을 도모하다가 끝내 멸망했다. 조조는 국가를 위해 앞날을 깊이 헤아렸으나 재앙이 도리어 자기 몸에 다가왔다. 원앙은 권도와 유세에 능해 처음에는 총애받았지만, 뒤에는 욕됨을 당했다. 그래서 옛날에 제후의 땅은 100리를 넘지 않게 하고 산과 바다가 있는 곳은 제후를 봉하지 않은 것이다. '오랑캐를 가까이하여 친족을 소원하게 하지 말라'는 말은 오왕吳王 같은 경우를 가리키는 것이 아니겠는가? '권모술수에 앞장서지 마라, 오히려 재앙을 받을 것이다.'라고 한 것은 원앙이나 조조를 두고 한 말이 아니겠는가?"

太史公曰 吳王之王 由父省也① 能薄賦斂 使其衆 以擅山海利 逆亂之萌 自其子興 爭技發難② 卒亡其本 親越謀宗 竟以夷隕 鼂錯爲國遠慮 禍反近身 袁盎權說 初寵後辱 故古者諸侯地不過百里 山海不以封 毋親夷狄 以疏其屬 蓋謂吳邪 毋爲權首 反受其咎 豈盎錯邪

① 由父省也유부생야

[집해] 유비가 오나라에 왕으로 봉해진 것은 아버지 대왕代王 유중이 죄를 입어 강등되어 합양후에 봉해졌기 때문임을 말한다. 省의 발음은 '생[所幸反]'이다.

言濞之王吳 由父代王被省封郃陽侯 省音所幸反

[색은] 省의 발음은 '셩[所景反]'이다. 생省은 덜어냄이다. 아버지 유중은 대왕에서 강등되어 합양후에 봉해진 것을 말한다.

省音所景反 省者 減也 謂父仲從代王省封郃陽侯也

② 爭技發難쟁기발난

색은 (오나라 태자가) 황태자와 육박을 두다가 다투었는데, 육박의 한 수를 다투다가 생긴 것을 이른다.

謂與太子爭博爲爭技也

색은술찬 사마정이 펼쳐서 밝히다.

오나라와 초나라는 날래고 사나우며 오왕 유비는 덕을 배반했다. 광산을 채굴하여 부유해졌고 맹세가 이루어져 반란 국면을 끌어들였다. 방자하고 교만하게 두 마음을 품어 칠국을 연합하여 결속했다. 두영에게 명령하여 비로소 살폈고 조조를 주벌했어도 막지 못했다. 천자가 화를 뉘우치게 하니 마침내 달아나 패주했다.

吳楚輕悍 王濞倍德 富因採山 釁成提局 憍矜貳志 連結七國 嬰命始監 錯誅未塞 天之悔禍 卒取奔北

사기 제 107 권 史記卷一百七

위기무안후열전 魏其武安侯列傳

사기 제107권 위기무안후열전 제47

史記卷一百七 魏其武安侯列傳第四十七

신주 위기후魏其侯 두영竇嬰(?~서기전 130년)은 문제文帝 황후皇后의 사촌 오라비의 아들이다. 효경제가 즉위할 때(서기전 156년) 첨사詹事에 임명되고, 경제 3년(서기전 154)에 오吳·초楚칠국이 반란을 일으키자 대장군이 되어 형양滎陽을 지키며 제나라와 조나라 지역의 군사를 감독한 공으로 오·초칠국의 난이 평정되자 위기후에 봉해졌다. 경제 4년(서기전 153)에 율태자栗太子의 태자부太子傅로 삼았다. 경제 7년(서기전 150)에 율태자가 폐해질 때 여러 차례 간언하였으나 막지 못하자 관직에서 물러났다. 이후 두태후가 승상 자리에 위기후를 추천했으나 효경제는 기용하지 않았다. 그후 무제武帝가 즉위(서기전 140)하고 승상이 되었으나 두영과 전분田蚡 등이 유학의 예법을 따르자 황로학黃老學에 심취한 두태후의 미움을 사서 이듬해 해직되었다. 무제 원광 5년(서기전 130)에 사이가 나빠진 무안후武安侯 전분田蚡의 모함을 받고 참수되었다.

무안후武安侯 전분田蚡(?~서기전 129년)은 경제景帝 황후(무제의 모친)의 아버지가 다른 동생이다. 외척의 신분으로 경제 후원 3년(서기전 141)에 무안후가 되었다. 무제 건원 원년(서기전 140)에 위기후가 승상이 되고 무안후는 태위太尉가 되었다. 이듬해 두태후의 미움을 사 모두 해임되었다가 무제 건원 6년(서기전 135)에 두태후가 붕어하자 전분은 승상이 되었다. 전분은 실권을 잡고 권세를 누렸으며 두영竇嬰과 관부灌夫를 모함해 주살당하게 하였다.

관부灌夫(?~서기전 130년)는 영음潁陰 사람이다. 관부의 아버지 장맹張孟은 일찍이 영음후 관영灌嬰의 가신家臣이었다. 관씨성을 따라서 관맹灌孟이 되었다. 오吳·초楚칠국의 난이 일어나자 관부는 아버지 관맹을 따라 출전했으나 아버지는 전사했다. 이 싸움에서 관부는 용맹을 떨쳐 중랑장中郞將이 되었다. 효경제 때 대代나라의 승상에 올랐으며, 효무제 즉위 원년(서기전 140)에 관부는 회양태수淮陽太守가 되었다가 곧바로 조정의 태복太僕이 되었다. 관부는 주벽酒癖이 있었으나 강직했고, 학문은 좋아하지 않았으나 협기俠氣가 있었다. 위기후 두영과 친하게 지냈다. 원광 4년(서기전 131)에 무안후 전분이 주최하는 연회에 참석했다가 전분과 갈등이 생겨 전분이 불경죄로 탄핵하여 죽게 되었는데 이를 변호한 두영도 함께 죄를 당하여 서기전 130년, 관부와 그 일족은 모두 처형되었고, 두영도 그해 참수되었다.

두영과 전분

위기후魏其侯 두영竇嬰은 효문제의 황후의 사촌 오라비의 아들이다. 그의 아버지 때까지 대대로 관진觀津[1]에서 살았다. 집안에서는 빈객 접대를 좋아했다. 효문제 때에 두영은 오吳나라 재상이 되었으나 질병으로 면직했다가 효경제가 즉위한 초기에 첨사詹事[2]가 되었다.

양효왕梁孝王[3]은 효경제의 아우인데, 그의 어머니 두태후竇太后는 양효왕을 매우 사랑했다. 양효왕이 조회에 들어오면 효경제는 양효왕과 형제지간인 관계로 연회를 열고 술을 같이 마셨다. 이때 경제는 태자를 세우기 전이었는데, 주흥이 한창 무르익자 조용하게 말했다.

"내가 죽은 뒤에는 양왕에게 전하리라."

두태후도 기뻐했는데, 두영이 술잔을 당겨 술을 따라 올리면서 말했다.

"천하란 고조의 천하이며 부자가 서로 전하는 것이 한나라의 약속입니다. 수상께서는 어찌 넷대로 양왕에게 선할 수 있으셨습니까?"

태후가 이로 말미암아 두영을 미워하게 되었다. 두영도 그의 관직을 하찮게 여기고 병을 핑계로 그 직을 그만두자, 두태후는 두영을 문적門籍에서 없애버려서 입조入朝해 주청④할 수도 없게 되었다.

魏其侯竇嬰者 孝文后從兄子也 父世觀津①人 喜賓客 孝文時 嬰爲吳相 病免 孝景初卽位 爲詹事② 梁孝王③者 孝景弟也 其母竇太后愛之 梁孝王朝 因昆弟燕飮 是時上未立太子 酒酣 從容言曰 千秋之後傳梁王 太后驩 竇嬰引卮酒進上 曰 天下者 高祖天下 父子相傳 此漢之約也 上何以得擅傳梁王 太后由此憎竇嬰 竇嬰亦薄其官 因病免 太后除竇嬰門籍 不得入朝請④

① 觀津관진

색은 살펴보니 〈지리지〉에 관진현觀津縣은 신도군에 속한다. 그 여러 대 동안 관진에 있었기 때문에 '부세父世'라고 했다.

案 地理志觀津縣屬信都 以言其累葉在觀津 故云 父世也

정의 관진성은 기주冀州 무읍현武邑縣 동남쪽 25리에 있다.

觀津城在冀州武邑縣東南二十五里

② 詹事첨사

정의 〈백관표〉에서 말한다. "첨사詹事는 진나라 관직 이름이고 황후와 태자의 집을 관장한다."

百官表云 詹事 秦官 掌皇后太子家也

③ 梁孝王양효왕

신주 효문제의 둘째 아들이며 전한 경제의 친동생으로 이름은 무武(?~ 서기전 144년)이다. 어머니 두태후에게 가장 큰 사랑을 받았다. 제후왕으로 대왕과 회양왕을 역임했으며 오초칠국의 난을 진압하는데, 큰 공을 세웠다.

④ 朝請조청

집해 《율律》에서 말한다. "제후가 봄에 천자에게 조회하는 것을 조朝라 고 하고, 가을에 하는 것을 청請이라고 한다."

律 諸侯春朝天子曰朝 秋曰請

정의 請의 발음은 '정[才性反]'이다.

才性反

효경제 3년, 오나라와 초나라가 반란을 일으켰다. 경제는 종실과 여러 두씨①를 살펴보았으나 두영과 같이 현명한 자가 없어 이에 두영을 불렀다. 두영이 들어와 경제를 뵙고 굳이 사절하며 병이 있어서 족히 임무를 맡지 못한다고 했다. 태후도 또한 두영에게 미안한 기색氣色을 보이자 이에 경제가 말했다.

"천하가 바야흐로 위급함에 처했는데, 왕손王孫②이 어찌 사양할 수 있단 말인가."

이에 두영을 제수해 대장군으로 삼고 황금 1,000근을 하사했다. 두 영은 곧 원앙과 난포 등 이름난 장수와 집에 머물러 있는 어진 사 인들을 천거했다. 하사받은 금은 성전正殿 곁채 아래에 놓아두고 군의 관리들이 지날 때 언제든 군의 비용으로 가져가 쓰게 하고③

한 푼의 금전도 집안에 들이지 않았다.

두영은 형양을 지키면서 제나라와 조나라 군사를 감시④했는데, 칠국의 군사가 이윽고 다 무너지자 두영을 봉해 위기후魏其侯로 삼았다. 여러 유람하는 사인과 빈객들이 위기후에게 다투어 귀의했다.

경제 때 매양 조회에서 조정의 대사를 의논할 때, 여러 열후列侯 중에 조후條侯(주아부), 위기후와 감히 대등한 예로 함께하는 자가 없었다.

孝景三年 吳楚反 上察宗室諸竇① 毋如竇嬰賢 乃召嬰 嬰入見 固辭謝病 不足任 太后亦慙 於是上曰 天下方有急 王孫② 寧可以讓邪 乃拜嬰爲大 將軍 賜金千斤 嬰乃言袁盎欒布諸名將 賢士在家者進之 所賜金 陳之 廊廡下 軍吏過 輒令財取爲用③ 金無入家者 竇嬰守滎陽 監齊趙兵④ 七 國兵已盡破 封嬰爲魏其侯 諸游士賓客爭歸魏其侯 孝景時每朝議大事 條侯魏其侯 諸列侯莫敢與亢禮

① 諸竇제두

색은 살펴보니 종실 중에, 여러 두씨가 종실에 이른 것을 말한 것이다. 또 요씨가 살펴보니, 〈혹리열전〉에서 "주양유周陽由의 아버지 조겸趙兼은 회남왕의 외숙으로 주양周陽에 후작으로 봉해졌기 때문에 이로 인해 성씨를 바꾸었다. 주양유는 종실인 까닭에 낭郎이 되었다."라고 했다. 곧 이처럼 나라에 친척의 속적屬籍이 있는 자 종실로 불렸던 듯하다.

案 謂宗室之中及諸竇之宗室也 又姚氏案 酷吏傳 周陽由 其父趙兼 以淮南王舅 侯周陽 故因改氏 由以宗室任爲郎 則似是與國有親戚屬籍者 亦得呼爲宗室也

② 王孫왕손

[집해] 《한서》에서 말한다. "두영의 자는 왕손王孫이다."라고 했다.

漢書曰 竇嬰字王孫

③ 令財取爲用영재취위용

[집해] 소림이 말했다. "스스로 정도를 헤아려 가져가 비용으로 쓰도록 영令을 내린 것이다."

蘇林曰 令自裁度取爲用也

④ 監齊趙兵감제조병

[정의] 監의 발음은 '감[甲衫反]'이다. 〈오왕비열전〉에서 말한다. "두영이 형양에 주둔하고 제齊와 조趙의 군사를 감시했다."

監音甲衫反 吳王濞傳云 竇嬰屯滎陽 監齊趙兵也

경제 4년, 율栗 부인의 아들을 태자로 세우고① 위기후를 태자부 太子傅로 삼았다. 경제 7년, 율 태자가 폐해지자 위기후가 수차 태 자를 폐한 것은 부당하다고 간했으나 받아들여지지 않았다. 이에 위기후는 병을 핑계로 사양하고 물러나 남전藍田의 남산 아래에 수개월 동안 은거했는데 여러 빈객과 변사들이 그를 설득했지만, 조정으로 나오게는 할 수 없었다. 양나라 사람 고수高遂가 이에 위기후를 설득해 말했다.

"장군을 부귀하게 할 수 있는 사람은 주상이고, 장군을 친근하게 대할 수 있는 분은 태후입니다. 지금 장군께서는 태자의 스승으로 태자가 폐해졌는데도 제대로 간쟁하지 못했고, 간쟁을 하면서도 뜻을 관철하지 못했습니다. 또 죽을 수도 없어서 스스로 병을 핑계 대고 조나라 여인을 껴안고 한가한 곳[2]으로 물러나 조회에 들지 않았습니다. 그리고 빈객들을 끌어들여 세상사를 논하는데,[3] 이것은 스스로 주상의 죄과를 들추어 밝히는 것입니다. 만약 폐하나 태후께서 장군께 화를 내게 되면[4] 처자식조차 살아남지 못할 것입니다.[5]"

위기후가 옳다고 여기고 이에 드디어 일어나 옛날처럼 조회에 들었다.

孝景四年 立栗太子[1] 使魏其侯爲太子傅 孝景七年 栗太子廢 魏其數爭不能得 魏其謝病 屛居藍田南山之下數月 諸賓客辯士說之 莫能來 梁人高遂乃說魏其曰 能富貴將軍者 上也 能親將軍者 太后也 今將軍傅太子 太子廢而不能爭 爭不能得 又弗能死 自引謝病 擁趙女 屛閒處[2]而不朝 相提而論[3] 是自明揚主上之過 有如兩宮螫將軍[4] 則妻子毋類[5]矣 魏其侯然之 乃遂起 朝請如故

① 立栗太子입율태자

정의 율희의 아들이며 뒤에 폐해졌다. 그러므로 어머니의 성씨를 쓴 것이다.

栗姬之子 後廢之 故書母姓也

② 閒處한처

앞 글자 閒의 발음은 '한閑'이고 뒤의 글자 處의 발음은 '쳐[昌汝反]'
이다.

上音閑 下昌汝反

③ 相提而論상제이론

집해 서광이 말했다. "提의 발음은 '뎌[徒抵反]'이다."

徐廣曰 提音徒抵反

색은 提의 발음은 '제弟' 또는 '제啼'이다. 상제相提는 상저相抵와 같다.
論의 발음은 '론[路頓反]'이다.

提音弟 又音啼 相提猶相抵也 論音路頓反

④ 兩宮螫將軍양궁석장군

집해 장안이 말했다. "양궁兩宮은 태후와 경제이다. 석螫은 성내는 것이
다. 독충이 성나면 반드시 사람을 쏜다. 또 螫의 발음은 '학[火各反]'이다."

張晏曰 兩宮 太后景帝也 螫 怒也 毒蟲怒必螫人 又火各反

색은 螫의 발음은 '석釋'이고 성내는 것을 이른다. 독충이 성나면 반드
시 사람을 쏜다. 또 螫의 발음은 '학[火各反]'이다. 《한서》에는 '석奭' 자로
되어 있는데, 석奭은 곧 석螫이다.

螫音釋 謂怒也 毒蟲怒必螫人 又音火各反 漢書作奭 奭卽螫也

정의 양궁은 태자와 경제이다.

兩宮 太子景帝也

신주 정의 에서 양궁兩宮을 '태자와 경제'라고 한 것은 착오이다. 문장
의 흐름으로 보아 '경제와 태후'라고 하는 것이 옳다.

⑤ 母類무류

[색은] 주벌로 멸족을 당해 유족이 없음을 이른다.

謂見誅滅無遺類

도후桃侯①가 재상에서 해임되자 두태후는 자주 위기후를 거론했다. 경제가 말했다.

"태후께서는 어찌 신이 자리를 아까워하여② 위기후를 승상으로 삼지 않는다고 생각하십니까? 위기후는 우쭐거리며 스스로 기뻐할 뿐, 어려운 일을 쉽게 처리하는 경우가 많습니다.③ 그러나 승상은 신중함을 유지해야 한다는 생각입니다."

마침내 등용하지 않고 건릉후建陵侯 위관衛綰을 등용해 승상으로 삼았다.

桃侯①免相 竇太后數言魏其侯 孝景帝曰 太后豈以爲臣有愛② 不相魏其 魏其者 沾沾自喜耳 多易難③ 以爲相 持重 遂不用 用建陵侯衛綰爲丞相

---

① 桃侯도후

[집해] 복건이 말했다. "유사劉舍이다."

服虔曰 劉舍也

② 愛애

[색은] 애愛는 석惜(아끼다)과 같다.

愛猶惜也

③ 沾沾自喜耳 多易難첨첨자희이 다이난

[집해] 서광이 말했다. "첨沾은 다른 판본에는 '첩帖'으로 되어 있다. 또 沾의 발음은 '쳥[昌兼反]' 또는 '딥[當牒反]'이다." 장안이 말했다. "첨첨沾沾은 스스로 정돈하는 것을 말한다. 다이多易는 가볍고 쉽게 하는 행동이 많은 것이다. 어떤 이는 沾의 발음은 '첨襜'이라고 했다."

徐廣曰 沾 一作帖 又昌兼反 又當牒反 張晏曰 沾沾 言自整頓也 多易 多輕易之行也 或曰沾音襜也

[색은] 沾의 발음은 '첨襜' 또는 '딥[當牒反]'이다. 소안이 말했다. 沾의 발음은 '텸[他兼反]'이다. 첨襜은 통상적인 발음으로 읽는다. 또 襜의 발음은 '첩[天牒反]' 또는 '쳠[尺占反]'이다."

沾音襜 又音當牒反 小顏音他兼反 襜音如字 又天牒反 襜音尺占反

[신주] 위에 [집해]에서 장안이 "첨첨沾沾은 스스로 정돈하는 것을 말한다.[言自整頓也]"라고 풀이했으나 문장의 흐름으로 보아 '경망스럽다, 우쭐하다'의 뜻으로 보아야 한다.

무안후武安侯 전분田蚡[①]은 효경제의 황후와 어머니가 같은 동생이며 장릉長陵에서 태어났다. 위기후魏其侯는 이미 대장군이 된 뒤 한창 번성하고 있었는데, 전분은 제랑諸郎[②]으로 아직 미천하여 위기후의 집안에 들락거리며 술 시중을 들었으니, 부들 꿇고 일어나는 것이 마치 자손들과 같았다.

효경제 만년③에 이르러 전분은 더욱 귀해지고 총애를 입어 태중대부太中大夫가 되었다. 전분은 말솜씨가 있었으며 《반우》와 제자백가 글④을 배워 왕태후⑤는 그를 현명하다고 여겼다. 효경제가 붕어하고 당일에 태자가 계승하자, 왕태후는 천자를 대신해 정사를 행하면서⑥ 천하를 진무하는데, 많은 것을 전분의 빈객들에게서 나온 계책을 채용했다. 전분과 아우 전승田勝을 모두 왕태후의 아우라고 하여 효경제 후원 3년,⑦ 전분을 무안후로 봉하고 전승을 주양⑧후周陽侯로 봉하였다.

武安侯田蚡①者 孝景后同母弟也 生長陵 魏其已爲大將軍後 方盛 蚡爲諸郞② 未貴 往來侍酒魏其 跪起如子姓 及孝景晚節③ 蚡益貴幸 爲太中大夫 蚡辯有口 學槃盂諸書④ 王太后⑤賢之 孝景崩 卽日太子立 稱制⑥ 所鎭撫多有田蚡賓客計筴 蚡弟田勝 皆以太后弟 孝景後三年⑦封蚡爲武安侯 勝爲周陽⑧侯

① 蚡분

색은 蚡의 발음은 '분[扶粉反]'이다. '분서蚡鼠'의 '분蚡'과 같고 蚡의 발음은 '분墳'이다.

扶粉反 如蚡鼠之蚡 音墳

신주 무안후 전분田蚡은 효경제의 황후가 된 왕지王娡와 아버지는 다르지만 어머니가 같은 동생이다. 왕지는 왕중王仲과 장아臧兒 사이에서 장녀로 태어났으나, 왕중이 죽자 그의 어머니 장아가 전씨에게 재가하여 전분과 전승 형세를 낳았는데, 이때 전씨 집에서 이들과 같이 살았었다.

② 諸郎제랑

[집해] 서광이 말했다. "일설에는 '제경諸卿'으로 되어 있다. 당시의 사람들이 서로를 높여 불러서 노인은 '제공諸公'이라고 하고, 나이 어린 사람은 '제경'이라고 했다. 지금의 사람들이 서로를 '사대부士大夫'라고 부르는 것과 같다."

徐廣曰 一云諸卿 時人相號長老老者爲諸公 年少者爲諸卿 如今人相號爲士大夫也

③ 晩節만절

[색은] 살펴보니 만년晩年을 이르는 것이다.

按 謂晩年也

④ 槃盂諸書반우제서

[집해] 응소가 말했다. "황제黃帝의 사관 공갑孔甲이 명銘을 지었는데, 총 29편이고 《반우》 속에 법계法戒로 삼을 만한 것을 기록했다. 제서諸書는 제자문서諸子文書이다." 맹강이 말했다. "공갑의 《반우》는 26편이며 잡가서로 유儒, 묵墨, 명名, 법法을 아울렀다."

應劭曰 黃帝史孔甲所作銘也 凡二十九篇 書槃盂中 所爲法戒 諸書 諸子文書也 孟康曰 孔甲槃盂二十六篇 雜家書 兼儒墨名法

⑤ 王太后왕태후

[집해] 서광이 말했다. "곧 전분과 어머니를 함께한 누이이다."

徐廣曰 即蚡同母姊者

⑥ 稱制칭제

신주 중국 고대에 제왕이 어려서 정사가 어려울 때 태후 등이 제왕을 대신하여 섭정하는 것을 이른다.

⑦ 孝景後三年효경후삼년

집해 서광이 말했다. "효경제 후원 3년은 곧 효무제가 처음으로 제위를 계승한 해이다."

徐廣曰 孝景後三年即是孝武初嗣位之年也

⑧ 周陽주양

정의 강주綘州 문희현聞喜縣 동쪽으로 20리에 주양周陽의 고성故城이 있다.

綘州聞喜縣東二十里周陽故城也

무안후는 권력을 잡아 재상이 되고자 새로 마음먹었다. 그래서 빈객들에게 겸손했으며, 명문가에 머무는 자들을 관官으로 진출시켜 그들의 신분을 높여서 위기후, 여러 장수, 재상들의 세력을 누르려고 하였다.

무제 건원建元 원년①에 승상 위관衛綰이 질병으로 면직되자 무제는 승상과 태위의 후임을 논하게 했다. 적복籍福②이 무안후를 설득해서 말했다.

"위기후는 귀하게 된 지가 오래되어 천하의 사인들이 본래부터 그에게 의지했었습니다. 지금 장군께서는 흥기한 초기이므로 아직 위기후와 같지 못합니다. 곧 주상께서 장군을 승상으로 삼고자 한다면 반드시 위기후에게 양보하십시오. 위기후가 승상이 되면 장군은 반드시 태위가 될 것입니다. 태위와 승상은 존대함이 동등하지만, 동시에 자리를 현명한 이에게 양보했다는 명성이 있을 겁니다."

무안후는 이에 태후에게 넌지시 말하여 주상을 설득하도록 했다. 이에 위기후를 승상으로 삼고 무안후을 태위로 삼았다.

적복이 위기후를 찾아가 축하 인사를 올리고 이어서 위로해 말했다. "군후君侯께서는 천성적으로 선을 좋아하고 악을 미워하는데 방금 선인이 군후를 칭찬했습니다. 그러므로 승상에 이르렀습니다. 그러나 군후께서는 장차 악을 미워하지만, 악인惡人의 수가 많아서 또한 군후를 비방할 것입니다. 군후께서 겸허히 수용할 수 있으시면 다행히 오래도록 보전되겠으나 그러할 수 없다면 이제 비방 때문에 떠나게 될 것입니다."

위기후는 적복의 말을 듣지 않았다.

武安侯新欲用事爲相 卑下賓客 進名士家居者貴之 欲以傾魏其諸將相 建元元年① 丞相綰病免 上議置丞相太尉 籍福②說武安侯曰 魏其貴久矣 天下士素歸之 今將軍初興 未如魏其 卽上以將軍爲丞相 必讓魏其 魏其爲丞相 將軍必爲太尉 太尉丞相尊等耳 又有讓賢名 武安侯乃微言太后風上 於是乃以魏其侯爲丞相 武安侯爲太尉 籍福賀魏其侯 因弔曰 君侯貲性喜善疾惡 方今善人譽君侯 故至丞相 然君侯且疾惡 惡人衆 亦且毁君侯 君侯能兼容 則幸久 不能 今以毁去矣 魏其不聽

① 建元元年건원원년

신주 서기전 140년이다.

② 籍福적복

신주 하북河北 영년永年 사람으로 두영과 전분의 문객을 지낸 달변가
이다.

위기후와 무안후는 유학을 좋아해 조관趙綰을 어사대부로 삼고,
왕장王臧을 낭중령郎中令으로 삼도록 천거하였다.[①] 또 노국魯國
신공申公[②]을 맞아들여 명당明堂을 설치하고 여러 제후에게 명해
봉국으로 나아가도록 했으며, 관문의 세금을 없애고[③] 예로써 복
제服制[④]를 만들어 태평성세를 일으키고자 했다. 그리고 외척인
두씨들과 종실에서 절조의 행실이 없는 자들을 온통 적발해[⑤] 문
중의 속적屬籍에서 없애버렸다.

당시 여러 외척의 집안에는 제후에 반열한 자들이 많았고 또 제후
에 반열한 자 중, 공주의 배필이 된 자도 많았다. 이들이 모두 제후
국으로 나아가지 않으려고 한 까닭에, 날마다 헐뜯는 험담이 두태
후에게 이르렀다. 본래 두태후는 황로술黃老術을 좋아했고 위기후,
무안후, 조관趙綰, 왕장王臧 등은 유학을 숭상해 도가의 학문을 폄
훼했다. 이 때문에 두태후가 더욱 위기후 등을 좋아하지 않았다.

魏其武安俱好儒術 推轂[①]趙綰爲御史人夫 王臧爲郎中令 迎魯申公[②]
欲設明堂 令列侯就國 除關[③] 以禮爲服制[④] 以興太平 擧適[⑤]諸竇宗室

> 毋節行者 除其屬籍 時諸外家爲列侯 列侯多尙公主 皆不欲就國 以故
> 毁日至竇太后 太后好黃老之言 而魏其武安趙綰王臧等務隆推儒術 貶
> 道家言 是以竇太后滋不說魏其等

① 推轂추곡

[색은] 살펴보니 추곡推轂은 자기 자신을 낮추고, 그를 위해 수레를 밀어
주는 것과 같은 것을 말한다.

案 推轂謂自卑下之 如爲之推車轂也

② 魯申公노신공

[신주] 노나라 유학자 신배申培를 가리킨다. 신배는 산동성 노魯나라 출신
의 유학자로서 서기전 3세기~서기전 2세기 경의 인물이다. 한나라 시대
《시경》을 해석한 '노시학魯詩學'의 창시자이다.

③ 除關제관

[색은] 관문의 세稅를 없애는 것을 이른다.

謂除關門之稅也

④ 服制복제

[색은] 살펴보니 그 당시의 예도禮度에 사치가 지나쳤는데,《주례》에 의
거하지 않은 것이 많았다. 지금은 길흉과 복제服制에 관한 영을 내려서
모두《주례》에서 본받게 한 것이다.

案 其時禮度踰侈 多不依禮 今令吉凶服制皆法於禮也

⑤ 適적

색은 適의 발음은 '적[直革反]'이다.

適音直革反

무제 건원 2년에 이르러, 어사대부 조관이 태후가 있는 동궁에 정
사를 아뢰지 말 것을① 청했다. 두태후가 크게 노여워하고 이에
조관과 왕장 등을 파직해 쫓아냈다. 또 승상과 태위를 파면시키
고 백지후柏至侯 허창許昌을 승상으로, 무강후武彊侯 장청적莊靑翟
을 어사대부로 삼았다. 위기후와 무안후는 이로 말미암아 제후의
관사에서 거처해야만 했다.

무안후는 비록 직위에서 해임되었으나 왕태후와의 연고로 무제 총
애를 받아 자주 국사를 말했는데, 좋은 결과가 많았다. 그러자 천하
의 관리와 사인 중에 세력과 이로움을 쫓는 자들은 모두 위기후를
떠나 무안후에게 귀의하니, 무안후는 날이 갈수록 전횡을 부렸다.

及建元二年 御史大夫趙綰請無奏事①東宮 竇太后大怒 乃罷逐趙綰王
臧等 而免丞相太尉 以柏至侯許昌爲丞相 武彊侯莊靑翟爲御史大夫
魏其武安由此以侯家居 武安侯雖不任職 以王太后故 親幸 數言事多
效 天下吏士趨勢利者 皆去魏其歸武安 武安日益橫

① 無奏事무주사

집해 위소가 말했다. "그의 정사를 빼앗고자 한 것이다."

韋昭曰 欲奪其政也

무제 건원 6년, 두태후가 죽자 승상 허창과 어사대부 장청적이 두 태후의 장례를 소홀히 한 데에 연좌되어 면직당했다. 이에 무안 후 전분을 승상으로 삼고 대사농大司農 한안국韓安國을 어사대부 로 삼으니, 천하의 관리와 군군의 제후들이[①] 더욱더 무안후를 따 랐다.

무안후는 생김새가 작고 못생겼으면서도[②] 고귀한 티를 내는 것 이[③] 매우 심했다. 또 그는 제후왕들이 연장자가 많고[④] 주상이 막 즉위해서 나이가 어렸으므로 전분 자신이 주상의 친척으로 경 사의 재상이 됨에,[⑤] 관리들이 통렬한 마음으로 지켜온 절개를 꺾 고 예로써 굴복屈服하게 하지 아니하면 천하가 맑지 못할 것이라 고 여겼다.[⑥]

이때 승상이 들어가 정사를 아뢸 때면 앉아서 하루가 다하도록 이 야기하여도 말하는 바를 모두 들어주었다. 사람을 추천하는 데도, 간혹 일가一家를 과분할 정도로 2,000석의 관직에 기용했으니 그 권한이 주상에서 재상에게 옮겨져 있었다. 주상이 이에 말했다.

"그대가 관리를 제수하는 것은 끝났소? 끝나지 않았소? 나 또한 관리를 제수하고 싶소."

建元六年 竇太后崩 丞相昌御史大夫靑翟坐喪事不辦 免 以武安侯蚡 爲丞相 以大司農韓安國爲御史大夫 天下士郡諸侯[①]愈益附武安 武安 者 貌侵[②] 生貴[③]甚 又以爲諸侯王多長[④] 上初卽位 富於春秋 蚡以肺腑 爲京師相[⑤] 非痛折節以禮詘之 天下不肅[⑥] 當是時 丞相入奏事 坐語移 日 所言皆聽 薦人或起家至二千石 權移主上 上乃曰 君除吏已盡未 吾 亦欲除吏

① 士郡諸侯사군제후

[색은] 살펴보니 모든 군郡에서 벼슬하고 제후의 왕국에서 벼슬한다는 것은 군국郡國에서 벼슬한다는 말과 같다.

按 謂仕諸郡及仕諸侯王國者 猶言仕郡國也

② 貌侵모침

[집해] 위소가 말했다. "侵의 발음은 '침寢'이다. 짧고 작은 것이다. 또 추악醜惡하고 각박한 것을 이른다. 确의 발음은 '핵核'이다."

韋昭曰 侵音寢 短小也 又云醜惡也 刻确也 音核

[색은] 살펴보니 복건이 말했다. "침侵은 짧고 작은 것이다." 위소가 말했다. "각박한 것이다." 살펴보니 确의 발음은 '각刻'이다. 또 공문상이 말했다. "침侵은 추악한 것이다. 侵의 발음은 '침寢'이다."

案 服虔云 侵 短小也 韋昭云 刻确也 按 确音刻 又孔文祥 侵 醜惡也 音寢

③ 生貴생귀

[색은] 살펴보니 소안은 "생귀生貴는 스스로 존대하고 높여서 천자로부터 귀하게 여겨지고 총애를 받았음을 보여준다는 말이다."라고 하였는데, 그의 설명은 소략하다. 살펴보니 생生은 전분이 스스로 존귀한 형세를 만드는 것이 특히 심한 것을 말한 것이다. 그러므로 아래에서 이르기를 "또 제후왕이 연장자가 많은데 전분은 천자의 폐부肺腑(지친至親)로써 재상이 되었으니 관리들이 통렬하게 지켜온 절개를 꺾고 예로써 굴복하게 하지 아니한다면 천하가 맑지 못할 것이다."라고 한 것이다.

按 小顏云 生貴謂自尊高示貴寵 其說疏也 按 生謂蚡自生尊貴之勢特甚 故下云 又以諸侯王多長年 蚡以肺腑爲相 非痛折節以禮屈之 則天下不肅者也

④ 多長다장

[집해] 장안이 말했다. "연장자가 많은 것이다."

張晏曰 多長年

⑤ 肺腑爲京師相폐부위경사상

[색은] 腑의 발음은 '부府'이고 肺의 발음은 '폐廢'이다. 마치 간肝과 폐肺처럼 서로 마주 붙은 것을 말한다. 또 폐柿는 목찰木札이고, 부附는 목피木皮를 이른다. 《시경》에 '여도도부如塗塗附'라고 일렀는데, 껍질이 나무에 마주 붙은 것처럼 있는 것을 말한다.

腑音府 肺音廢 言如肝肺之相附 又云柿 木札 附木皮也 詩云 如塗塗附 以言如皮之附木也

[정의] 안사고가 말했다. "옛 해석에는 폐부肺腑를 일러 마치 간과 폐가 서로 마주 붙은 것이라고 했다. 일설에는 폐柿는 목찰木札을 쪼개, 그 가볍고 얇은 것을 큰 재목에 마주 붙인 것을 비유한다고 했다." 살펴보니 안사고의 이 설명은 모두 뜻풀이가 조잡하고 잘못된 것이다. 또 '부腑' 자를 고쳐 '부附'(붙다) 자로 만들어 그의 뜻을 따른 것이 거듭 틀렸다. 《황제팔십일난》에는 "촌구寸口는 맥이 크게 모이는 곳으로 수태음폐경의 동맥(중완혈 → 하완혈 → 대장 → 폐로 연결되는 동맥)이다."라고 했다. 여광이 말했다. "태음은 폐의 맥이다. 폐는 모든 장기의 주인이 되고 음과 양을 통하게 한다. 그러므로 12경맥經脈은 모두 태음에 모여 길흉을 결정하는 까닭이 되는 것이다. 12경經 중에 질병이 생겼을 때, 모두 촌구에서 그 어떤 경經이 움직여 뜨고, 가라앉고, 꺼칠하고, 미끄러운지를 알고, 춘추春秋에서 역순逆順으로 계산하여 그의 생사生死를 변별한다." 고야왕이 말했다. "폐부肺腑는 복심腹心이다." 살펴보니 전분을 설득해 재상으로 삼은 것은 사람

의 폐부에서 음양의 역순으로 변별하는 것과 같으며, 또 황제의 복심이고 친척이 친척이다.

顔師古曰 舊解云肺附 如肝肺之相附著也 一說柿 斫木札也 喻其輕薄附著大材 按 顔此說竝是疏謬 又改腑爲附就其義 重謬矣 八十一難云 寸口者 脈之大會 手太陰之動脈也 呂廣云 太陰者 肺之脈也 肺爲諸藏之主 通陰陽 故十二經脈 皆會乎太陰 所以決吉凶者 十二經有病皆寸口 知其何經之動浮沈濇滑 春秋逆順 知其死生 顧野王云 肺腑 腹心也 案 說田蚡爲相 若人之肺 知陰陽逆順 又爲帝之腹心親戚也

⑥ 非痛折節～天下不肅 비통·절절～천하불숙

[색은] 살펴보니 통痛은 심甚이다. 관리에게 절개를 꺾게 하여 자신에게 굴복하게 한 것이다. 그렇지 아니한다면 천하는 맑아지지 않을 것이라고 했다. 혹자는 해석하여 전분이 절개를 꺾어 관리를 아래로 하고자 한 것이라고 여겼는데, 잘못된 것이다. 살펴보면 아래 문장에 그의 형 개후蓋侯에게 사양하지 않았다고 한 것을 보면 혹자의 설명이 그른 것을 알 수 있다.

案 痛 甚也 欲令士折節屈下於己 不然 天下不肅 或解以爲蚡欲折節下士 非也 案 下文不讓其兄蓋侯 知或說爲非也

무안후가 고공考工①의 땅을 얻어 저택을 넓히고자 한다고 청한 적이 있었는데, 무제가 노여워하면서 말했다.

"그대는 어찌해 부기고의 땅을 빼앗겠다고 하지 않소?"

이런 일이 있고 난 뒤, 몸을 움츠리며 조심하였다. 일전에 손님을 불러서 연회를 열고 술을 마신 적이 있었는데, 그의 형 개후蓋侯(왕신王信)[2]는 남향해서 앉게 하고 자신은 동향하고 앉았다. 이는 한나라 재상이 높은 지위이기 때문에 형이라고 하여 사사로이 굽히는 것을 옳지 않다고 여겼기 때문이다. 무안후는 이로 말미암아 더욱 교만해지고 저택을 장안에서 최고의 저택으로[3] 꾸몄다. 전답과 공원은 매우 좋은 땅이었으며, 군현郡縣에서 사들이는 기물들이 길에 줄을 이었다. 전당前堂에는 종과 북을 늘어서 달아놓았고 곡전曲旃[4]을 세워 놓았다. 뒷방에는 부녀자들이 수백 명이었다. 제후들이 금과 옥과 개와 말과 노리개를 바쳤는데, 이루 다 헤아릴 수가 없었다. 위기후는 두태후가 죽고 난 뒤 더욱 소외되어 등용되지 못하고 권세도 없었다. 여러 빈객도 점점 직무를 그만두고 나태해졌다. 그러나 오직 관장군만 홀로 지난날과 다름없이 하고 있었다. 위기후는 날마다 뜻을 펴지 못해 우울하게 지내면서도 관장군만은 후하게 대우했다.

嘗請考工[1]地益宅 上怒曰 君何不遂取武庫 是後乃退 嘗召客飲 坐其兄蓋侯[2]南鄉 自坐東鄉 以爲漢相尊 不可以兄故私橈 武安由此滋驕 治宅甲諸第[3] 田園極膏腴 而市買郡縣器物相屬於道 前堂羅鍾鼓 立曲旃[4] 後房婦女以百數 諸侯奉金玉狗馬玩好 不可勝數 魏其失竇太后 益疏不用 無勢 諸客稍稍自引而怠傲 唯灌將軍獨不失故 魏其日黙黙不得志 而獨厚遇灌將軍

① 考工고공

집해 《한서》〈백관표〉에는 소부少府에 고공실考工室이 있다. 여순이 말했다. "관직 이름이다."

漢書百官表曰 少府有考工室 如淳曰 官名也

신주 고공은 천자의 기물, 즉 국가의 기물을 만드는 곳이다.

② 蓋侯개후

집해 서광이 말했다. "왕후의 형 왕신王信이다. 태산군에 개현蓋縣이
있고 낙안군에 익현益縣이 있다."

徐廣曰 王后兄王信也 泰山有蓋縣 樂安有益縣也

③ 宅甲諸第택갑제제

집해 서광이 말했다. "모든 저택 중 최고라고 한 것이다."

徐廣曰 爲諸第之上也

④ 曲旃곡전

집해 여순이 말했다. "정기旌旗의 이름이다. 통백通帛을 전旃이라고 한다.
곡전曲旃을 세운 것은 (정도가 지나친) 참람한 행위이다." 소림이 말했다. "《주례》
에 대부는 전旃을 세운다. 곡전은 자루 위가 비스듬하게 굽은 것이다."

如淳曰 旌旗之名 通帛曰旃 曲旃 僭也 蘇林曰 禮 大夫建旃 曲旃 柄上曲也

색은 살펴보니 곡전은 정전旌旃의 자루 위가 굽은 것으로 예절이 지위
에서 벗어난 것이다. 통백通帛을 전旃이라고 한다. 《설문》에서 말한다.
"곡전은 스승[士]을 초대하는 것이다."

按 曲旃 旌旃柄上曲 僭禮也 通帛曰旃 說文云 曲旃者 所以招士也

신주 《주례》〈전箋〉에서 이른다. "공(孤)과 경卿은 전기旃旗를 세우고
대부는 물기物旗를 세운다.[孤卿建旃, 大夫建物]"

운명의 개입자 관부

관장군灌將軍 부夫는 영음潁陰 사람이다. 관부의 아버지는 장맹張孟으로, 일찍이 영음후 관영灌嬰의 사인舍人이 되어 총애를 얻었다. 이로 인해 관영의 추천으로 2,000석의 관리에 오르게 되었는데, 이 때문에 관씨를 성으로 삼아도 좋다는 허락을 받아 관맹灌孟이 되었다.

오吳와 초楚가 반란을 일으켰을 때 영음후 관하灌何[①]는 장군이 되어 태위[②]에 소속되자, 관맹을 교위로 삼기를 청했다. 아들 관부도 천인장千人將[③]으로 아버지와 함께 종군했다.

관맹은 연로했지만, 영음후가 강력하게 청하였기 때문에 공을 이루지 못할까 하는 답답한 심사를 어찌하지 못하였다. 이 때문에 싸움에서는 항상 적의 견고한 진지만을 함락시키려다가 끝내 오나라 군진 안에서 죽었다. 군법에는 아버지와 아들이 함께 종군해서 한 사람이 죽는 일이 있으면 유해와 함께 상을 치르러 돌아갈 수 있었다.

灌將軍夫者 潁陰人也 夫父張孟 嘗爲潁陰侯嬰舍人 得幸 因進之至二千石 故蒙灌氏姓爲灌孟 吳楚反時 潁陰侯灌何[①]爲將軍 屬太尉[②]

> 請灌孟爲校尉 夫以千人^③與父俱 灌孟年老 潁陰侯彊請之 鬱鬱不得意
> 故戰常陷堅 遂死吳軍中 軍法 父子俱從軍 有死事 得與喪歸

① 灌何관하

[색은] 살펴보니 관하는 관영灌嬰의 아들이다. 《한서》에는 '영嬰' 자로 되어 있는데 잘못된 것이다.

案 何是嬰子 漢書作嬰 誤也

② 太尉태위

[신주] 이때의 태위는 주아부였다.

③ 千人천인

[집해] 《한서음의》에서 말한다. "관주천인官主千人은 척후斥候나 사마司馬와 같다."

漢書音義曰 官主千人 如候司馬

> 그러나 관부는 아버지의 유해를 모시고 귀향하는 것에 응하지 않고 격분해서^① 말했다.
> "원컨대 오왕吳王이나 적의 장군의 머리를 베어 아버지의 원수를 갚겠습니다."
> 이에 관부는 갑옷을 입고 창을 들고 군대 안의 장사 중에 자신을

따르기를 원하는 자 수십 명을 모집했다. 이에 진지의 성문을 나가는데 감히 앞서려고 하는 자가 없었다. 그러나 유독 두 사람의 장사와 관부를 따르는 하인 십여 명이 말을 타고 달려서 오나라 군진으로 쳐들어갔다. 이에 오나라 장수의 휘하[2]에 이르러 수십여 명을 살상했으나 더 전진할 수 없어 다시 말을 달려 돌아왔다. 한나라 성벽으로 달려 들어오긴 했으나 그의 하인들을 모두 잃고 단지 1명의 기병과 같이 돌아왔을 뿐이다.

관부도 몸 십여 곳에 큰 상처를 입었다. 그런데 때마침 만금의 좋은 약을 얻은 덕분에 죽지 않을 수 있었다.

灌夫不肯隨喪歸 奮[1]曰 願取吳王若將軍頭 以報父之仇 於是灌夫被甲持戟 募軍中壯士所善願從者數十人 及出壁門 莫敢前 獨二人及從奴十數騎馳入吳軍 至吳將麾下[2] 所殺傷數十人 不得前 復馳還走入漢壁 皆亡其奴 獨與一騎歸 夫身中大創十餘 適有萬金良藥 故得無死

① 奮분

집해 장안이 말했다. "스스로 분발하여 힘쓰는 것이다."

張晏曰 自奮勵也

② 麾下휘하

정의 대장의 기旗를 이른다.

謂大將之旗

관부는 상처가 조금 치유되자 또다시 장군에게 청했다.

"저는 오나라 성벽 안의 길들을 더욱 잘 알게 되었으니 다시 가기를 청합니다."

장군이 그를 씩씩하고 의롭게 여겼으나, 관부를 잃을까 두려워 이에 태위에게 말하자 태위가 완고하게 만류하였다.

오나라가 이윽고 격파되자 관부는 이 때문에 천하에 명성이 알려졌다.

영음후가 주상에게 보고하자 효경제가 관부를 중랑장中郞將으로 삼았으나, 수개월 만에 법에 저촉되어 중랑장에서 물러나게 되었다. 뒤에 장안의 집에서 살았는데 장안 안에서 제공諸公 중에 관부를 칭찬하지 않는 자가 없었다. 효경제 때에 대代나라 재상이 되었다. 효경제가 붕어하고 지금의 주상인 무제가 막 즉위하자 회양淮陽을 천하의 요충지로 강력한 군대가 있어야 할 곳으로 여겼다. 이 때문에 관부를 옮겨서 회양 태수로 삼았다.

夫創少瘳 又復請將軍曰 吾益知吳壁中曲折 請復往 將軍壯義之 恐亡夫
乃言太尉 太尉乃固止之 吳已破 灌夫以此名聞天下 潁陰侯言之上 上以
夫爲中郞將 數月 坐法去 後家居長安 長安中諸公莫弗稱之 孝景時 至
代相 孝景崩 今上初卽位 以爲淮陽天下交 勁兵處 故徙夫爲淮陽太守

무제 건원建元 원년에 조정으로 들어와 태복太僕이 되었다.

2년에 관부는 상락위위長樂衛尉 두보竇甫와 함께 술을 마셨는데, 마시는 양을 조절하지 못하고[1] 술에 취해 두보를 치받았다.[2]

두보는 두태후의 동생이다. 주상은 태후가 관부를 처단할 까 두려워 옮겨서 연나라 재상으로 삼았다.

여러 해가 지나고 법에 저촉되어 관직을 떠나 장안의 집에서 살았다.

관부는 사람됨이 강직했으나 술에 취하면 주사를 부리고 면전面前에서 아첨하는 것을 좋아하지 않았다. 또 귀척貴戚 등 자신보다 권세가 높은 자는 정해진 예 이상으로 대우하려고 하지 않았고 반드시 가벼이 여겼다. 사인 중에 자신보다 아래에 있는 자는 가난하고 천할수록 더욱더 공경하고 동등하게 대해주었다.

사람들이 빽빽하게 많이 모인 곳에서는 지위가 낮은 사람들을 추천하고 아꼈다. 사인들 또한 이 때문에 그를 많이 존경했다.

建元元年 入爲太僕 二年 夫與長樂衛尉竇甫飮 輕重不得^① 夫醉 搏^② 甫 甫 竇太后昆弟也 上恐太后誅夫 徙爲燕相 數歲 坐法去官 家居長安 灌夫爲人剛直使酒 不好面諛 貴戚諸有勢在己之右 不欲加禮 必陵之 諸士在己之左 愈貧賤 尤益敬 與鈞 稠人廣衆 薦寵下輩 士亦以此多之

① 輕重不得경중부득

집해 진작이 말했다. "술을 마시는 양의 많고 적음이 그 적당함을 얻지 못한 것이다."

晉灼曰 飮酒輕重不得其平也

② 搏박

搏의 발음은 '박博'이고 격擊(치다)을 이른다.

搏音博 謂擊也

관부는 문학을 좋아하지 않고 협기가 있는 자를 좋아했으며 남과 약속한 것은 반드시 지켰다.① 관부가 교제한 자들은 호걸 아니면 큰 건달패였다. 집안에는 수천만 금을 쌓아두었고 식객들이 하루에도 수백여 명이나 드나들었다.

저수지나 전원은 종족이나 빈객들이 권세와 이익을 다투었고 영천에서 횡포를 부렸다. 영천의 아이들이 이에 노래를 불렀다.

"영천이 맑으면 관씨도 편안하고, 영천이 탁하면 관씨도 멸족당하리."

관부는 집에만 있게 되자 비록 재산은 넉넉했으나, 세력을 잃게 되니 卿경卿, 재상, 시중侍中, 빈객들의 드나듦이 점점 줄어들었다. 위기후가 세력을 잃게 되자, 또한 관부에게 의지하며 먹줄 튕기듯 곧게 하고, 평소 앙모仰慕하다가 그 뒤에 자신을 저버린 자들을 뿌리까지 동여매듯 배제하고자 했다.② 관부도 위기후에게 의지하며 제후들과 종실의 귀족들과 교통해 이름을 높였다. 두 사람이 서로 이끌고 존중해서③ 그들의 교유가 부자지간 같았다. 서로 만나면 매우 기뻐하고 싫어함이 없었으며 서로 늦게 알게 된 것을 한탄할 정도였다.

夫不喜文學 好任俠 已然①諾 諸所與交通 無非豪桀大猾 家累數千萬 食客日數十百人 陂池田園 宗族賓客爲權利 橫於潁川 潁川兒乃歌之

---

① 已然이연

색은 已의 발음은 '이以'이다. 이미 허락한 것은 반드시 그 앞서 한 말
에 부합하게 하는 것을 이른다.

已音以 謂已許諾 必使副其前言也

② 倚灌夫引繩批根生平慕之後棄之者의관부인승비근생평모지후기지자

집해 소림이 말했다. "두 사람이 서로 의지하며 먹줄을 튕기듯 곧게 해
서 빈객들을 뿌리까지 동여매듯 바로잡을 것을 생각했으며, 그를 버린 자
와는 함께 교통하지 않겠다는 것이다." 맹강이 말했다. "근根은 뿌리까지
동여서 매는 것이고, 인승引繩은 먹줄을 가지고 잡아당겨 튕기는 것이다."

蘇林曰 二人相倚 引繩直之 意批根賓客也 棄之者 不與交通 孟康曰 根 根括 引
繩以持彈

색은 살펴보니 유씨는 말했다. "두 사람이 서로 의지하는 것이다. 일하
는데 합세하여 먹줄을 잡고, 함께 서로 의지해 당기는 것과 같다. 비批는
'배排'(배척하다)이다."《한서》에는 '배排'로 되어 있다. 배근排根을 소림은
"빈객 중 떠난 자와는 함께 교통하지 않는 것이다."라고 하였고, 맹강은
"근격根格이라고 말하고 먹줄을 끌어당겨 근격까지 튕겨서 (곧지 못한 자를)
배제하는 것으로, 평소 관영을 앙모하고 교제하다가 떠난 자들은 그들

에게 교통할 수 없게 한 것을 이른다."라고 하였으며, 안사고가 말했다.
"根의 발음은 '흔痕'이고 格의 발음은 '학[下各反]'이다." 배인이 이르기를
"인승引繩은 먹줄을 밀어 튕겨서 근괄根括을 물러나게 한 것이다."라고
했다. 지탄持彈은 《한서》의 본기를 살펴보니 '평탄抨彈'으로 되어 있다.
抨의 발음은 '병[普耕反]'이다.

案 劉氏云 二人相倚 事如合繩共相依引也 批音步結反 批者 排也 漢書作排 排
根者 蘇林云 賓客去之者不與通也 孟康云 音根格 謂引繩排彈其根格 平生慕
嬰交而棄者令不得通也 小顔根音痕 格音下各反 駈謂引繩 排彈繩根括以退之
者也 持彈 案漢書本作抨彈 音普耕反

③ 兩人相爲引重양인상위인중

集解 장안이 말했다. "서로 올려주어 영달榮達하게 해서 명성과 위세
로 삼은 것이다."

張晏曰 相薦達爲聲勢

관부가 상중에 승상인 무안후에게 간 적이 있었는데, 승상은 조
용하게 말했다.
"내가 중유仲孺①와 함께 위기후를 찾아가고자 했는데 때마침 중
유는 상②을 당했군요."
관부가 말했다.
"장군께서 영광스럽게도 위기후를 찾아뵙는다는데, 제가 어찌 감
히 상중이라는 이유로 책무를 게을리하겠습니까?③ 위기후에게

장막을 치고 잔치 준비를 하도록 청할 것이니 장군께서는 내일 아침에 일찍이 왕림하십시오."

무안후가 허락하자, 관부는 위기후에게 가서 무안후에게 말한 대로 상세하게 말했다. 위기후는 그의 부인과 함께 시장에서 쇠고기와 술을 더 준비하고 밤에 청소를 하였고 일찌감치 장막을 치고 잔치 준비를 하여 아침에 이르렀다.

灌夫有服 過丞相 丞相從容曰 吾欲與仲孺^①過魏其侯 會仲孺有服^② 灌夫曰 將軍乃肯幸臨況魏其侯 夫安敢以服爲解^③ 請語魏其侯帳具 將軍旦日蚤臨 武安許諾 灌夫具語魏其侯如所謂武安侯 魏其與其夫人益市牛酒 夜灑埽 早帳具至旦

① 仲孺중유

[집해] 《한서》에서 말한다. "관부灌夫의 자는 중유仲孺이다."

漢書曰 灌夫字仲孺

② 服복

[색은] 살펴보니 복服은 1년의 복상服喪을 이른다. 그러므로 응거應璩의 편지에서 "중유仲孺는 동생同生의 복상服喪을 이유로 사양하지 않았다."라고 한 것이 이것이다.

案 服謂朞功之服也 故應璩書曰 仲孺不辭同生之服是也

③ 解해

[신주] 해解는 '해懈'(게을리 하다)와 같다.

날이 훤히 새자 문하의 사람을 보내 무한후를 영접하고 길 안내를 하도록 했는데, 한낮이 되도록 승상은 오지 않았다.

위기후가 관부에게 말했다.

"승상이 약속을 잊은 듯하오."

관부가 기분 나쁜 표정으로 말했다.

"내가 상중인데도 청했으니 마땅히 올 것입니다.①"

이에 수레를 타고 스스로 승상을 맞이하러 갔다. 승상은 전날 그저 농담으로 관부에게 허락한 것이고 특별히 갈 의향이 없었다. 이에 관부가 승상의 문 앞에 이르렀을 때 승상은 여전히 누워 있었다. 이에 관부가 들어가서 승상을 뵙고 말했다.

"장군께서 어제 영광스럽게도 위기후의 집에 들리겠다고 허락하셔서 위기후의 부부가 음식을 장만하고 아침부터 지금까지 감히 음식을 들지 못하고 있습니다."

이에 무안후가 깜짝 놀라서② 사죄하며 말했다.

"내 어제 술에 취해 그대와 나눈 말을 깜빡 잊었소."

이에 수레를 타고 갔는데, 또 너무 천천히 가니 관부는 더욱더 노여웠다.

이윽고 연회가 열리고 술을 마시며 즐기는데 관부가 일어나 춤을 추면서 승상에게도 춤을 추자고 권했다.③ 승상이 일어나지 않자 관부가 앉은 자리로 가서 비꼬는 말로 주사酒邪를 부렸다. 위기후는 이에 관부를 부축해서 떠나보내고 승상에게 사과하니, 승상은 끝까지 술을 마시고 밤이 되어서야 지극히 즐거워하면서 떠났다.

平明 令門下候伺 至日中 丞相不來 魏其謂灌夫曰 丞相豈忘之哉 灌夫
不懌 曰 夫以服請 宜往^① 乃駕 自往迎丞相 丞相特前戲許灌夫 殊無意
往 及夫至門 丞相尙臥 於是夫入見 曰 將軍昨日幸許過魏其 魏其夫妻
治具 自旦至今 未敢嘗食 武安鄂^②謝曰 吾昨日醉 忽忘與仲孺言 乃駕
往 又徐行 灌夫愈益怒 及飮酒酣 夫起舞屬丞相^③ 丞相不起 夫從坐上
語侵之 魏其乃扶灌夫去 謝丞相 丞相卒飮至夜 極驩而去

① 夫以服請宜往부이복청의왕

[집해] 서광이 말했다. "일설에는 '이복청 불의왕以服請 不宜往'으로 되어
있다."

徐廣曰 一云 以服請 不宜往

[색은] 살펴보니 서광이 "이복청 불의왕以服請 不宜往"이라고 한 것은 그
의 설명이 잘못된 것이다. 바로 관부가 상중이라는 이유로 책무를 게을
리하지 않겠다는 것으로 요청했고 전분도 마땅히 잊지 않아야 한다는
말이다. 그러므로 수레를 타고 스스로 가서 영접하려 한 것이다.

案 徐廣云 以服請 不宜往 其說非也 正言夫請不以服爲解 蚡不宜忘 故駕自往
迎也

② 鄂악

[집해] 서광이 말했다. "다른 판본에는 '오悟'로 되어 있다."

徐廣曰 一作悟

③ 起舞屬丞相기무촉승상

색은 屬의 발음은 '쪽[之欲反]'이다. 촉屬은 위委와 같고 부付와 같다.
소안小顔이 말했다. "지금의 춤이 끝나고 서로 권하는 것과 같다."
屬音之欲反 屬猶委也 付也 小顔云 若今之舞訖相勸也

승상이 일찍이 적복籍福을 시켜 위기후에게 성 남쪽의 전답을 요
구하게 한 일이 있다. 위기후는 매우 불만스러워 하며 말했다.
"이 늙은이는 버려지고 장군께서는 귀해졌다고 하더라도 어찌 권
세로써 빼앗을 수 있다는 말인가?"
이에 허락하지 않았다. 관부는 이 소식을 듣고 노여워하며 적복
을 꾸짖었다. 적복은 위기후와 무안후 사이에 틈이 있어서는 안
된다고 여기고 이에 스스로 좋은 쪽으로 승상에게 거짓말로 아뢰
었다.
"위기후는 늙고 또 죽을 것인데 조금만 참으시고 또 기다리십
시오."
그런데 이윽고 무안후가 위기후와 관부가 실로 노여워하고 전답
을 주지 않겠다고 한 소문을 듣고 또한 노여워해 말했다.
"위기후의 아들이 일찍이 사람을 죽였을 때 내가 살려 주었다. 또
내가 위기후를 섬길 때는 불가한 것이 없었거늘 어찌 몇 마지기
안 되는 전답을 아끼는가. 또 관부는 무엇 때문에 관여하는 것인
가? 나는 감히 다시는 전답을 요구하지 않을 것이다."
무인후가 이 일로 말미임아 크게 관부와 위기후를 원망하게 되
었다.

丞相嘗使籍福請魏其城南田 魏其大望曰 老僕雖棄 將軍雖貴 寧可以
勢奪乎 不許 灌夫聞 怒 罵籍福 籍福惡兩人有郤 乃謾自好謝丞相曰 魏
其老且死 易忍 且待之 已而武安聞魏其灌夫實怒不予田 亦怒曰 魏其
子嘗殺人 蚡活之 蚡事魏其無所不可 何愛數頃田 且灌夫何與也 吾不
敢復求田 武安由此大怨灌夫魏其

무제 원광 4년[①] 봄, 승상은 관부의 집이 영천에 있는데, 횡포가 막
심해 백성이 고통스러워한다고 말하며 조사해 달라고 요청했다.
무제가 말했다.

"이것은 승상의 일인데 무엇 때문에 청하는 것인가?"

관부도 또한 승상이 부정한 일로 간사한 이익을 일삼고 회남왕의
금을 받고 함께 비밀로 공작한 일 등을 가지고 말했다. 이에 양가
의 빈객들이 그 사이에서 중재해서 마침내 분쟁을 중지시키고 함
께 화해하게 했다.

여름에 승상이 연왕燕王의 딸을 부인夫人으로 맞아들였다.[②] 태후
는 조서를 내려 열후列侯들과 종친들을 불러 모두 가서 하례하게
했다. 위기후는 관부의 집에 들러서 함께 가자고 했다. 관부는 거
절하며 말했다.

"저는 자주 술을 마시고 실수를 해 승상에게 죄를 지었으며 또
승상은 지금 또 나와는 사이가 좋지도 않습니다."

위기후가 말했다.

"일이 이미 해결되었네."

元光四年①春 丞相言灌夫家在潁川 橫甚 民苦之 請案 上曰 此丞相事
何請 灌夫亦持丞相陰事 爲姦利 受淮南王金與語言 賓客居閒 遂止 俱
解 夏 丞相取燕王女爲夫人② 有太后詔 召列侯宗室皆往賀 魏其侯過灌
夫 欲與俱 夫謝曰 夫數以酒失得過丞相 丞相今者又與夫有郤 魏其曰
事已解

① 元光四年 원광사년

집해 서광이 말했다. "이것은 3년으로 봐야 할 듯하다. 그 설명은 뒤에
있다."

徐廣曰 疑此當是三年也 其說在後

② 取燕王女爲夫人 취연왕녀위부인

색은 살펴보니 전분이 연왕 유택劉澤의 아들 강왕康王 가嘉의 딸에게
장가들었다.

案 蚡娶燕王劉澤子康王嘉之女也

이에 억지로 함께 데리고 갔다. 술을 마셔 술기운이 오를 즈음, 무
안후가 일어나 축수하는 잔을 들자① 앉아 있던 사람들이 모두 자
리에서 일어나 엎드렸다. 이윽고 위기후가 축수하는 잔을 들자 친
구들만 자리에서 일어날 뿐, 나머지는 자리에서 한쪽 무릎만 꿇었
다.② 관부는 기분이 나빴다. 이에 일어나 술을 가지고 무안후에게

이르자 무안후가 자리에서 무릎을 꿇고 말했다.

"잔을 가득 채우지 마시오."

관부는 속에서 부아가 치밀었으나 억지로 웃음을 띠고 말했다.

"장군께서는 귀인貴人이십니다. 다 드십시오.③"

이때 무안후가 즐겨 마시고자 하지 않았다. 술잔을 돌려서 차례가 임여후臨汝侯④에 이르렀는데, 임여후는 바야흐로 정부식程不識과 귓속말을 하다가 또한 자리에서 일어나지 못했다. 그러자 관부는 분노를 쏟을 곳이 없었는데 이에 임여후를 꾸짖어 말했다.

"평소 정부식은 한 푼의 가치도 없다고 헐뜯더니 지금은 어른이 축수하는 잔을 돌리는데 계집아이처럼 귓속말로 소곤거리는 것입니까?⑤"

彊與俱 飮酒酣 武安起爲壽① 坐皆避席伏 已魏其侯爲壽 獨故人避席耳 餘半膝席② 灌夫不悅 起行酒 至武安 武安膝席曰 不能滿觴 夫怒 因嘻 笑曰 將軍貴人也 屬之③ 時武安不肯 行酒次至臨汝侯 臨汝侯④方與程 不識耳語 又不避席 夫無所發怒 乃罵臨汝侯曰 生平毀程不識不直一 錢 今日長者爲壽 乃效女兒呫囁⑤耳語

① 武安起爲壽무안기위수

집해 여순이 말했다. "술을 올려서 장수長壽를 축원할 때는 크게 술잔을 돌리지 아니했다."

如淳曰 上酒爲稱壽 非大行酒

② 與半膝席여반슬석

집해 소림이 말했다. "자리에서 내려와 한쪽 무릎만 꿇고 자리 가에 있는 것이다." 여순이 말했다. "무릎을 자리 가에서 꿇은 것이다."

蘇林曰 下席而膝半在席上 如淳曰 以膝跪席上也

③ 屬之촉지

집해 서광이 말했다. "촉屬은 다른 판본에는 '필畢'로 되어 있다."

徐廣曰 屬 一作畢

색은 살펴보니 《한서》에는 '필畢'로 되어 있다. 필畢은 '진盡'(모두)이다.

案 漢書作畢 畢 盡也

④ 臨汝侯임여후

집해 서광이 말했다. "관영灌嬰의 손자이고 이름은 현賢이다."

徐廣曰 灌嬰孫 名賢也

색은 살펴보니 《한서》에서 임여후臨汝侯 관현灌賢이라고 일렀는데, 곧 현賢은 이 관영의 손자이고, 임여라고 한 것은 봉한 곳이 바뀌었기 때문이다.

案 漢書云臨汝侯灌賢 則賢是嬰之孫 臨汝是改封也

⑤ 女兒呫囁여아첩섭

집해 위소가 말했다. "첩섭呫囁은 입을 귀에 대고 소곤거리는 소리이다."

韋昭曰 呫囁 附耳小語聲

색은 여아女兒는 아녀兒女를 이른 것과 같다. 《한서》에는 '여조아女曹兒'로 되어 있다. 조曹는 무리이며 아녀배兒女輩를 말하는 것과 같다. 추단생은 呫의 발음은 '첩[蚩輒反]'이라고 했다. 囁의 발음은 '업[女輒反]'이다.

《설문》에는 "귀에 대고 소곤거리는 말이다."라고 했다.

女兒猶云兒女也 漢書作女曹兒 曹 輩也 猶言兒女輩 呫 鄒氏音蚩輒反 囁音女
輒反 說文 附耳小語也

무안후는 관부에게 말했다.

"정부식과 이광李廣은 함께 동궁東宮(태후)과 서궁西宮(천자)의 위위
衛尉인데[①] 지금 여러 사람 앞에서 정부식 장군을 모욕하고 있으
니 중유仲孺는 어찌 이장군의 처지를 생각하지 못하는 것이오?[②]"

관부가 말했다.

"오늘 머리가 참수되고 가슴이 찢기더라도[③] 정부식과 이광李廣
의 처지를 어찌 알겠소?"

앉아 있던 사람들이 일어나 옷을 추스르고 하나둘 떠나갔다. 위
기후는 떠나면서 관부를 손짓으로 불러냈다. 무안후가 마침내 노
여워서 말했다.

"이것은 내가 관부를 교만하게 만든 죄이다."

이에 기장騎將에게 관부를 억류케 했다. 관부는 나가고자 했으나
나가지 못했다. 적복이 일어나 사죄를 하면서 관부의 목을 눌러
서 사죄케 했으나, 관부가 더욱 화를 내고 기꺼이 사과하지 않았
다. 무안후가 이에 기장에게 손짓으로 관부를 결박시켜 역마을의
관사에 가두게 하고 장사長史를 불러 말했다.

"오늘 종실들을 부른 것은 소서가 있어서였나."

그리고 관부가 좌중의 손님들을 꾸짖은 것을 불경한 것이라고

탄핵했으며 거실居室(보궁保宮)④에 가두었다. 드디어 그의 지난 일들을 조사하게 하고 관리들을 보내서 조를 나눠 모든 관씨의 지속支屬들까지 쫓아 체포케 해 모두 기시죄棄市罪에 처하려고 했다.

武安謂灌夫曰 程李俱東西宮衛尉① 今衆辱程將軍 仲孺獨不爲李將軍地乎② 灌夫曰 今日斬頭陷匈③ 何知程李乎 坐乃起更衣 稍稍去 魏其侯去 麾灌夫出 武安遂怒曰 此吾驕灌夫罪 乃令騎留灌夫 灌夫欲出不得 籍福起爲謝 案灌夫項令謝 夫愈怒 不肯謝 武安乃麾騎縛夫置傳舍 召長史曰 今日召宗室 有詔 劾灌夫罵坐不敬 繫居室④ 遂按其前事 遣吏分曹逐捕諸灌氏支屬 皆得棄市罪

① 程李俱東西宮衛尉정이구동서궁위위

집해 《한서음의》에서 말한다. "이광은 동궁東宮, 정불식程不識은 서궁西宮의 위위이다."

漢書音義曰 李廣爲東宮 程不識爲西宮

② 仲孺獨不爲李將軍地乎중유독불위이장군지호

집해 여순이 말했다. "이장군은 이광이다. 지금 사람들이 제지除地라고 말하는 것과 같다."

如淳曰 李將軍 李廣也 猶今人言爲除地也

색은 살펴보니 소안이 이르기를 "지금 정불식을 헐뜯었다면 이광에게 어느 곳에서 스스로 편안하게 처할 것인가를 말한 것이다."라고 했다.

案 小顔云 言今旣毀程 令李何地自安處也

③ 斬頭陷匈참두함흉

[색은] 위소가 말했다. "죽고 멸망하는 것을 피하지 않는 것을 말한다."
《한서》에 '혈흉穴匈'으로 되어 있다고 했다.

韋昭云 言不避死亡也 漢書作穴匈

④ 居室거실

[집해] 여순이 말했다. "〈백관표〉에 거실居室은 보궁保宮이라고 했으니
지금의 수궁守宮이다."

如淳曰 百官表居室爲保宮 今守宮也

위기후는 자신이 관부를 데리고 가서 일이 벌어진 것을 크게 부
끄럽게 생각했다. 그래서 자금을 마련하고 빈객을 시켜 청탁을 하
려고 했으나 해결할① 수가 없었다. 무안후의 관리들이 모두 관씨
들을 주시하고 있어 관씨들은 모두 도망치고 숨었다. 관부는 옥
에 갇혀 끝내 무안후의 비밀을 고발할 수도 없었다.

위기후는 자신이 이리저리 뛰어서 관부를 구출하고자 했다. 이러
한 것을 본 부인이 위기후에게 간언해서 말했다.

"관부 장군이 승상에게 죄를 범하고 또 태후의 집안에도 거역을
했는데 어떻게 구제하겠습니까?"

위기후가 말했다.

"후작은 내 스스로 얻었으니 내가 스스로 버린다고 해도 후회할
것이 없소. 또 끝까지 관중유를 홀로 죽게 하고 두영이 혼자만

살 수는 없는 것이오."

이에 그의 집안에 숨어 있다가[2] 부인 몰래 나가서 글을 올렸다. 곧 불려 들어가 구체적으로 관부가 몹시 술에 취한 끝에 생긴 일이니 처벌하는 것은 옳지 못하다고 했다. 무제도 그러하다고 여기고 위기후에게 음식을 하사하고 이렇게 말했다.

"동조東朝[3]인 태후전에 가서 해명하시오."

魏其侯大媿 爲資使賓客請 莫能解[1] 武安吏皆爲耳目 諸灌氏皆亡匿 夫繫 遂不得告言武安陰事 魏其銳身爲救灌夫 夫人諫魏其曰 灌將軍得罪丞相 與太后家忤 寧可救邪 魏其侯曰 侯自我得之 自我捐之 無所恨 且終不令灌仲孺獨死 嬰獨生 乃匿其家[2] 竊出上書 立召入 具言灌夫醉飽事 不足誅 上然之 賜魏其食 曰 東朝[3]廷辯之

① 解해

집해 여순이 말했다. "비용을 내고 사람을 시켜 관부에 대해 말하게 하는 것이다."

如淳曰 爲出資費 使人爲夫言

② 匿其家닉기가

집해 진작이 말했다. "그의 부인이 다시 간언하여 중지시킬 것을 두려워한 것이다."

晉灼曰 恐其夫人復諫止也

③ 東朝동조

여순이 말했다. "동조東朝는 태후의 조정이다."

如淳曰 東朝 太后朝

위기후는 태후가 있는 동조東朝로 가서 관부의 선행을 한껏 칭찬하고 그가 지나치게 술에 취한 나머지 일으킨 과실을 가지고 승상께서는 다른 일로 무고하게 죄를 주려 한다고 말했다.

무안후도 관부는 포악하고 방자해 대역무도하다고 한껏 헐뜯었다. 위기후는 어찌할 방도가 없다고 여기고 이에 따라 승상의 단점을 말하니, 무안후가 말했다.

"천하는 다행히도 안락하고 무사하며 나는 외척의 신분이 되어 좋아하는 바는 음악과 개와 말과 전택田宅일 뿐입니다. 내가 아끼는 것도 배우들과 솜씨 있는 공인들의 무리입니다. 이는 위기후와 관부가 밤낮으로 천하의 호걸들과 장사들을 초청해 모아놓고 함께 의논하면서 복심腹心으로 비방하며, 우러러보아 천문을 살피지 않고 굽어보아 분야의 소재를 살펴서[1] 양궁兩宮인 태후와 주상의 사이를 엿보다가[2] 요행히도 천하에 변화가 있게 되면 대공大功을 세우고자 하는[3] 것만은 못합니다. 그러나 신은 곧 위기후 등이 하는 바를 이해하지 못하겠습니다."

魏其之東朝 盛推灌夫之善 言其醉飽得過 乃丞相以他事誣罪之 武安又盛毀灌夫所爲橫恣 罪逆不道 魏其度不可奈何 因言丞相短 武安曰 天下幸而安樂無事 蚡得爲肺腑 所好音樂狗馬田宅 蚡所愛倡優巧匠之屬 不如魏其灌夫日夜招聚天下豪桀壯士與論議 腹誹而心謗 不仰視天

> 而俯畫地^① 辟倪兩宮閒^② 幸天下有變 而欲有大功^③ 臣乃不知魏其等
> 所爲

① 仰視天而俯畫地앙시천이부획지

[집해] 장안이 말했다. "시천視天은 삼광三光(日, 月, 星)을 살피는 것이다. 획지畫地는 분야分野의 소재를 아는 것이다. 획지畫地는 모반하려는 일을 비유한 것이다."

張晏曰 視天 占三光也 畫地 知分野所在也 畫地諭欲作反事

② 辟倪兩宮閒비예양궁간

[집해] 서광이 말했다. "辟의 발음은 '베[芳細反]'이다. 倪의 발음은 '예詣'이다." 장안이 말했다. "태후와 무제 사이가 좋고 나쁜 시기를 살피는 것이다."

徐廣曰 辟音芳細反 倪音詣 張晏曰 占太后與帝吉凶之期

[색은] 辟의 발음은 '베[普係反]'이고 倪의 발음은 '예[五係反]'이다.《비창》에서 말한다. "비예睥睨는 곁눈질하는 것이다."

辟 普係反 倪 五係反 埤倉云 睥睨 邪視也

③ 幸天下有變~有大功행천하유변~유대공

[집해] 장안이 말했다. "요행히도 반란을 일으키는 자가 있으면 마땅히 대장이 되어 공로를 세우는 것이다." 신찬이 말했다. "천하에 변고가 있다는 것은 천자가 붕어하는 것을 말한다. 변란變難이 일어나는 시기를 이용하여 대공大功을 세울 수 있다."

張晏曰 幸爲反者 當得爲大將立功也 瓚曰 天下有變謂天子崩 因變難之際得
立大功

이에 주상이 조회에서 신하들에게 물었다.

"두 사람 가운데 누가 옳소?"

어사대부 한안국이 말했다.

"위기후의 말은, 관부의 아버지는 변란에 죽었고 자신은 창을 들고 예측할 수 없는 오군吳軍의 진지로 달려 들어가 몸에 수십여 곳의 창상을 입어 명예가 삼군三軍에서 최고입니다. 이는 천하의 장사로서 매우 악한 짓이 있었던 것도 아니고 술잔을 주고받다가 다툰 일인데, 다른 과실까지 끌어내어 처벌하는 것은 불가하다는 것입니다. 위기후의 말은 옳습니다. 승상의 말은, 또한 관부가 건달들과 내통하고 백성들을 침탈해 집안에 거만금을 쌓아두고 영천에서 멋대로 굴고 종실을 업신여기고 골육들을 침범했다고 하니, 이것은 이른바 가지가 줄기보다 커지고 종아리가 넓적다리보다 커지면 부러지지 않으면 반드시 터진다는 것①이니 승상의 말씀도 옳습니다. 오직 현명한 군주께서 재단해 주십시오."

주작도위主爵都尉 급암汲黯은 위기후가 옳다고 했고, 내사內史인 정당시는 위기후가 옳다고 했으나 나중에는 감히 확고하게 대답하지 못했다. 나머지 모두는 감히 대답하는 자가 없었다.

於是上問朝臣 兩人孰是 御史大夫韓安國曰 魏其言灌夫父死事 身荷戟馳入不測之吳軍 身被數十創 名冠三軍 此天下壯士 非有大惡 爭杯

酒 不足引他過以誅也 魏其言是也 丞相亦言灌夫通姦猾 侵細民 家累
巨萬 橫恣潁川 凌轢宗室 侵犯骨肉 此所謂枝大於本 脛大於股 不折必
披① 丞相言亦是 唯明主裁之 主爵都尉汲黯是魏其 內史鄭當時是魏其
後不敢堅對 餘皆莫敢對

① 披피
색은 살펴보니 포개가 말한다. "披의 발음은 '피[疋彼反]'이다."
案 包愷 音疋彼反
정의 披의 발음은 '피[鋪被反]'이고 피披는 나누어지고 쪼개지는 것이다.
鋪被反 披 分析也

무제가 내사에게 노여워하며 말했다.
"공公은 평소 위기후와 무안후의 장단점을 자주 말하더니 오늘
조정의 의논에서 움츠리고 있는 것이 끌채 밑의 매인 망아지를 본
뜬 것과 같았다.① 나는 너희 같은 무리들도 함께 참형하겠다."
곧 조회를 파하고 일어나 들어가 태후에게 식사를 올렸다. 태후
도 또한 사람을 시켜 조회의 상황을 엿보고 구체적인 사항을 태
후에게 보고하게 해서 알고 있었다. 태후는 노여워하고 식사를 하
지 않으면서 말했다.
"지금 내가 있는데도 사람들이 모두 나의 아우를 짓밟는데② 내가
죽은 뒤에는 모두 어육魚肉이 되지 않겠소. 또 황제는 어찌 능히

돌부처가 되려는 것입니까.③ 이것은 특히 황제가 있는데도 곧 보잘것없이 여기는데 황제가 죽기라도④ 한다면 이 무리를 어떻게 가히 믿을 수가 있겠소?"

무제가 사죄하며 말했다.

"위기후나 무안후는 모두 다 같이 종실의 외척⑤이므로 조정에서 변론하게 한 것입니다. 그렇지 않았다면 이것은 한 명의 옥리가 판단할 따름입니다."

이때 낭중령郎中令 석건石建이 주상을 위해 분별해서 위기후와 무안후의 일을 설명했다.

上怒內史曰 公平生數言魏其武安長短 今日廷論 局趣效轅下駒① 吾幷
斬若屬矣 卽罷起入 上食太后 太后亦已使人候伺 具以告太后 太后怒
不食 曰 今我在也 而人皆藉②吾弟 令我百歲後 皆魚肉之矣 且帝寧能
爲石人邪③ 此特帝在 卽錄錄 設④百歲後 是屬寧有可信者乎 上謝曰 俱
宗室外家⑤ 故廷辯之 不然 此一獄吏所決耳 是時郎中令石建爲上分別
言兩人事

① 局趣效轅下駒국취효원하구

집해 장안이 말했다. "수레의 끌채 밑에 머리를 숙이고 어미를 따라갈 뿐이다." 신찬이 말했다. "작은 말이 끌채 아래에 있게 되는 것이다."

張晏曰 俛頭於車轅下 隨母而已 瓚曰 小馬在轅下

정의 응소가 말했다. "망아지가 끌채에 바짝 붙는 것이다. 국취局趣는 움츠려 작은 모양이다." 살펴보니 응소의 설명이 가장 낫다.

應劭云 駒馬加著轅 局趣 纖小之貌 按 應說爲長也

② 藉적

색은 살펴보니 진작이 말했다. "적藉은 도蹈이다. 말로써 짓밟는 것이다."

案 晉灼云 藉 蹈也 以言蹂藉之

③ 帝寧能爲石人邪제영능위석인사

색은 황제는 석인石人처럼 오래도록 보존할 수 있는 것이 아님을 이른 것이다.

謂帝不如石人得長存也

정의 안사고가 말했다. "한갓 사람의 형상만 있을 뿐, 좋고 나쁜 것을 알지 못한다는 것을 말한다." 살펴보니 지금의 풍속에서 이르기를 '사람이 일을 분별하지 못하면서 꾸짖어서 이르기를 올올杌杌해서 목인木人과 같다'라고 했다.

顏師古云 言徒有人形耳 不知好惡 按 今俗云人不辨事 罵云杌杌若木人也

④ 設설

색은 살펴보니 설設은 탈脫이다.

案 設者 脫也

⑤ 宗室外家종실외가

정의 두영은 경제의 종외숙이고, 전분은 태후 동모제이다.

嬰 景帝從舅 蚡 太后同母弟

몰락한 두 사람

무안후는 조회가 파하자 지거문止車門을 나가 어사대부 한안국을
불러 수레에 태우고 화가 나서 말했다.

"그대와 함께 늙은 대머리 노인을 처치하려 했는데, 어찌해 쥐구
멍에서 머리를 내민 쥐처럼 양시론을 취했단 말이오?[①]"

어사대부 한안국은 한참을 생각하다가 승상에게 말했다.

"군君께서는 어찌 스스로 기뻐하지 않으십니까?[②] 대저 위기후가
승상을 헐뜯었을 때 군君(승상)께서는 마땅히 관을 벗고 인수를 풀
어서 주상에게 돌려준 다음 '신이 전하의 외척으로 요행히 승상
이 되었으나 참으로 그 적임자가 아닙니다. 위기후의 말씀이 모두
옳습니다.'라고 해야 했습니다. 이처럼 했다면 주상께서는 반드시
군君께서는 겸양이 있음을 높이 여기시고 군君을 폐하지 않으셨
을 것입니다. 또 위기후는 반드시 안으로 부끄러움을 느껴서 두
문불출하거나 혀를 깨물어[③] 자결할 것입니다. 지금 남들이 군君
을 헐뜯었다고 해서 군君께서 또한 남을 헐뜯었습니다. 이것은 비
유컨대 상사치나 세 십블의 날다툼과 같아진 것이니 어찌 그리 대
인의 체통이 없으십니까."

武安已罷朝 出止車門 召韓御史大夫載 怒曰 與長孺共一老禿翁 何爲
首鼠兩端① 韓御史良久謂丞相曰 君何不自喜② 夫魏其毀君 君當免冠
解印綬歸 曰臣以肺腑幸得待罪 固非其任 魏其言皆是 如此 上必多君
有讓 不廢君 魏其必內愧 杜門齰③舌自殺 今人毀君 君亦毀人 譬如賈
豎女子爭言 何其無大體也

① 禿翁何爲首鼠兩端독옹하위수서양단

집해 《한서음의》에서 말한다. "독로옹禿老翁이라고 한 것은 두영竇嬰에
게 끌어 붙일 만한 관직의 자리가 없었다는 말이다. 수서首鼠는 한 번은
전진했다 한 번은 물러나는 것이다."

漢書音義曰 禿老翁 言嬰無官位扳援也 首鼠 一前一卻也

색은 살펴보니 함께 한 늙은이를 다스린다고 이른 것은 두영竇嬰을 가
리킨 것이다. 복건이 말했다. "수서首鼠는 한 번은 전진했다 한 번은 물러
났다 하는 것이다."

案 謂共治一老禿翁 指竇嬰也 服虔云 首鼠 一前一卻也

② 何不自喜하부자희

집해 소림이 말했다. "어찌 스스로 마음을 놓고 기뻐하고 즐기지 않느
냐는 말이다."

蘇林曰 何不自解釋爲喜樂邪

색은 살펴보니 소안이 이르기를 "어찌 스스로 겸손하며 기뻐할 만한 일
이라고 여기지 않느냐는 말이다."라고 했다. 喜의 발음은 '히[許旣反]'이다.

案 小顔云 何不自謙遜爲可喜之事 音許旣反

③ 齰색

[색은] 살펴보니 《설문》에는 "색齰은 설齧이다."라고 했다. 齰의 발음은
'척[側革反]'이다.

案 說文云 齰 齧也 音側革反

무안후가 사죄하고 말했다.

"다툴 때 급박해서 이와 같은 꾀를 낼 줄 몰랐소."

이에 무제는 어사를 시켜서 위기후가 관부를 위해 말한 것들을
장부로 대조해 문책하게 했다. 이에 위기후가 대답하지① 못하자
황제를 기만했다고 하고 곧 탄핵해서 도사공都司空②에게 넘겨 하
옥시키게 했다.

효경제 때 위기후는 항상 유조遺詔를 간직하고 있었는데 그의 유
조 속에는 '일에 불편함이 있거든 편안하게 주상에게 말하라.'라고
되어 있었다. 탄핵되어 갇히고, 관부는 죄를 지어 멸족당함에 이르
게 되어 일이 날로 급박하게 되었다. 그런데 여러 공公은 감히 다시
명백하게 주상에게 말해 주는 자가 없었다. 위기후는 곧 조카를 시
켜서 글을 올려 다시 부름을 받아 뵙기를 바란다고 아뢰었다.

글을 무제에게 올리자 무제는 상서성에 조사케 했는데 대행大行
(효경제)께서 유조를 내린 사실이 없었다고 했다.③ 조서는 홀로 위
기후의 집안에 감추어져 가승이 봉인해④ 두고 있었다. 이에 위기
후는 신세先帝의 조서를 위조했다는 탄핵을 받았는데, 그것은 기
시죄棄市罪에 해당되었다.

武安謝罪曰 爭時急 不知出此 於是上使御史簿責魏其所言灌夫 頗不

讎^① 欺謾 劾繫都司空^② 孝景時 魏其常受遺詔 曰 事有不便 以便宜論上

及繫 灌夫罪至族 事日急 諸公莫敢復明言於上 魏其乃使昆弟子上書

言之 幸得復召見 書奏上 而案尙書大行無遺詔^③ 詔書獨藏魏其家 家丞

封^④ 乃劾魏其矯先帝詔 罪當棄市

① 讎수

정의 讎의 발음은 '수[市周反]'이고 대답하는 것이다. 장부를 대조해 위기후를 문책하는데, 관부가 실제 영천에서 있었던 일을 말한 것이다. 이 때문에 위기후는 대답하지 못하고 기만한 자가 되었다.

讎音市周反 對也 言簿責魏其所言灌夫實潁川事 故魏其不對爲欺謾者也

② 都司空도사공

색은 살펴보니 〈백관표〉에 이르기를 "종정宗正 소속의 관리이며 옥사에서 조서를 주관한다."라고 했다.

案 百官表云宗正屬官 主詔獄也

정의 여순이 말했다. "율律에 '사공司空은 수水와 죄인을 주관한다.'라고 했다."

如淳云 律 司空主水及罪人

③ 尙書大行無遺詔상서대행무유조

집해 여순이 말했다. "대행大行은 제후를 주관하는 관리이다."

如淳曰 大行 主諸侯官也

살펴보니 상서尙書에서 곧 경제가 붕어할 때 대행大行이 유조를 내린 일이 없다고 했는데, 곧 위기후의 가신이 인印으로 봉해 둔 것이다. 여순의 설명이 잘못되었다.

案 尙書無此景帝崩時大行遺詔 乃魏其家臣印封之 如淳說非也

천자가 붕어한 것을 대행大行이라 한다. 살펴보니 상서尙書에서 경제가 붕어할 때 유조遺詔를 위기후에게 내린 것이 없었다. 〈백관표〉에는 여럿이 상서에서 받은 일이라 했다.

天子崩曰大行也 按 尙書之中 景帝崩時無遺詔賜魏其也 百官表云 諸受尙書事也

④ 家丞封가승봉

《한서음의》에서 말한다. "가신이 유조遺詔를 봉인한 것이다."

漢書音義曰 以家臣印封遺詔

무제 5년 10월,① 관부와 그의 가족들을 논죄論罪해서 모두 처형했다. 위기후는 한참 있다가 소식을 들었다. 그 소식을 듣고 치민부아로 중풍②에 걸려 음식을 먹지 않고 죽으려고 했다. 어떤 이가 무제가 위기후를 죽일 의향이 없다고 알리자 위기후는 다시 식사를 하고 질병도 치료하기 시작했다. 조정에서는 의논을 정해 죽이지 않기로 했으나 곧 유언비어③로 위기후를 헐뜯는 소문이 무제에게 늘어가게 되었다. 이 때문에 12월 그믐날④에 논죄되어 위성渭城⑤에서 기시죄에 처해졌다.

五年十月^① 悉論灌夫及家屬 魏其良久乃聞 聞卽恚 病痱^② 不食欲死 或
聞上無意殺魏其 魏其復食 治病 議定不死矣 乃有蜚語^③爲惡言聞上 故
以十二月晦^④論棄市渭城^⑤

① 五年十月오년시월

집해 서광이 말했다. "의심컨대 5년도 잘못되었고 또한 10월도 잘못된
것이다."

徐廣曰 疑非五年 亦非十月

색은 서씨가 잘못되었다고 의심한 것은 〈무제기〉의 기록을 살펴보니
4년 3월 전분이 죽었는데, 두영의 죽음이 앞에 있어야 하나 지금 5년이
라고 하였다. 이 때문에 잘못되었다고 의심한 것이다.

徐氏云疑非者 案武紀四年三月蚡薨 竇嬰死在前 今云五年 故疑非也

정의 《한서》에는 원광 4년 겨울, 위기후 두영이 죄가 있어 기시棄市되
었고, 봄 3월 을묘일, 승상 전분이 죽었다고 했다. 살펴보니 5년은 잘못
된 것이다.

漢書云元光四年冬 魏其侯嬰有罪棄市 春三月乙卯 丞相蚡薨 按 五年者 誤也

② 痱비

색은 痱의 발음은 '비肥' 또는 '비[扶味反]'이다. 풍병風病이다.

痱音肥 又音扶味反 風病也

③ 蜚語비어

집해 장안이 말했다. "전분이 거짓으로 지어 비방하는 말을 떠돌게 한

것이다."

張晏曰 蚡僞作飛揚誹謗之語

④ 十二月晦십이월회

[집해] 서광이 말했다. "의심하건대 12월은 잘못된 것이다." 살펴보니 장안이 말했다. "그믐은 봄이 거의 이른 것이다."

徐廣曰 疑非十二月也 駰案 張晏曰 月晦者 春垂至也

[색은] 날과 달을 드러낸 것은 봄이 드리워져 이른 것을 본 것이니, 아마 사면이나 속죄를 당했을 것이다.

著日月者 見春垂至 恐遇赦贖也

⑤ 渭城위성

[정의] 옛 함양咸陽이다.

故咸陽也

이듬해 봄,① 무안후가 병이 들었는데 오로지 "죽을죄를 지었습니다."라고 부르짖었다.② 이에 귀신을 볼 수 있는 무당에게 보게 했는데 그는 위기후와 관부가 함께 길목을 지키고 무안후를 죽이고자 하는 것이 보였다고③ 했다. 마침내 무안후는 죽고, 아들 염恬이 계승했다.

부제 원삭元朔 3년, 부안후 염恬이 첨유襜褕(짧은 예복)를 입고④ 궁으로 들어간 것이 불경죄에⑤ 저촉되었다.

其春^① 武安侯病 專呼服謝罪^② 使巫視鬼者視之 見魏其灌夫共守 欲殺之^③ 竟死 子恬嗣 元朔三年 武安侯坐衣襜褕^④入宮 不敬^⑤

① 其春기춘

정의 기춘其春은 곧 4년 봄이다. 원광 4년 10월에 관부灌夫가 기시棄市되었다. 12월 말에 위기후가 기시되었다. 3월 을묘일에 이르러 전분이 훙거했다. 곧 3인이 죽은 것이 함께 한 해에 있는 것이 명백하다. 한나라는 10월을 세수歲首로 삼았기 때문이다. 〈진초지제월표〉에서 말한다. "10월, 11월, 12월, 단월端月, 2월, 3월에서 9월에 이르러 끝난다. 주周나라는 자子를 세워 정월로 삼아 11월이 정월이 되고 12월이 2월이 되고 정월은 3월이 되고 2월은 4월이 되고 10월에 이르러서 한해가 끝난다. 한나라 초에서 무제 태초 이전까지 아울러 진秦나라 역법에 의거했고, 뒤에 고쳐 하夏나라 정월을 사용해 지금까지 고치지 않았다. 그래서 부자夫子(공자)께서 《춘추》를 제작한 것은 하夏나라 정월에 의거했다."

其春 卽四年春也 元光四年十月 灌夫棄市 十二月末 魏其棄市 至三月乙卯 田蚡薨 則三人死同在一年明矣 漢以十月爲歲首故也 秦楚之際表云〔十月〕十一月 十二月 端月 二月 三月 至九爲終 周建子爲正月 十一月爲正月 十二月爲二月 正月爲三月 二月爲四月 至十月爲歲終 漢初至武帝太初以前 竝依秦法 以後改用夏正月 至今不改 然夫子作春秋依夏正

② 專呼服謝罪전호복사죄

집해 《한서음의》에서 말한다. "전분이 죽을죄를 지었다고 사죄하며 부르짖은 것을 말한 것이다."

漢書音義曰 言蚡號呼謝服罪也

③ 見魏其灌夫共守欲殺之 견위기관부공수욕살지

[집해] 서광이 말했다. "전분이 병이 들자 위기후와 관부가 귀신이 되어 죽이려고 한 것을 본 것이니, 그렇다면 그들의 죽음이 한 해 봄[春] 안에 있는 것인가? 〈무제본기〉에는 '4년 3월 을묘일에 전분이 훙거했다.'라고 했고, 두영의 죽음은 전분이 훙거하기 전에 있었는데, 어찌 다시 5년 12월이라고 이른 것일까? 의심컨대 12월은 마땅히 2월이 되어야 한다."라고 했다. 〈혜경간후자연표〉를 살펴보니 전분은 무제를 섬긴 지 9년에 졸했으며 원광 4년은 후侯 염념의 원년이고 건원建元 원년에서 원광 3년에 이르기까지 마치면 9년이다. 〈장상명신연표〉에는 전분이 원광 4년에 졸했고, 또한 두영을 4년에 기시죄에 처했다고 하였는데, 이것이 바로 어디에 있는지는 자세하지 않다. 그러나 전분이 훙거한 것은 두영이 죽은 뒤임에는 분명하다.

徐廣曰 蚡疾 見魏其灌夫鬼殺之 則其(春)〔死〕共在一春內邪 武帝本紀四年三月乙卯 田蚡薨 嬰死在蚡薨之前 何復云五年十二月邪 疑十二月當爲二月也 案侯表 蚡事武帝九年而卒 元光四年侯恬之元年 建元元年訖元光三年而九年 大臣表蚡以元光四年卒 亦云嬰四年棄市 未詳此正安在 然蚡薨在嬰死後分明

④ 衣襜褕 의첨유

[정의] 《이아》에서 말한다. "옷의 앞을 가리는 것을 첨襜이다." 곽박이 말했다. "무릎을 가린 것이다."《설문》과 《자림》에는 모두 그것을 일러 '단의短衣'라고 했다.

爾雅云 衣蔽前謂之襜 郭璞云 蔽膝也 說文 字林竝謂之短衣

⑤ 入宮不敬입궁불경

[집해] 서광이 말했다. "〈건원이래후자연표〉에는 '의복의 불경죄에 연좌되어 국가가 없어졌다.'라고 했다."

徐廣曰 表云坐衣不敬 國除

[색은] 襜의 발음은 '첨[尺占反]'이고 褕의 발음은 '유踰'이다. 첨유는 정식 조복朝服이 아니고 부인의 의복과 같은 것이라는 말이다. 표表에는 전염田恬이 의복의 불경죄에 연좌되어 국가가 없어졌다고 했다.

襜 尺占反 褕 音踰 謂非正朝衣 若婦人服也 表云恬坐衣不敬 國除

회남왕淮南王 유안劉安의 반란이 발각되어 치죄되었다. 회남왕이 이전에① 조회에 들어오자 무안후는 태위가 되었는데, 당시에 회남왕을 영접하러 패상으로 나가서 회남왕에게 일렀다.

"주상께서는 태자가 있지 않습니다. 대왕께서 가장 현명하시고 고조의 손자이시니 곧 황제께서 돌아가신다면 대왕께서 즉위하지 않으실 경우 마땅히 누가 있겠습니까?"

회남왕이 크게 기뻐하고 후하게 금과 재물을 보냈다. 무제는 위기후 사건이 있을 때부터 무안후는 정직하지 못하다고 여겼는데, 그것은 특히 태후와의 관계 때문이었다.② 이에 회남왕의 뇌물 사건이 알려지자 무제가 말했다.

"무안후가 살아 있었다면 멸족되었을 것이다."

淮南王安謀反覺 治 王前①朝 武安侯爲太尉 時迎王至霸上 謂工口 上未有太子 大王最賢 高祖孫 卽宮車晏駕 非大王立當誰哉 淮南王大喜

厚遺金財物 上自魏其時不直武安 特爲太后故耳^② 及聞淮南王金事 上
曰 使武安侯在者 族矣

① 王前왕전
집해 서광이 말했다. "건원 2년이다."
徐廣曰 建元二年

② 太后故耳태후고이
색은 살펴보니 무제가 위기후와 관부의 일을 옳지 못하다고 여기고
무안후에 대해 정직하지 못하다고 여긴 것은 단지 태후와의 연고 때문
일 뿐이다.
案 武帝以魏其灌夫事爲枉 於武安侯爲不直 特爲太后故耳

태사공은 말한다.
위기후와 무안후는 모두 외척으로서 중책을 맡았고, 관부는 한 때
의 결단력 있는 계책^①으로 명성을 떨쳤다. 위기후가 등용된 것
은 오와 초 등 7개국의 반란 때문이고, 무안후가 귀해진 것은 무
제와 태후의 관계에 얽혀 있었기 때문이다. 그러나 위기후는 진실
로 시대의 변화를 알지 못했고 관부는 술책도 없으면서 불손했다.
두 사람이 서로 노우변서 이에 재앙과 어지러움이 일어났다. 무
안후는 귀한 것을 등에 업고 권세를 좋아하고 술잔을 주고받으며

책망하다가 두 사람의 어진 이를 모함했다. 오호라! 슬프구나.
노여움을 남에게까지 이르게 하고 운명 또한 연장하지 못했다. 모
든 이들이 떠받들지 않았고 마침내는 사나운 말을 들었다. 오호
라! 슬프구나. 재앙은 그 이유가 있도다.

太史公曰 魏其武安皆以外戚重 灌夫用一時決筴^①而名顯 魏其之擧以
吳楚 武安之貴在日月之際 然魏其誠不知時變 灌夫無術而不遜 兩人
相翼 乃成禍亂 武安負貴而好權 杯酒責望 陷彼兩賢 嗚呼哀哉 遷怒及
人 命亦不廷 衆庶不載 竟被惡言 嗚呼哀哉 禍所從來矣

① 一時決筴일시결협

신주 관맹灌孟은 관부灌夫의 아버지로 오초칠국의 난 때, 교위校尉로써
오나라를 공격하다가 오나라 군대 진영에서 전사했다. 이때 관부는 아버
지와 함께 종군했다. 아버지가 죽자 군법에 따라 아버지의 유해와 함께
돌아갈 수 있었으나 아버지의 원수를 갚겠다는 일념으로 돌아가지 않았
고, 결사대 수십 명을 모아 오나라 진영을 공격하고자 했다. 그러나 막
상 성문을 열고 나가려 하니 앞으로 나서려는 자가 없었다. 결국 두 사람
과 관부의 하인 십여 명만이 오나라 장군의 깃발 아래에 이르러 수십 명
을 무찔렀다. 하지만 관부는 10여 군데의 창상을 입었고 하인을 모두 잃
었으며 기병 한 명만 살아남았다. 관부는 상처를 회복한 후 다시 나아가
기를 청하였으나 주위의 강한 만류로 나아가지 못했다. 나중에 오나라가
패하자 그 공로를 인정받아 천하에 명성을 떨치게 되었다.

사마정이 펼쳐서 밝히다.

두영과 전분은 권세와 이익으로 서로 우두머리가 되었다. 모두 외척에 기대고 혹 군공을 믿었다. 관부는 스스로 기뻐하고 그 안에서 서로 이끌어 중시했다. 의기투합하여 술잔을 나누고 양궁(무제와 왕태후)를 엿보았다. 일이 마침내 곧지 못했으니 원통하구나! 두 공이여.

竇嬰田蚡 勢利相雄 咸倚外戚 或恃軍功 灌夫自喜 引重其中 意氣杯酒 瞵眄兩宮 事竟不直 冤哉二公

인명

《신주 사마천 사기》〈열전〉을 만든 사람들

한가람역사문화연구소 사기연구실

이덕일(한가람역사문화연구소 소장, 문학박사)
김명옥(문학박사)
송기섭(문학박사)
이시율(고대사 및 역사고전 연구가)
정 암(지리학박사)
최원태(고대사 연구가)

한가람역사문화연구소는 1998년 창립된 이래 한국 사학계에 만연한 중화사대주의 사관과 일제식민 사관을 극복하고 한국의 주체적인 역사관을 세우려 노력하고 있는 학술연구소이다. 독립운동가들의 역사관 계승 작업을 꾸준히 진행하는 한편 《사기》 본문 및 '삼가주석'에 한국 고대사의 진실을 말해주는 수많은 기술이 있음을 알고 연구에 몰두했다. 지난 10여 년간 '《사기》 원전 및 삼가주석 강독(강사 이덕일)'을 진행하는 한편 사기연구실 소속 학자들과 《사기》에 담긴 한중고대사의 진실을 찾기 위한 연구 및 답사도 계속했다. 《신주 사마천 사기》는 원전 강독을 기초로 여러 연구자들이 그간 토론하고 연구한 결과의 집대성이라고 할 수 있다. 한가람역사문화연구소는 《신주 사마천 사기》 출간을 시작으로 역사를 바로세우기 위해 토대가 되는 문헌사료의 번역 및 주석 추가 작업을 꾸준히 이어갈 계획이다.

한문 번역 교정

유정님 박상희 김효동 곽성용 김영주 양훈식 박종민

《사기》를 지은 사람들

본문_ 사마천

사마천은 자가 자장子長으로 하양(지금 섬서성 한성시) 출신이다. 한무제 때 태사공을 역임하다가 이릉 사건에 연루되어 궁형을 당했다. 기전체 사서이자 중국 25사의 첫머리인 《사기》를 집필해 역사서 저술의 신기원을 이룩했다. 후세 사람들이 태사공 또는 사천이라고 높여 불렀다. 《사기》는 한족의 시각으로 바라본 최초의 중국 민족사라고 할 수 있는데 여기서 사마천은 동이족의 역사를 삭제하거나 한족의 역사로 바꾸기도 했다.

삼가주석_ 배인 · 사마정 · 장수절

《집해》 편찬자 배인은 자가 용구龍駒이며 남북조시대 남조 송(420~479)의 하동 문희(현 산서성 문희현) 출신이다. 진수의 《삼국지》에 주석을 단 배송지의 아들로 《사기집해》 80권을 편찬했다.

《색은》 편찬자 사마정은 자가 자정子正으로 당나라 하내(지금 하남성 심양) 출신인데 굉문관 학사를 역임했다. 사마천이 삼황을 삭제한 것을 문제로 여겨서 〈삼황본기〉를 추가했으며 위소, 두예, 초주 등여러 주석자의 주석을 폭넓게 모으고 자신의 견해를 덧붙여 《사기색은》 30권을 편찬했다.

《정의》 편찬자 장수절은 당나라의 저명한 학자로, 개원 24년(736) 《사기정의》 서문에 "30여 년 동안 학문을 섭렵했다"고 썼을 정도로 《사기》 연구에 몰두했다. 그가 편찬한 《사기정의》에는 특히 당나라 위왕 이태 등이 편찬한 《괄지지》를 폭넓게 인용한 것을 비롯해서 역사지리에 관한 내용이 풍부하다.